Préparation des concours de catégorie B

Éditions d'Organisation
1, rue Thénard
75240 Paris Cedex 05
Consultez notre site :
www.editions-organisation.com

Le code de la propriété intellectuelle du 1er juillet 1992 interdit en effet expressément la photocopie à usage collectif sans autorisation des ayants droit. Or, cette pratique s'est généralisée notamment dans l'enseignement, provoquant une baisse brutale des achats de livres, au point que la possibilité même pour les auteurs de créer des œuvres nouvelles et de les faire éditer correctement est aujourd'hui menacée.
En application de la loi du 11 mars 1957, il est interdit de reproduire intégralement ou partiellement le présent ouvrage, sur quelque support que ce soit, sans autorisation de l'Éditeur ou du Centre Français d'Exploitation du Droit de copie, 20, rue des Grands-Augustins, 75006 Paris.

© Éditions d'Organisation, 2001
ISBN : 2-7081-2540-0

Collection Concours Administratifs

Pierre-François Guédon
Brigitte Sintsimon

Préparation des concours de catégorie B

Ministère de l'Économie, des Finances et de l'Industrie

- Contrôleur des Douanes et droits indirects
- Contrôleur des Impôts
- Contrôleur de l'INSEE
- Contrôleur de la DGCCRF
- Contrôleur du Trésor public
- Secrétaire administratif

Préface d'André **BARILARI**
Inspecteur général des Finances

Éditions d'Organisation

SOMMAIRE

Préface d'André BARILARI IX
Introduction XI

Partie I
La documentation

Chapitre 1. Le Ministère de l'Économie, des Finances et de l'Industrie .. 3
Chapitre 2. Les concours et les carrières 9
Chapitre 3. Les épreuves, les programmes et le calendrier prévisionnel de recrutement 19

Partie II
La méthode

Chapitre 4. Questionnaires à choix multiples (QCM) 53
Chapitre 5. Dissertation ou composition sur un sujet d'ordre général ... 65
Chapitre 6. Analyse d'un texte ou d'un dossier 83
Chapitre 7. Résumé de texte 97
Chapitre 8. Commentaire de texte 105

Notes de méthode pour les épreuves orales

Chapitre 9. Exposé sur un sujet d'ordre général 119
Chapitre 10. Conversation avec le jury 125

Préparation des concours de catégorie B

Partie III
Annales et corrigés de concours récents

Chapitre 11. Questionnaires à choix multiples (QCM) 137
    Contrôleur externe des impôts – Année 1997 137
    Contrôleur externe du Trésor public – Année 1998 163
    Contrôleur externe du Trésor public – Année 1999 184

Chapitre 12. Composition sur un sujet d'ordre général 195
    L'égalité entre hommes et femmes aujourd'hui en France :
    principe ou réalité ? 195
    Est-il possible, selon vous, de développer l'exercice de la
    citoyenneté dans la France d'aujourd'hui ? 202

Chapitre 13. Analyse d'un texte suivie de questions 209
    L'économie cachée de la parenté 209
    L'avenir des marques 222

Chapitre 14. Résumé de texte suivi de réponses à des questions 235
    Qu'avons-nous fait de leurs vingt ans ? 235
    La nouvelle géographie industrielle 244

Chapitre 15. Exercices de questions-réponses pour l'écrit et pour l'oral ... 261
    Quels sont selon vous, les grands principes, les valeurs essentielles
    de la démocratie ? 262
    Quelles sont, selon vous, les plus graves menaces pesant sur la
    démocratie ? 264
    Quel est, selon vous, l'avenir de la démocratie ? 265
    Quels sont, selon vous, les grands problèmes actuels
    de la France ? 266
    Quelles sont, selon vous, les principales aspirations actuelles
    des Français 270
    Quels sont, à votre avis, la place et le rôle de la France dans le
    monde actuel ? 274

En guise de conclusion : ultimes conseils 279

Annexes
        Nomination et formation 283
        Rémunération 283
        Avancement 284

Bibliographie utile et commentée 285

Sigles 293

Lexique 295

Préface

Dans la fonction publique, et notamment au Ministère de l'Économie, des Finances et de l'Industrie, les agents de catégorie B ont un double rôle. Ils peuvent d'une part être amenés à encadrer et à animer de petits équipements mais ils ont d'autre part des tâches techniques à assurer.

Ce double rôle en fait de véritables professionnels dans leur domaine. C'est pourquoi après leur recrutement, la plupart des grandes directions du ministère leur donnent une formation initiale spécifique solide, de l'ordre d'une année et leur ouvrent des possibilités de formation continue et de recyclage permanent. Par son rôle charnière, la catégorie B permet également d'accéder aux catégories supérieures par les concours internes sur les listes d'aptitudes.

Les candidats à ces emplois sont donc nombreux.

L'ouvrage très concret et pratique de Pierre-François GUÉDON et Brigitte SINTSIMON leur sera éminemment profitable pour mettre toutes les chances de succès de leur côté.

Les renseignements sur les concours, les programmes, les épreuves permettront aux candidats de s'orienter en connaissance de cause.

Pour les candidats qui souhaitent mieux organiser leur préparation et approfondir les techniques permettant de réussir les épreuves, cet ouvrage sera utilement complété par mon « guide des concours administratifs » également publié aux Éditions d'organisation.

Par ailleurs, « les concours administratifs du Ministère de l'Économie, des Finances et de l'Industrie » en présentant dans sa troisième partie les annales et corrigés de concours récents permettra aux candidats de se situer plus exactement dans l'esprit des épreuves et par conséquent d'accroître leurs chances de succès.

Pierre-François GUÉDON et Brigitte SINTSIMON ont réalisé à travers cet ouvrage une œuvre d'intérêt général de nature à favoriser la démocratisation dans l'accès aux concours de la fonction publique.

André BARILARI
Inspecteur général des finances

Introduction

Pourquoi faire carrière au Ministère de l'Économie, des Finances et de l'Industrie?

Chacun peut avoir sa vocation personnelle spécifique pour entrer dans cette grande Administration.

Par exemple, on y retrouve, bien entendu, tous ceux qui « aiment les chiffres ». Pas seulement à l'INSEE, ou à la Comptabilité Publique, mais encore dans bien d'autres services…

Le Ministère recrute, spécifiquement, en grand nombre, des juristes et des économistes, qui y forment de « gros bataillons ». C'est donc un débouché tout naturel pour les étudiants des Facultés de Droit et des Sciences économiques, ou pour tous ceux qui veulent se spécialiser dans ces domaines.

Beaucoup de candidats ont des motivations personnelles originales. A titre d'exemple, il est parfaitement légitime de vouloir se consacrer à la « chasse aux fraudeurs », et ces candidats se retrouvent naturellement aux Douanes, aux Impôts ou à la DGCCRF.

Si beaucoup de ministères donnent, à tort ou à raison, l'image de la « routine administrative », Bercy et ses services offrent beaucoup d'emplois aux jeunes qui sont en quête d'aventure (…au bon sens du terme!). Aux Douanes, aux Impôts, à la répression des Fraudes, le Ministère offre des emplois présentant beaucoup de points communs avec ceux des Juges instructeurs et des Commissaires de police – des professions maintenant très valorisées dans la presse quotidienne.

Ces motivations personnelles initiales justifient un afflux de candidats considérable.

Il s'y ajoute les avantages spécifiques du Ministère des Finances, comme son régime de prime et indemnités, et surtout des perspectives de carrière attrayantes.

Après l'Éducation nationale, le Ministère des Finances est le plus grand employeur du pays, et il est celui qui assure les meilleures possibilités de promotion sociale, notamment grâce à son Centre de formation professionnelles et de perfectionnement (CFPP).

A vous qui l'avez déjà choisi, ou qui pouvez vous décider prochainement, les Éditions d'Organisation offrent les meilleurs outils de préparation.

Voici la liste des principales séries d'ouvrages sur lesquels vous pouvez travailler pour ces concours.

- **Préparation aux épreuves de QCM et culture générale**

Les épreuves de présélection par J-F. GUÉDON, V. CLISSON et B. SINTSIMON.

Les QCM des concours des catégories B et C par J-F. GUÉDON et Isabelle DE LOUPY, Professeur agrégée de Lettres classiques.

Les QCM des concours de catégorie A par J-F. GUÉDON et Brigitte SIMONOT, Conseillère en formation au Ministère de l'Économie, des Finances et de l'Industrie.

- **Préparation aux épreuves littéraires**

La dissertation de culture générale par J-F. GUÉDON, Ancien élève de l'ENA, et M-J. GOURMELIN/BERCHOUD, Docteur ès Lettres, Maître de Conférences à l'Université.

N.B.: La nouvelle édition 2000-2001 comporte tous les sujets de l'ENA, depuis sa création, avec classement thématique.

Les épreuves de français (vocabulaire, orthographe, grammaire). *L'explication de textes* (épreuves écrites et préparation à l'oral) par J-F. GUÉDON et Isabelle DE LOUPY, Professeur agrégée de Lettres classiques.

Arts et lettres. Les époques, les courants et les genres par M-J. GOURMELIN/BERCHOUD, Université de Paris III, Sorbonne nouvelle et D. SERRE-FLOERSHEIM, Professeur en CPGE et à l'Université de Grenoble.

- **Préparation aux épreuves de note de synthèse**

La note de synthèse. La note de synthèse économique par J-F. GUÉDON, Administrateur civil, et Françoise LABORDE, Inspectrice au Ministère de l'Économie, des Finances et de l'Industrie.

- **Préparation aux épreuves de mathématiques, tests de logique, épreuves techniques**

L'épreuve de mathématiques par Isabelle MARCO et Claude DE LOUPY, Ingénieurs, Professeurs de Mathématiques.

Les tests de raisonnement logique. L'épreuve des tableaux numériques. L'épreuve de cas pratiques par J-F. GUÉDON et Valérie CLISSON, Ancienne élève de l'École Nationale de la Statistique et de l'Analyse de l'Information (ENSAI).

• **Ouvrages spécifiques pour les concours**

Guide des préparation des concours administratifs par André BARILARI, Inspecteur général des Finances, Ancien Directeur général des Impôts, Maître de Conférences à l'Institut d'études politiques de Paris.

– Toutes les informations indispensables
   Le choix du concours
   Les conditions d'inscription et l'organisation des concours
   L'organisation de la préparation
   Les méthodes d'entraînement aux épreuves écrites.
– L'ensemble des épreuves réunies
   Dissertation générale et compositions techniques
   Épreuves sur dossier
   Épreuves à partir d'un texte
   Épreuves orales

Jean-François Guédon*
Françoise Laborde*

---

* Jean-François GUÉDON est Administrateur Civil, ancien élève de l'ENA.
Il a présidé de nombreux jurys de concours des catégories A et B, et participé à des jurys interministériels.
Françoise LABORDE est économiste et mathématicienne. Après avoir été lauréate du concours d'Inspecteur des Impôts et de l'École nationale du Cadastre, elle fait carrière à Bercy et dans les services de la DGI.
Tous deux ont collaboré à des nombreux ouvrages pédagogiques et enseignent dans les centres nationaux de formation.
Ils sont co-auteurs de deux ouvrages à succès dans la collection Méthod'Sup :
– *La note de synthèse,*
– *La note de synthèse économique.*

PARTIE I

La documentation

- Le Ministère de l'Économie, des Finances et de l'Industrie
- Les concours et les carrières
- Les épreuves et les programmes
- Le calendrier prévisionnel de recrutement du ministère

CHAPITRE 1 — Le Ministère de l'Économie, des Finances et de l'Industrie

La Fonction Publique d'État offre d'intéressantes possibilités de carrière aux jeunes diplômés. Le ministère de l'Économie, des Finances et de l'Industrie est un des ministères qui contribue à un recrutement important de fonctionnaires.

Ces recrutements s'effectuent à plusieurs niveaux d'études qui correspondent à des emplois classés dans trois grandes catégories hiérarchiques :
– les emplois de catégorie A (cadre) sont accessibles aux diplômés de l'enseignement supérieur (ex: licence) ;
– les emplois de catégorie B (agent d'encadrement) sont accessibles aux titulaires du baccalauréat ou d'un diplôme équivalent ;
– les emplois de catégorie C (agent d'exécution) sont accessibles aux titulaires du brevet des collèges, d'un CAP ou d'un diplôme équivalent.

Ils peuvent avoir lieu soit par la voie de concours internes ouverts aux agents du ministère déjà en fonction et disposant d'une certaine ancienneté au sein des services, soit par la voie de concours externes ouverts à des candidats non fonctionnaires ou à des fonctionnaires disposant des conditions requises pour concourir à titre externe.

Les candidats reçus à un concours sont nommés fonctionnaires et titularisés à l'issue d'une période probatoire si elle est jugée satisfaisante.

Des préparations spécialisées étant organisées par le ministère pour les concours à titre interne, cet ouvrage s'adresse principalement aux candidats à un concours à titre externe.

Il a pour objectif, dans ce cadre, de vous présenter les principaux concours de catégorie B du ministère de l'Économie, des Finances et de l'Industrie dont les administrations offrent une grande variété d'emplois.

Des conseils de méthodologie sont développés pour vous permettre d'aborder les épreuves de ces concours dans les meilleures conditions.

Des sujets de concours récents sont traités à titre d'exemple et d'entraînement.

1. Organisation et missions des administrations économiques et financières

Le personnel du ministère de l'économie, des finances et de l'industrie comprend 194 000 agents répartis sur l'ensemble du territoire. Ses services se composent essentiellement :
- d'une administration centrale principalement installée à Paris. Elle est structurée en directions chargées chacune d'une ou de plusieurs missions spécifiques, mais elles peuvent aussi concourir ensemble à une mission ;
- de services déconcentrés, installés sur tout le territoire national. Ils sont chargés de faire appliquer les réglementations définies par l'administration centrale. Ils sont chacun rattachés à une direction.

Les missions du ministère de l'économie, des finances et de l'industrie sont très variées. Les plus importantes sont :
- la préparation du budget de l'État c'est-à-dire la prévision de l'ensemble des recettes et des dépenses de l'État et le contrôle de leur exécution ;
- le recouvrement des impôts et le paiement des dépenses ;

- le contrôle administratif de tous les projets de textes susceptibles d'avoir des répercussions directes ou indirectes sur les finances publiques ;
- le contrôle financier des établissements publics et la coordination du contrôle financier exercé sur les collectivités locales ;
- la gestion de la trésorerie publique ;
- la surveillance du crédit et du marché financier ;
- la préparation d'accords financiers et commerciaux avec les pays étrangers ;
- la réalisation de travaux statistiques, l'étude de prévision et l'examen de l'ensemble de l'activité économique ;
- la surveillance du fonctionnement normal des règles de la concurrence et de l'évolution des prix.

Un organigramme de ce Ministère est présenté à la fin de ce chapitre.

2. Conditions générales d'accès aux concours de la fonction publique

Les candidats aux concours externes du ministère de l'économie, des finances et de l'industrie doivent remplir un certain nombre de conditions et notamment celles exigées pour l'accès à la Fonction Publique.

2.1 Conditions générales

En application de l'article 5 de la loi n° 83-634 du 13 juillet 1983 portant droits et obligations des fonctionnaires (JO du 14 juillet 1983), sous réserve des dispositions de l'article 5 bis intégrées par la loi n° 91-715, nul ne peut avoir la qualité de fonctionnaire :
- s'il ne possède la nationalité française ;
- s'il ne jouit de ses droits civiques ;
- si les mentions portées au bulletin n° 2 de son casier judiciaire sont incompatibles avec l'exercice des fonctions ;
- s'il ne se trouve en position régulière au regard du code du service national ;
- s'il ne remplit les conditions d'aptitude physique exigées pour l'exercice de la fonction.

En outre, ils doivent satisfaire aux conditions d'âge et de diplôme suivantes.

2.2 Conditions d'âge

Les conditions d'âge maximum sont fixées par les statuts particuliers de chaque corps. Pour les concours de catégorie B, l'âge limite est généralement, sauf dispositions particulières, de 45 ans au 1er janvier de l'année du concours.

Cette limite d'âge est notamment reculée :

- pour tous les candidats, d'un an par enfant ou personne handicapée à charge, ou par enfant élevé pendant neuf ans jusqu'à sa seizième année ;
- pour les candidats ayant accompli leurs obligations au regard du service national, d'un temps égal à celui effectivement passé dans le service national actif ;
- dans les conditions prévues par les textes législatifs et réglementaires en faveur de certaines catégories de candidats (anciens militaires, personnes n'ayant plus la qualité de travailleur handicapé, anciens sportifs de haut niveau).

Elle n'est pas opposable aux femmes dans l'obligation de travailler (mères de trois enfants et plus, veuves non remariées, femmes divorcées et non remariées, femmes séparées judiciairement, femmes célibataires ayant au moins un enfant à charge), aux personnes reconnues travailleurs handicapés par la COTOREP et déclarées aptes aux fonctions postulées, et aux sportifs de haut niveau.

Les candidats qui atteignent la limite d'âge prévue au cours d'une année au titre de laquelle aucun concours n'est ouvert, peuvent faire acte de candidature au concours suivant.

2.3 Conditions de diplôme

Être titulaire du baccalauréat ou d'un diplôme ou titre équivalent.

Cette condition de diplôme n'est pas opposable aux mères de famille de trois enfants et plus ainsi qu'aux sportifs de haut niveau.

Une liste plus développée, selon la nature du concours, des diplômes acceptés pour concourir est indiquée au chapitre 3.

Le Ministère de l'Économie, des Finances et de l'Industrie

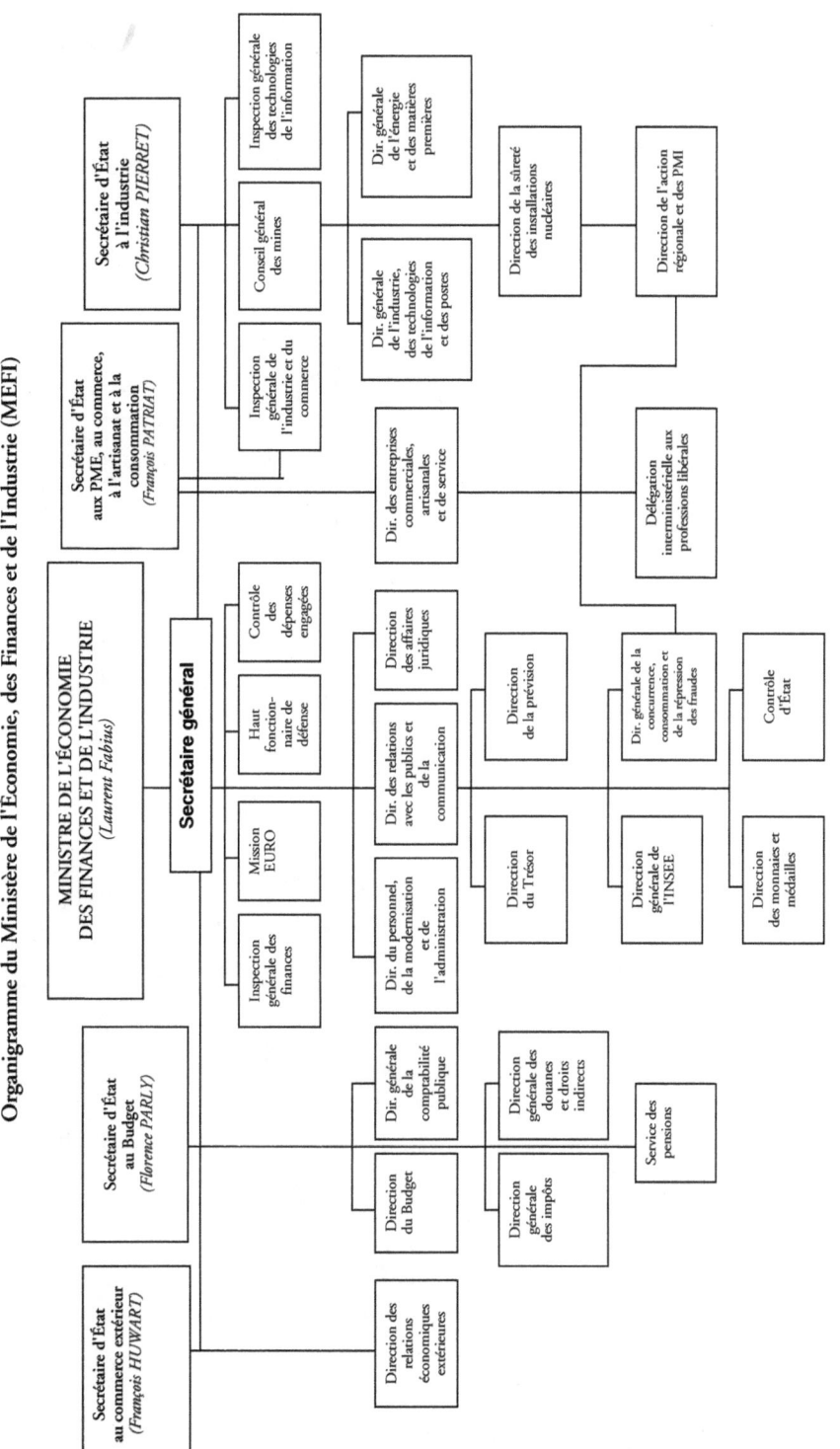

Organigramme du Ministère de l'Économie, des Finances et de l'Industrie (MEFI)

(Mise à jour : janvier 2001)

CHAPITRE 2 — Les concours et les carrières

Les principaux concours de catégorie B du ministère de l'économie, des finances et de l'industrie et les carrières correspondantes sont présentés dans ce chapitre :

I – Secrétaire administratif de l'administration centrale

II – Contrôleur des Impôts

III – Contrôleur du Trésor public

IV – Contrôleur des Douanes et droits indirects

V – Contrôleur de la Concurrence, de la consommation et de la répression des fraudes (DGCCRF)

VI – Contrôleur de l'Institut national de la statistique et des études économiques (INSEE).

1. Secrétaire administratif de l'administration centrale

1.1 Fonctions exercées

Le secrétaire administratif de l'administration centrale exécute des tâches très diversifiées : rédaction, organisation et contrôle, gestion du personnel… Il exerce ses fonctions à l'administration centrale du ministère.

1.2 Conditions d'âge

La limite d'âge de 45 ans évoquée au chapitre 1 est appréciée, pour ce concours, à la date des épreuves (et non au 1er janvier de l'année du concours).

La documentation

1.3 Diplômes

- Baccalauréat ;
- diplôme homologué au niveau IV en application des dispositions du décret n° 92-23 du 8 janvier 1992 relatif à l'homologation des titres et des diplômes de l'enseignement technologique ;
- diplôme délivré dans un des États membres de la Communauté européenne et assimilé au baccalauréat (après avis de la commission d'homologation du ministère de l'économie, des finances et de l'industrie en application du décret 94-741 du 30 août 1994).

Les candidats ne possédant pas un des diplômes requis mais pouvant justifier d'une formation équivalente peuvent déposer, en même temps que leur demande d'admission à concourir, une demande spéciale de dérogation qui sera examinée par une commission habilitée à statuer sur leur capacité à concourir.

Le recrutement de secrétaire administratif est organisé directement par le ministère de l'économie, des finances et de l'industrie. Il peut faire l'objet d'un concours interministériel, commun à plusieurs ministères.

1.4 Perspectives de carrière

Accès par concours interne :
- secrétaire administratif de classe exceptionnelle (catégorie B+) ;
- attaché d'administration centrale (catégorie A).

2. Contrôleur des impôts

2.1 Fonctions exercées

Les fonctionnaires des impôts sont chargés de l'établissement, de l'encaissement et du contrôle des impôts. Ils traitent des réclamations, de missions foncières et domaniales, de l'information du public et de la simplification des procédures.

Le contrôleur des impôts gère une équipe d'agents chargée d'établir le montant des impôts des particuliers d'après leurs déclarations ; il effectue des tâches de rédaction, de fiscalité, de contrôle ou d'informatique ; il exerce des fonctions comptables dans les recettes des impôts et participe à des travaux cadastraux et domaniaux.

2.2 Diplômes

Baccalauréat ou diplôme ou titre équivalent figurant sur la liste fixée par arrêtés du 27 juin 1994 et 13 juillet 1995, diplôme européen ou formation équivalente.

Les candidats relevant de ces deux dernières catégories doivent déposer, en même temps que leur demande d'admission à concourir, une demande spéciale de dérogation qui sera examinée par une commission habilitée à statuer sur leur capacité à concourir.

2.3 Perspectives de carrière

Accès par concours interne :
– contrôleur principal (catégorie B+) ;
– inspecteur des impôts (catégorie A).

3. Contrôleur du trésor public

3.1 Fonctions exercées

Les fonctionnaires du Trésor public, présents sur tout le territoire, interviennent ou prêtent leur concours à l'occasion de la plupart des opérations administratives. Ils jouent, dans ce cadre, un rôle primordial dans la gestion financière du pays.

Le contrôleur du Trésor public assure des fonctions d'encadrement (dans les secteurs administratifs ou informatiques) et anime une équipe dans le cadre des diverses missions confiées au réseau du Trésor public.

Ainsi, il participe :
– aux opérations d'exécution du budget de l'État : recouvrement des impôts directs, paiement de l'ensemble des dépenses de l'État, centralisation comptable de toutes les opérations de recettes et de dépenses effectuées pour le compte de l'État ;

La documentation

- à la gestion comptable des communes, départements, régions et de leurs établissements publics :
- à des opérations d'épargne en proposant à une clientèle d'épargnants une large gamme de produits, services financiers et d'assurances.

3.2 Diplômes

- Baccalauréat français de l'enseignement du second degré ;
- baccalauréat de technicien ;
- diplôme d'études universitaires scientifiques et techniques ;
- titres français admis réglementairement de droit en dispense du baccalauréat pour l'inscription dans les universités ;
- titres français admis réglementairement en dispense du baccalauréat, sur décision individuelle de dispense prise par le président d'une université française, pour l'inscription dans les universités ;
- diplôme préparatoire aux études comptables et financières ;
- diplôme d'accès à l'enseignement universitaire ;
- examens spéciaux d'entrée dans les facultés ou les universités ;
- capacité en droit ;
- brevet supérieur d'études commerciales ;
- diplôme d'élève breveté des écoles nationales professionnelles ;
- brevet de technicien ;
- diplôme de premier cycle technique informatique délivré par le Conservatoire national des arts et métiers ;
- diplôme de programmeur d'application délivré par l'institut de programmation de Paris ;
- diplômes homologués au niveau IV en application des dispositions du décret n° 92-23 du 8 janvier 1992 ;
- brevet professionnel délivré par l'Éducation nationale ;
- certificat d'études administratives départementales et communales délivré par le centre de formation et de perfectionnement administratif de l'université de Lille ;
- certificat d'études administratives et financières délivré par le centre d'études administratives et financières de l'université de Nancy ;
- certificat d'études administratives et financières délivré par la faculté de droit et des sciences économiques de Paris ;

- diplôme de l'école pratique d'administration de Strasbourg (EPAS) ;
- diplôme délivré par l'école commerciale de la chambre de commerce et d'industrie de Paris ;
- diplômes ou titres admis pour participer au concours externe pour l'emploi d'inspecteur stagiaire du Trésor prévu à l'article 9 du décret n° 72-1275 du 29 décembre 1972 modifié ;
- diplôme équivalent délivré par un des États membres de la Communauté européenne ou par un autre État partie à l'accord sur l'Espace économique européen et dont l'assimilation au baccalauréat aura été reconnue par la Commission prévue par le décret du 30 août 1994.

3.3 Perspectives de carrière

Accès par concours interne :
- contrôleur principal (catégorie B+) ;
- inspecteur du Trésor public (catégorie A).

4. Contrôleur des douanes et droits indirects

4.1 Fonctions exercées

Les fonctionnaires des douanes et droits indirects assurent une mission fiscale, économique et effectuent divers contrôles nécessaires à la sécurité. Selon le concours qu'ils ont choisi, les contrôleurs exercent leurs fonctions :
- soit dans la branche des opérations commerciales et d'administration générale (agents en civil) ; ils effectuent dans ce cadre des tâches de rédaction, de comptabilité, de contrôle ou d'informatique ;
- soit dans la branche de la surveillance (agents en uniforme) ; ils sont chargés dans ce cas du contrôle des mouvements de personnes et de marchandises ainsi que de la recherche de la fraude. Compte tenu de leur activité, les agents de la surveillance sont appelés à exercer leurs fonctions de nuit, ainsi que les samedi, dimanche et jours fériés.

Des emplois spécialisés sont réservés sous certaines conditions à des agents qui ont acquis une qualification technique particulière. Leurs domaines d'activité peuvent être alors la marine, la mécanique, la radio. Ils peuvent être aussi motocyclistes, moniteurs de tir ou maître chien.

4.2 Conditions particulières exigées des candidats au concours externe de contrôleur de la branche surveillance

- Être de constitution robuste, exempt de toute mutilation, déformation ou infirmité incompatible avec l'exercice des fonctions, et être apte à un service actif de jour comme de nuit, très souvent à l'extérieur et dans des conditions atmosphériques parfois difficiles.
- Avoir une acuité visuelle de seize dixièmes pour les deux yeux après correction maximale de cinq dioptries par œil (la perte de la vision d'un œil étant éliminatoire) ainsi qu'un champ visuel et un sens chromatique normaux.

4.3 Diplômes

L'arrêté du 19 janvier 1996 fixe la liste des diplômes ou titres ouvrant accès aux concours externes pour le recrutement de contrôleurs des douanes et droits indirects :

Branche du contrôle des opérations commerciales et d'administration générale
- baccalauréat de l'enseignement du second degré ;
- baccalauréat européen ;
- baccalauréat de technicien ;
- brevet professionnel d'informatique ;
- brevet supérieur d'études commerciales ;
- brevet de technicien ;
- capacité en droit ;
- certificat d'études administratives, départementales et communales délivré par le centre de formation et de perfectionnement administratif de Lille ;
- certificat d'études administratives et financières délivré par le centre d'études administratives et financières de l'Université de Nancy ;
- certificat d'études administratives et financières délivré par la faculté de droit et des sciences économiques de Paris ;

- diplôme délivré par l'école commerciale de la chambre de commerce et industrie de Paris ;
- diplôme de l'école pratique d'administration de Strasbourg (E.P.A.S.) ;
- diplôme d'élève breveté des lycées techniques d'État ou des écoles nationales professionnelles ;
- diplôme ou titre homologué au niveau IV et au-dessus en application de la loi du 16 juillet 1971 modifiée, dans les groupes 100, 110 à 118, 120 à 128, 130 à 136, 201, 300, 310 à 315, 320 à 326, 340 à 346, figurant à l'annexe du décret du 21 juin 1994 portant approbation de la nomenclature des spécialités de formation ;
- diplôme de premier cycle technique informatique délivré par le Conservatoire national des arts et métiers ;
- diplôme de programmeur d'application délivré par l'institut de programmation de Paris ;
- examens spéciaux d'entrée dans les facultés ou les universités ;
- titre français admis réglementairement en dispense du baccalauréat pour l'inscription dans les universités ;
- diplôme ou titres ouvrant l'accès au concours d'inspecteur-élève des douanes.

Branche de la surveillance
- tous les diplômes ouvrant accès au concours de contrôleur pour la branche du contrôle des opérations commerciales ;
- brevet militaire de pilote du second degré (avion) délivré par l'armée de l'air ou la marine nationale (avec mentions monomoteur et multimoteur) ;
- brevet militaire de pilote du second degré (hélicoptère) délivré par l'armée de l'air ou la marine nationale (avec validation générale pour les pilotes de l'aéronavale ou de l'armée de l'air et avec le VOI hélicoptères légers ou le VI hélicoptères lourds pour les pilotes de l'armée de terre) ;
- brevet de navigateur ou brevet supérieur de chef de quart délivré par la marine nationale ;
- brevet d'officier délivré par le ministère de la défense ;
- brevet d'officier technicien délivré par la marine marchande;
- brevet civil de pilote professionnel d'avion (avec PP/IFR complet) ;

- brevet civil de pilote professionnel d'hélicoptère (avec PP/IFR complet ou à défaut justifier de plus de 3 000 heures de vol sur hélicoptère) ;
- brevet de chef de quart de la marine marchande ;
- brevet de capitaine côtier de la marine marchande ;
- brevet de capitaine de pêche ;
- brevet d'officier de la marine marchande ;
- brevet de capitaine de 2e classe de la marine marchande ;
- brevet de capitaine de 1re classe de la marine marchande ;
- brevet d'officier mécanicien de 3e classe de la marine marchande ;
- brevet d'officier mécanicien de 2e classe de la marine marchande ;
- brevet d'officier mécanicien de 1re classe de la marine marchande ;
- brevet d'officier mécanicien de pêche ;
- brevet supérieur du 2e degré de mécanicien automobile de l'école supérieure d'application du matériel de l'armée de terre (E.S.A.M. de Bourges) ;
- certificat technique du 2e degré de la gendarmerie nationale, spécialité mécanique automobile ;
- brevet d'aptitude technique délivré par les écoles de formation de la marine nationale dans le domaine des radiocommunications ;
- certificat technique du 2e degré support radio -FH délivré par l'école supérieure de l'armée de terre de Rennes ;
- diplômes de technicien radio-sol délivré par l'école technique de l'armée de l'air de Rochefort ;
- diplômes des télécommunications et de l'informatique délivré par l'école des sous-officiers de la gendarmerie nationale du Mans.

4.4 Perspectives de carrière

Accès par concours interne :
- contrôleur principal (catégorie B$^+$) ;
- inspecteur des Douanes (catégorie A).

5. Contrôleur de la concurrence, de la consommation et de la répression des fraudes (DGCCRF)

5.1 Fonctions exercées

Les fonctionnaires de la DGCCRF sont chargés de veiller au bon fonctionnement du marché, au respect du libre jeu de la concurrence et à la qualité des produits et des services. Ils doivent également assurer et améliorer la sécurité et la protection des consommateurs ;

Les contrôleurs de la DGCCRF effectuent des enquêtes d'information ou répressives. Ils ont des contacts avec les entreprises.

5.2 Diplômes (arrêté du 29 août 1996 – JO du 6 septembre 1996)

- Baccalauréat ou diplôme équivalent délivré par un des États de la Communauté européenne et dont l'assimilation au baccalauréat aura été reconnue par la commission prévue à cet effet ;
- titre français admis réglementairement en dispense du baccalauréat pour l'inscription dans les universités ;
- examen spécial d'accès aux études universitaires ;
- brevet de technicien supérieur ;
- diplôme universitaire de technologie ;
- capacité en droit ;
- diplôme préparatoire aux études comptables et financières et diplôme d'études comptables et financières ;
- diplôme de 1er cycle technique du CNAM ;
- diplôme de 1er cycle économique du CNAM ;
- diplôme ou titre homologué de niveau IV et au-dessus en application de la loi du 16 juillet 1971 modifiée ;

5.3 Perspectives de carrière

Accès par concours interne :
- contrôleur principal (catégorie B$^+$) ;
- inspecteur de la DGCCRF (catégorie A).

6. Contrôleur de l'institut national de la statistique et des études économiques (INSEE)

6.1 Fonctions exercées

Les fonctionnaires de l'INSEE sont chargés de rassembler et d'interpréter les informations statistiques nécessaires à la prise d'une décision dans les domaines publics et privé. Ils effectuent des enquêtes par toutes sortes de procédés (questionnaires, recensement de population, sondages,...) portant principalement sur l'économie et la démographie. Ils informent les pouvoirs publics et les usagers en publiant de nombreux documents.

Le contrôleur de l'INSEE effectuent des tâches d'encadrement, de statistiques et d'informatique.

6.2 Diplômes

- Baccalauréat ou l'un des diplômes, certificats ou titres figurant dans l'arrêté du 14 décembre 1979 (J.O. du 19 décembre 1979).
- baccalauréat général, technologique ou professionnel (y compris baccalauréat européen) ou l'un des titres ou diplômes suivants :
- titres français admis réglementairement pour l'inscription dans les universités ;
- capacité en droit ;
- diplôme d'élève breveté des écoles nationales professionnelles ;
- brevet de technicien ;
- diplôme de premier cycle technique informatique délivré par le Conservatoire national des arts et métiers ;
- diplôme de programmeur d'application délivré par l'institut de programmation de Paris ;
- brevet professionnel d'informatique ;
- diplômes homologués aux niveaux IV et au-dessus dans les groupes 29, 31 et 32 en application de la loi du 16 juillet 1971 ;
- certificat d'études administratives départementales et communales délivré par le Centre de formation et de Perfectionnement Administratif de l'Université de Lille ;
- certificat d'études administratives et financières de l'Université de Nancy ;
- certificat d'études administratives et financières délivré par la faculté de l'École Pratique d'Administration de Strasbourg (EPAS) ;
- diplôme délivré par l'École Commerciale de la Chambre de Commerce et d'Industrie de Paris.

CHAPITRE 3 — Les épreuves et les programmes

Le concours d'accès à l'emploi de secrétaire administratif comporte une phase d'admissibilité et une phase d'admission. Toute note inférieure à 5 sur 20 à l'une des épreuves est éliminatoire.

1. Secrétaire administratif

1.1 Deux épreuves écrites d'admissibilité

Épreuve n° 1
Rédaction d'une note de synthèse à partir de documents pouvant comporter des éléments chiffrés (données statistiques, commerciales, comptables et administratives simplifiées) (durée 3 heures – coefficient 3).

Épreuve n° 2
Dissertation sur un sujet d'ordre général relatif aux problèmes économiques, sociaux et culturels du monde contemporain (durée 3 heures – coefficient 2).

1.2 Deux épreuves orales d'admission

Épreuve n° 1
Conversation avec le jury à partir d'un texte ou d'une citation de portée générale permettant d'apprécier les qualités de réflexion et les connaissances du candidat (préparation 20 minutes – durée 20 minutes – coefficient 3).

La documentation

Épreuve n° 2
Interrogation sur une des matières du groupe d'épreuves suivant (le groupe d'épreuves étant choisi par le candidat lors de l'inscription au concours), tirée au sort par le candidat (préparation 15 minutes – durée 15 minutes – coefficient 2).

Groupe A :
- organisation administrative et constitutionnelle de la France et institutions communautaires ;
- organisation administrative de la France.

Groupe B :
- problèmes économiques ;
- finances publiques.

Groupe C :
- histoire contemporaine ;
- géographie économique et humaine de la France et principales données économiques relatives aux pays de l'Union européenne.

Pour tout renseignement sur ce concours, vous pouvez contacter :
La Direction du Personnel, de la Modernisation et de l'Administration (DPMA)
Sous-Direction du Personnel – bureau 4C
120, rue de Bercy – Télédoc n° 768
75572 Paris Cedex 12
(Téléphone : 01 53 18 75 02 ou 01 53 18 75 09)

---

2. Contrôleur des impôts

Le concours d'accès à l'emploi de contrôleur des impôts comporte une phase de préadmissibilité, une phase d'admissibilité et une phase d'admission (arrêté du 29 avril 1997 – JO du 8 mai 1997).

2.1 Les épreuves

Une épreuve de préadmissibilité
Réponse à des questionnaires à choix multiples destinés à vérifier les connaissances de base dans les domaines suivants : mathématiques, culture générale, français, et les capacités à suivre un raisonnement logique (durée 1 heure 30 – coefficient 6).

Seuls peuvent être admis à se présenter aux épreuves écrites d'admissibilité, les candidats ayant obtenu à cette épreuve de présélection un total de points fixé par le jury, total qui ne peut être inférieur à 5 sur 20. Les points obtenus à cette épreuve sont pris en compte pour l'admissibilité et l'admission.

Trois épreuves écrites d'admissibilité

Épreuve n° 1 : Dissertation sur un sujet d'ordre général relatif aux problèmes politiques, économiques, financiers ou sociaux du monde contemporain (durée 3 heures – coefficient 4).

Épreuve n° 2 : Au choix du candidat (durée 2 heures – coefficient 4) :

a) Mathématiques : résolution d'un ou plusieurs problèmes ;

b) Comptabilité commerciale : résolution d'un ou plusieurs problèmes ;

c) Géographie économique ;

d) Droit commercial ;

e) Droit civil.

Pour les options c, d et e, il s'agit d'élaborer une ou plusieurs notes et/ou réponses à des questions portant sur des connaissances générales afférentes à chacune d'elles.

Épreuve n° 3 : Analyse d'un ou plusieurs textes à caractère économique et/ou social et réponse à une ou plusieurs questions (durée 2 heures 30 – coefficient 4).

Épreuve facultative n° 4 :

Version effectuée sans dictionnaire d'un texte rédigé dans l'une des langues suivantes : allemand, anglais, espagnol ou italien (durée 1 heure 30 – coefficient 1).

Pour cette épreuve, seuls sont pris en compte les points obtenus au-dessus de 10 sur 20.

Une épreuve orale d'admission

Exposé sur thème de culture générale suivi d'une conversation avec le jury permettant d'apprécier l'aptitude à l'emploi postulé (préparation de 20 à 25 minutes – durée de 20 à 25 minutes – coefficient 8).

Toute note obtenue à l'une des épreuves obligatoires écrites et orale inférieure à 5 sur 20 avant application des coefficients est éliminatoire.

2.2 Le programme

Épreuve de préadmissibilité

– Culture générale : histoire, géographie, instruction civique, actualité, arts, sciences, économie.
– Français : littérature, grammaire, vocabulaire.
– Mathématiques : connaissances de base en arithmétique, algèbre et géométrie.

Épreuve écrite d'admissibilité n° 2

a) Option mathématiques : les sujets portent sur l'application à des problèmes pratiques des notions mathématiques énumérées ci-dessous. Ces sujets sont rédigés dans un langage accessible à l'ensemble des candidats, que ceux-ci aient reçu une formation moderne ou traditionnelle :

- Nombre réels : calcul numérique ;
- Fonctions numériques d'une variable réelle ;
- Équations ;
- Dénombrements statistiques ;
- Probabilités.

b) Option comptabilité commerciale : les principes de la comptabilité. L'enregistrement des opérations courantes : comptes de bilan, comptes de gestion, comptes de résultat. Les opérations d'ouverture et de fermeture de la comptabilité : bilan, rectification d'écritures, balances de vérification, inventaire extra-comptable, écritures d'inventaire, balance d'inventaire, comptes de résultat.

c) Option géographie économique : géographie économique de la France et des autres pays de l'Union européenne.

d) Option droit commercial : les actes de commerce, la liberté du commerce, les juridictions commerciales, l'entreprise commerciale individuelle et sociétaire, les biens de la vie commerciale, les règlements de la vie commerciale, le traitement judiciaire des entreprises en difficulté.

e) Option droit civil : généralités, les personnes, la famille, les biens, les obligations.

Pour tout renseignement sur ce concours, vous pouvez contacter :
- à Paris, la direction générale des impôts, cellule des concours, 6, rue Saint-Hyacinthe, 75042 Paris Cedex 01 (Téléphone : 01 42 44 18 60 ou 01 42 44 18 61) ;
- en province : la direction des services fiscaux du département de votre résidence.

---

3. Contrôleur du Trésor public

Le concours d'accès à l'emploi de contrôleur du Trésor public comporte une phase de préadmissibilité, une phase d'admissibilité et une phase d'admission (arrêté du 15 février 1994 modifié par l'arrêté du 27 avril 1995 – JO des 12 mars 1994 et 5 mai 1995).

3.1 Les épreuves

Une épreuve de préadmissibilité

Questionnaires à choix multiples portant sur la culture générale, le français, les mathématiques et la logique (durée 1 heure 30 – coefficient 2).

Seuls peuvent être admis à se présenter aux épreuves écrites d'admissibilité, les candidats ayant obtenu à cette épreuve de présélection un total de points fixé par le jury. Les points obtenus à cette épreuve sont pris en compte pour l'admissibilité et l'admission.

Trois épreuves écrites d'admissibilité

Épreuve n° 1 : Composition française sur un sujet d'ordre général (durée 3 heures – coefficient 4).

Épreuve n° 2 : Au choix du candidat (durée 3 heures – coefficient 4) :

a) Résumé au quart de sa longueur d'un texte de caractère général ou administratif pouvant comporter des tableaux, graphes,...

b) Analyse d'un dossier de nature économique et sociale ;

c) A partir d'un dossier, réponse à une ou plusieurs questions économiques et/ou juridiques.

Épreuve n° 3 : Au choix du candidat (durée 5 heures pour le traitement de l'information, 3 heures pour les autres options – coefficient 4) :

a) Un ou plusieurs problèmes de mathématiques ;

b) Rédaction d'une ou plusieurs notes d'histoire et/ou de géographie ;

c) Un ou plusieurs exercices de comptabilité générale ;

d) Traitement de l'information : établissement de l'algorithme (sous forme d'ordinogramme) correspondant à la solution d'un problème simple et écriture de séquences de programme demandées correspondantes. La programmation doit être réalisée dans un langage évolué choisi par le candidat sur une liste fixée par arrêté ministériel et publiée six mois au moins avant la date de début des épreuves.

Épreuve facultative n° 4 :

Traduction en français, sans dictionnaire, d'un texte rédigé dans l'une des langues vivantes étrangères suivantes : allemand, anglais, arabe, espagnol, italien, portugais ou russe (durée 1 heure 30 – coefficient 1).

Pour cette épreuve, seuls sont pris en compte les points obtenus au-dessus de 10 sur 20.

Une épreuve orale d'admission

A - Candidats ayant choisi l'option portant sur le traitement de l'information à la troisième épreuve écrite d'admissibilité.

a) Exposé, après une préparation de 15 minutes, sur un sujet d'ordre général parmi deux sujets tirés au sort par le candidat, suivi d'une conversation avec les examinateurs (durée totale : 15 minutes – coefficient 3).

b) Interrogation portant sur le programme d'informatique (durée totale : 30 minutes – coefficient 2).

B - Candidats n'ayant pas choisi l'option informatique à la troisième épreuve écrite d'admissibilité.

Exposé, après une préparation de 20 minutes, sur un sujet d'ordre général parmi deux sujets tirés au sort par le candidat, suivi d'une conversation avec les examinateurs (durée totale 20 minutes – coefficient 5).

Toute note obtenue inférieure à 6 sur 20 à l'une des épreuves ou parties d'épreuves obligatoires, écrites ou orales avant application des coefficients est éliminatoire.

Par ailleurs, les candidats ayant choisi les épreuves spécialisées portant sur le traitement de l'information peuvent, en cas de succès au concours, recevoir la qualification de programmeur s'ils ont obtenu une note au moins égale à 10 sur 20 à l'épreuve écrite n° 3 ainsi qu'à l'épreuve orale.

3.2 Le programme

Épreuve de préadmissibilité

- Culture générale : Histoire et géographie, instruction civique, actualité, arts et sciences.
- Français : Littérature et grammaire françaises.
- Mathématiques : Arithmétique et algèbre (l'usage des calculatrices ou de tout autre support est interdit).
- Logique : les questions consistent, selon un ordre logique à déterminer, à compléter des ensembles d'objets mathématiques et/ou alphabétiques, présentés linéairement ou à partir de graphes et de tableaux, et à constituer des ensembles homogènes de figures géométriques ou de symboles et représentations diverses.

Épreuves d'admissibilité

Les programmes de ces épreuves correspondent aux programmes du baccalauréat. Les grandes lignes en sont tracées ci-après.

• **Sciences économiques et sociales** : cette épreuve porte sur le programme de "Sciences économiques et sociales" du baccalauréat "Économique et social".

A titre indicatif : Introduction générale. – Indicateurs et tendances : Évolution à long terme de la production, de la consommation et du niveau de vie. – Évolution à long terme de la population active et des structures sociales.

Les facteurs économiques de la croissance et du développement.

Les processus du changement social.

Crises, régulations et dynamique du développement.

- **Questions économiques et/ou juridiques** : cette épreuve porte sur le programme "Économie – Droit" du baccalauréat "Sciences et technologies tertiaires" – Spécialité "Comptabilité et gestion".

A titre indicatif : Économie générale ; Économie d'entreprise ; Droit.

- **Mathématiques :** cette épreuve porte sur le programme du baccalauréat "Économique et social".

A titre indicatif : Statistique descriptive, probabilités, algèbre, analyse.

- **Histoire et géographie :** cette épreuve porte sur le programme du baccalauréat "Littéraire".

A titre indicatif :

Histoire : la Seconde Guerre mondiale ; le monde depuis 1945 ; la France depuis 1945.

Géographie : l'organisation géographique du monde ; trois puissances économiques mondiales ; quelques problèmes géographiques mondiaux à l'échelle continentale.

- **Comptabilité** : cette épreuve porte sur le programme de comptabilité du baccalauréat "Sciences et technologies tertiaires" – Spécialité "Comptabilité et gestion".

A titre indicatif :
– Introduction : les besoins en information pour la gestion de l'entreprise ; la gestion dans l'entreprise : comptabilité et informatique de gestion.
– Les traitements en comptabilité générale : les opérations commerciales (TVA ; réductions; frais de port; emballages consignés) – les opérations de trésorerie – les opérations d'acquisition et de cession d'immobilisations corporelles et incorporelles – les opérations financières – les rémunérations du personnel – les opérations de fin d'exercice : amortissements ; provisions ; régularisation des sorties d'actif ; variations des stocks ; produits à recevoir ou constatés d'avance ; charges à payer ou constatées d'avance – le résultat et l'imposition des bénéfices – les documents de synthèse – les opérations postérieures à la clôture de l'exercice (le paiement de l'impôt sur les sociétés et l'affectation du résultat des SA).

- L'analyse fonctionnelle des documents de synthèse : analyse du compte de résultat : soldes intermédiaires de gestion ; capacité d'autofinancement; ratios – analyse du bilan : élaboration du bilan fonctionnel ; ratios – tableau de financement.
- Le calcul et l'analyse des coûts : la diversité des coûts – les coûts complets - les coûts partiels et leur utilisation.
- La gestion prévisionnelle : la diversité des budgets – le plan d'investissement et de financement – le budget de trésorerie - le bilan et le compte de résultats prévisionnels.

- **Traitement de l'information**
- Connaissances de base : l'information – le matériel – le logiciel.
- Programmation.
- Notions générales sur le droit de l'informatique.

(Liste des langages : COBOL - PL 1 - FORTRAN - PASCAL - BASIC - C - GPL ;

Langages assembleurs de base propre à chacun des constructeurs suivants : GCOS 7, GCOS 6, Unix, MVS, VM, DPPX, VMS, MS-Dos, Windows 95, Windows NT, Windows 98, Netware.).

L'épreuve porte sur le programme figurant en annexe de l'arrêté du 10 juin 1982 (6. Fonctions de programmeur).

Pour tout renseignement sur ce concours, vous pouvez contacter :
- Minitel : 3616 Trésor, rubrique concours et examens ;
- à Paris : • le Receveur Général des Finances, 94, rue Réaumur, 75104 Paris Cedex 2 (Téléphone : 01 55 80 85 85) ;
  - le Payeur Général du Trésor, 16/18, rue Notre Dame des Victoires, 75097 Paris Cedex 02 (Téléphone : 01 44 50 45 22 ou 01 44 50 45 23)
- dans les autres départements : le Trésorier-Payeur Général du département de votre résidence.

---

4. Contrôleur des douanes et droits indirects

Les concours d'accès à l'emploi de contrôleur des douanes et droits indirects comportent une phase d'admissibilité et une phase d'admission (arrêté du 19 janvier 1996 modifié par l'arrêté du 8 juillet 1996 – JO du 11 février 1996).

4.1 Deux concours à options différentes selon la branche de service

Branche du contrôle des opérations commerciales et d'administration générale

Trois épreuves écrites d'admissibilité

Épreuve n° 1 : Composition sur un sujet d'ordre général (durée 3 heures – coefficient 5) ;

Épreuve n° 2 : Au choix du candidat (durée 3 heures, sauf pour l'option informatique 5 heures – coefficient 4) :

a) Composition sur un sujet de géographie économique ;

b) Solution d'un ou plusieurs problèmes ou exercices de mathématiques ;

c) Composition sur un sujet d'ordre juridique ;

d) Informatique : qualification de programmeur ou de pupitreur ;
   1. Programmeur : établissement de l'algorithme (sous forme d'ordinogramme) correspondant à la solution d'un problème simple et écriture des séquences de programme demandées correspondantes. La programmation doit être réalisée dans un langage évolué choisi par le candidat sur une liste fixée par arrêté ministériel.
   2. Pupitreur : questions permettant d'apprécier les connaissances informatiques du candidat, notamment en matière de méthodologie de l'exploitation.

e) Composition sur un sujet d'ordre économique ou commercial.

Épreuve n° 3 : Au choix du candidat (durée 3 heures – coefficient 4) :

a) Au choix de l'administration, commentaire composé ou résumé d'un texte de portée générale suivi de réponses à des questions sur le texte ;

b) Composition sur un sujet relatif aux missions, à l'organisation et à la réglementation douanières, et réponse à une ou plusieurs questions de service pouvant comporter la résolution de cas concrets.

Épreuve facultative n° 4 : (durée 1 heure – coefficient 2) :

Traduction sans dictionnaire, sauf pour l'arabe, d'un texte rédigé dans une des langues suivantes : allemand, anglais, arabe, espagnol, italien, russe.

Les épreuves et les programmes

Deux épreuves orales d'admission

Épreuve n° 1 : Exposé sur un sujet d'ordre général ou administratif suivi d'un entretien avec les examinateurs (préparation 15 minutes – durée 20 minutes – coefficient 8).

Pour les candidats ayant choisi l'option informatique à l'écrit, cette épreuve n° 1 se décompose ainsi :

a) exposé sur un sujet d'ordre général ou administratif suivi d'un entretien avec les examinateurs (préparation 15 minutes – durée 20 minutes – coefficient 6) ;

b) informatique :

   1. programmeur : interrogation portant sur le programme relatif à la vérification d'aptitude aux fonctions de programmeur publié en annexe à l'arrêté du 10 juin 1982 (durée 15 minutes – coefficient 2) ;

   2. pupitreur : interrogation portant sur le programme relatif à la vérification d'aptitude aux fonctions de pupitreur publié en annexe à l'arrêté du 10 juin 1982 (durée 30 minutes – coefficient 2) ;

Épreuve n° 2 : Interrogation de langue étrangère consistant dans la traduction orale en français d'un texte écrit dans la langue étrangère choisie, suivie d'une conversation dans la même langue (durée 10 minutes – coefficient 2).

La langue doit être différente de celle choisie éventuellement à l'écrit : allemand, anglais, arabe, espagnol, italien ou russe.

Épreuve n° 3 facultative : Exercices physiques (coefficient 1) :
– course : 100 m pour les hommes, 60 m pour les femmes.
– course : 1000 m pour les hommes, 300 m pour les femmes.
– saut en hauteur.
– lancer du poids : 6 kg pour les hommes, 4 kg pour les femmes
– natation : 50 m nage libre, départ plongé.

Branche de la surveillance

Trois épreuves écrites d'admissibilité

Épreuve n° 1 : Composition sur un sujet d'ordre général (durée 3 heures – coefficient 5).

Épreuve n° 2 : Au choix du candidat (durée 3 heures – coefficient 4) :

a) Composition sur un sujet de géographie économique ;

b) Solution d'un ou de plusieurs problèmes ou exercices de mathématiques ;

c) Composition sur un sujet d'ordre juridique ;

d) Composition sur une ou plusieurs questions portant sur des connaissances techniques de navigation maritime ;

e) Composition sur une ou plusieurs questions portant sur des connaissances techniques aéronautiques ;

f) Composition sur une ou plusieurs questions portant sur des connaissances de mécanique maritime et de sécurité ;

g) Composition sur une ou plusieurs questions portant sur des connaissances techniques de mécanique automobile ;

h) Composition sur une ou plusieurs questions portant sur des connaissances techniques de télécommunications ;

i) Composition sur un sujet d'ordre économique ou commercial.

Épreuve n° 3 : Au choix du candidat (durée 3 heures – coefficient 4) :

a) Au choix de l'administration, commentaire composé ou résumé d'un texte de portée générale suivi de réponses à des questions sur le texte ;

b) Composition sur un sujet relatif aux missions, à l'organisation et à la réglementation douanières, et réponse à une ou plusieurs questions de service pouvant comporter la résolution de cas concrets.

Épreuve n° 4 facultative : (durée 1 heure – coefficient 2) :

Traduction sans dictionnaire, sauf pour l'arabe, d'un texte rédigé dans une des langues suivantes : allemand, anglais, arabe, espagnol, italien, russe.

Trois épreuves orales d'admission

Épreuve n° 1 : Exposé sur un sujet d'ordre général ou administratif suivi d'un entretien avec les examinateurs (préparation 15 minutes – durée 20 minutes – coefficient 8).

Épreuve n° 2 : Interrogation de langue étrangère consistant dans la traduction orale en français d'un texte écrit dans la langue étrangère choisie, suivie d'une conversation dans la même langue (durée 10 minutes – coefficient 2).

La langue doit être différente de celle choisie éventuellement à l'écrit : allemand, anglais, arabe, espagnol, italien ou russe.

Épreuve n° 3 facultative : Exercices physiques (coefficient 1) :
– course : 100 m pour les hommes, 60 m pour les femmes.
– course : 1000 m pour les hommes, 300 m pour les femmes.
– saut en hauteur.
– lancer du poids : 6 kg pour les hommes, 4 kg pour les femmes.
– natation : 50 m nage libre, départ plongé.

Toute note inférieure à 5 sur 20 à l'une des épreuves écrites ou orales est éliminatoire.

Pour les épreuves facultatives, seuls les points au-dessus de 10 sont pris en compte.

Les candidats ayant choisi l'option informatique recevront, en cas de réussite au concours, la qualification de programmeur ou de pupitreur s'ils ont obtenu aux deux épreuves spécialisées (épreuve écrite et épreuve orale), une note au moins égale à 10 sur 20.

4.2 Les programmes

Branche OPERATIONS COMMERCIALES – Épreuves écrites d'admissibilité

Épreuve n° 2a) : géographie économique.

La production et les échanges (structures économiques, productions agricoles, matières premières, source d'énergie, transports et communications, grandes industries et commerce extérieur) des pays suivants : France ; autres États membres de l'UE ; Communauté d'États Indépendants (CEI) ; États-Unis ; Japon ; Chine ; Union Indienne.

Épreuve n° 2b) : mathématiques.

1. Fonctions numériques d'une variable réelle.

– Continuité d'une fonction (en un point, sur un intervalle). Fonction réciproque d'une fonction continue strictement monotone sur un intervalle. Limite d'une fonction lorsque la variable tend vers un nombre donné, vers l'infini : définitions ; limite d'une somme, d'un produit, d'un quotient de fonctions.
– Calcul de valeur (numériques et tracé de représentations graphiques).

- Dérivée en un point. Fonction dérivée. Dérivée d'une somme, d'un produit, d'un quotient de fonctions dérivables, de la fonction réciproque d'une fonction dérivable strictement monotone. Interprétation géométrique de la dérivée dans un repère cartésien. Équation de la tangente en un point de la courbe représentative. Étude du sens de variation d'une fonction dérivable à l'aide du signe de sa dérivée.

  Pour l'étude de la courbe représentative C d'une fonction, sont hors programme l'étude de la concavité de C, la recherche des points d'inflexion et la recherche de directions asymptotiques ou d'asymptotes non parallèles aux axes. Toutefois, il est possible de donner une droite D par son équation $y = ax + b$, et de faire vérifier qu'elle est asymptote à C en justifiant que la différence des ordonnées de deux points de même abscisse sur C et D a pour limite zéro quand x tend, par exemple, vers plus l'infini.

- Primitive d'une fonction continue : ensemble des primitives. Exemples de primitives déduites de la connaissance des dérivées de fonctions usuelles. Application à l'évaluation des aires planes ; propriétés des aires, additivité, unité d'aire.

  Sont hors du programme les méthodes dites d'intégration par parties et d'intégration par changement de variable.

- Fonctions étudiées : fonctions puissances, polynômes et rapports de polynômes ; dérivée, primitives, représentation graphique ; suites arithmétiques et géométriques ; sommes des n premiers termes ; fonctions circulaires ; périodicité ; dérivée ; représentation graphique ; primitives de $y = \cos(ax + b)$ et de $y = \sin(ax + b)$; logarithme népérien ; dérivée : limite quand la variable positive x tend vers l'infini, de $\log x$ et de $\log x$ sur x ; limite quand x tend vers zéro, de $x \log x$; représentation graphique ; autres fonctions logarithmiques : relations entre les fonctions logarithmiques de base a et de base e ; logarithmes décimaux ; fonctions exponentielles ; dérivée ; représentation graphique ; nombre e ; limite de e sur x quand x tend vers l'infini.

2. Dénombrements. Statistiques. Probabilités.

- Arrangements, permutations, combinaisons sans répétition. Applications. Problèmes de dénombrement.

- Description statistique d'une population ou d'un échantillon. Documents statistiques ; représentations graphiques. Effectifs, fréquences.
- Espaces probabilités finis [Omega, P (Omega), rho]. Exemples (dés pipés ou non, cartes, urnes, etc.).
- Variable aléatoire numérique, événements liés à une variable aléatoire X (par exemple : X = a donné ; X < a donné) ; densité discrète : fonction de répartition, croissance ; espérance mathématique (ou valeur moyenne) et variance d'une variable aléatoire.
- Loi binômiale.

Épreuve n° 2c) : Composition sur un sujet d'ordre juridique

1. Droit constitutionnel : l'organisation actuelle des pouvoirs publics en France.

2. Droit administratif : les actes administratifs ; les juridictions administratives ; l'organisation administrative de l'État et des autres collectivités publiques ; la fonction publique.

3. Droit privé :
- les sources des règles de droit ;
- l'individualisation de la personne physique : le nom : le domicile ; la nationalité : les actes de l'état civil ;
- les sociétés commerciales : constitution, fonctionnement et dissolution ;
- l'organisation judiciaire : juridictions et règles générales de procédure.

Épreuve n° 2d) : Informatique (Voir le programme déterminé en annexe de l'arrêté du 10 juin 1982 – *Journal officiel* du 23 juin 1982).

Épreuve n° 2e) : Composition sur un sujet d'ordre économique ou commercial :

1. Les problèmes économiques actuels (chômage, inflation, grands équilibres, croissance).
2. Le statut juridique de l'entreprise.
3. L'entreprise et son environnement (le circuit économique).
4. L'entreprise et la production (présentation générale de l'entreprise, classification selon l'activité).
5. L'activité contractuelle de l'entreprise (les contrats, les règlements, la responsabilité de l'entreprise, l'assurance).

6. L'entreprise et le marché (la politique commerciale de l'entreprise, les échanges avec l'extérieur).

7. La croissance de l'entreprise et la concentration.

8. Les prélèvements et la redistribution (fiscalité, dépenses publiques, prélèvements sociaux).

Épreuve n° 3a) : Commentaire composé ou résumé du texte (au choix de l'administration).

Le *commentaire composé* consiste à présenter avec ordre un bilan de lecture organisé de façon à donner force au jugement personnel qu'il prépare et justifie. Il doit respecter les idées de l'auteur et développer une stratégie littéraire ou argumentative en mettant en avant l'utilisation du langage, par l'auteur, en vue de défendre ses idées. Le candidat doit faire une rapide analyse stylistique pour souligner la stratégie suivie par l'auteur du texte, et appuyer ses arguments par des citations issues du texte commenté.

Le *résumé* consiste à contracter, en ses propres termes, la structure linéaire d'un texte, en un nombre déterminé de mots.

Épreuve n° 3b) : Connaissances professionnelles douanières.

1. Les missions de l'administration des douanes et droits indirects.

2. Organisation et fonctionnement de l'administration des douanes et droits indirects :

- L'organisation générale des services ;
- L'action des services de la branche du contrôle des opérations commerciales et d'administration générale et de la branche surveillance ;
- Les conditions d'exécution du service : pouvoirs des agents ; régime de travail ; informatisation des services.

3. Législation et réglementation : principes généraux du droit douanier ; la conduite et la mise en douane des marchandises ; les régimes douaniers ; la circulation et la détention des marchandises ; les opérations de dédouanement ; le contrôle de commerce extérieur ; le contrôle des relations financières avec l'étranger ; les statistiques élaborées par la direction générale des douanes et droits indirects ; la navigation.

4. La comptabilité des receveurs : crédit de droit ; crédit d'enlèvement

5. Le contentieux douanier : caractères généraux ; les infractions : constatation, qualification et mise en œuvre de la sanction ; les personnes responsables.

6. Les contributions indirectes : législation, réglementation et contentieux : généralité et rôle du service en matière d'impôts indirects ; la déclaration ; les titres de mouvement ; les formalités et les tolérances à la circulation ; le contrôle de la production de l'alcool ; le régime fiscal et économique du vin ; le régime fiscal des cidres, poirés, hydromels ; le régime fiscal des bières, eaux minérales et des boissons non alcoolisées ; le régime fiscal des tabacs et le monopole des tabacs et allumettes ; notions sur la garantie des métaux précieux ; la réglementation fiscale et administrative du commerce des boissons ; l'imposition des spectacles ; réglementation communautaire : la détention, la circulation et le contrôle des alcooliques et tabacs manufacturés dans les relations intracommunautaires ; les infractions ; les peines fiscales ; la procédure fiscale.

Branche SURVEILLANCE - Épreuves écrites d'admissibilité

Épreuve n° 2a) : géographie économique.

Même programme que celui de l'option correspondante du concours de la branche du contrôle des opérations commerciales et d'administration générale.

Épreuve n° 2b) : mathématiques.

Même programme que celui de l'option correspondante du concours de la branche du contrôle des opérations commerciales et d'administration générale.

Épreuve n° 2c) : droit.

Même programme que celui de l'option correspondante du concours de la branche du contrôle des opérations commerciales et d'administration générale.

Épreuve n° 2d) : connaissances techniques de navigation maritime.

1. Navigation : Les instruments de navigation, les documents de navigation, leur correction, l'information du navigateur, la réglementation de la circulation maritime, la navigation côtière ou à vue. L'estime, la navigation radio-électrique et les appareils de positionnement.

2. Météorologie : La circulation générale de l'atmosphère. Les anticyclones et les dépressions, le régime des vents, les systèmes nuageux et les fronts, l'information météorologique.

3. Sécurité en mer : les incendies, les pannes et avaries, l'organisation du travail à bord ; l'embarquement de passagers ; la sauvegarde des vies humaines ; les matériels de lutte contre le feu et les voies d'eau, les modalités d'intervention en cas d'incendie ou de voie d'eau.

4. Coordination des actions de l'État en mer : organisation, domaines.

5. Commandement : les fonctions, prérogatives et devoirs des commandements et des différents membres d'équipage.

Épreuve n° 2e) : Connaissances techniques aéronautiques.

1. Navigation :

- la déclinaison, l'orientation les coordonnées géographiques, la déviation, la loxodromie, l'orthodromie, les caps, les gisements, les relèvements, les effets du vent, la dérive, la route vraie ;
- les cartes aéronautiques (lecture, tracé, mesure des angles, coordonnées) ; la navigation estimée (triangle des vitesses, l'estime, le rayon d'action, points critiques, calculs des éléments de l'estime) ;
- la préparation et l'exécution du vol (documentation aéronautique, choix des routes et altitudes, aérodromes de dégagement, distance franchissable en fonction du carburant) ;
- les systèmes de navigation (goniomètres VHF, radiocompas, VOR, DME, radiobornes à rayonnement vertical, TACAN, ILS, MLS, PAR/SPAR, sondes altimétriques, radar de bord, OMEGA, GPS, IFF/SIF).

2. Météorologie :

- éléments météorologiques fondamentaux (la température, l'humidité, la pression atmosphérique, variation de pression

et de température en altitude, le vent, la stabilité, l'instabilité) ;
- les phénomènes atmosphériques généraux (nuages, visibilité, précipitations) ; – les masses d'air, fronts et système nuageux, effet de relief, turbulence, givrage, grains, orage, grêle, vents de sable, trombes, tornades, cyclones) ;
- l'assistance météorologique à la navigation aérienne (cartes, symboles, prévisions, documents de dossier météo-renseignement, météo en vol et pour l'atterrissage).

3. Réglementation aérienne :
- le code de l'aviation civile ;
- les règles de l'air (hauteur minimale de sécurité, survol des agglomérations, prévention des abordages, signaux lumineux et visuels, étude des NOTAM, SNOTAM règles de vol à vue (VRF), règles de vol aux instruments (IFR).

4. Services de la circulation aérienne (fonctions, subdivisions aériennes, l'espace aérien, missions, moyens et modes d'action des services) : le plan de vol, les services du contrôle régionale, de contrôle d'approche, de contrôle d'aérodrome, d'information et d'alerte ; la phraséologie AIR SOL (française et anglaise) ; les procédures d'attente et d'approches aux instruments ; les incidents de contrôle et les infractions ; les incidents et accidents d'aviation.

5. Connaissance et utilisation de l'aéronef ; la cellule (train d'atterrissage, dispositifs hypersustentateurs, équipements et circuits, électricité, entretien, carburant) ; groupe motopropulseur (principes de fonctionnement, hélice, conduite du moteur) ; instruments de bord (altimètre, anémomètre, variomètre, gyroscope, indicateur de virage, directionnel, horizon artificiel, compas magnétique, pilote automatique, instruments de contrôle moteur) ; équipements de sécurité ; utilisation de l'aéronef (devis de masse, centrage, limitations, performances, préparation du vol).

6. Hélicoptère : commandes de vol, rotor principal, ensembles mécaniques, phénomènes de fatigue, performance.

7. Sécurité : règlements, rôle du commandant d'aéronefs, survie.

Épreuve n° 2f) : Connaissances techniques de mécanique maritime et de sécurité.

1. Moteur diesel : principe du 4 temps et du 2 temps ; cycle ; descriptif des organes principaux ; l'alimentation en air (principe et but de la suralimentation) ; alimentation en combustible ; réfrigération et équilibre thermique ; graissage ; distribution ; liaisons moteur-propulseur ; les auxiliaires ; entretien courant.

2. Moteur à essence : principes généraux de fonctionnement.

3. Les auxiliaires machines : construction d'architecture navale ; appareil propulsif et appareil à gouverner ; l'électricité (notions générales, alternateurs, moteurs et accumulateurs) ; appareils de contrôle et systèmes de sécurité des moteurs.

4. La sécurité : classification des feux ; moyens de lutte contre l'incendie et les voies d'eau ; sécurité du travail, prévention et exercices.

Épreuve n° 2g) : Connaissances techniques de mécanique automobile.

1. Moteurs à combustion interne : généralités : principe, types ; équilibre thermique, refroidissement, rendement thermique ; classification géométrique selon le nombre de cylindres ; cycles théoriques de fonctionnement à 2 et 4 temps : inconvénients et remèdes : diagramme pression-volume ; moteur à piston rotatif ; moteurs à allumage commandé ; allumage par bobine d'induction à déclenchement mécanique ; système d'allumage électronique : allumage transistorisé dit de première génération ; allumage tout transistor dit de deuxième ou de troisième génération ; la carburation : principe, évolution de la carburation par carburateur ; l'injection : évolutions technologiques, description, stratégie et terminologie ; l'électronique moteur : allumage et injection électronique, systèmes associés, évolutions technologiques, description, stratégie et terminologie : moteurs à allumage par compression (à injection) : diesel et semi-diesel : régimes lents, régimes rapides ; adaptation des moteurs diesels aux véhicules automobiles : les mélanges explosifs : combustibles, carburants, comburants ; la lubrification des moteurs : lubrifiants, additifs ; techniques antipollution (objectifs, méthodes, principes généraux, facteurs de pollution, système de dépollution, rôle des composants et description, méthodes et techniques de contrôle, d'analyse et de recherche, pot catalytique).

2. Autres organes d'un véhicule automobile : structure ; organes ; accessoires de démarrage automobile ; transmission de la puissance ; climatisation et ventilation ; électricité : notions générales ; accumulateurs électriques ; circuits de charge ; alternateurs ; moteurs électriques ; appareils de contrôle et d'alarme ; circuits et commandes.

3. Entretien et réparation : plans d'entretiens type ; organisation pratique d'une réparation ; contrôles techniques automobiles (objectifs, organes contrôlés, normes légales).

4. Réglementation : réglementations appliquées au regard du code de la route ; règles concernant les véhicules et les conducteurs ; réglementations applicables aux ateliers de réparation et à l'entretien.

Épreuve n° 2h) : connaissances techniques de télécommunications.

1. Électricité : théorèmes généraux ; circuits passifs, quadripôles.

2. Électronique générale : transistors (études statique et dynamique) ; l'amplification BF, HF, de puissance, différentielle. Les amplificateurs opérationnels. La boucle à verrouillage de phase (PLL).

3. Logique : les systèmes de numérotation, le codage (binaire, arithmétique), les compteurs-éléments de mémoire.

4. Commutation circuits spéciaux : transistor en commutation ; portes logiques-bascules ; les triggers monostables-astables-oscillateurs numériques ; les générateurs de rampes-comparateurs-temporisateurs.

5. Alimentation : convertisseurs : régulation : à transistor, à circuit intégré ; alimentation à découpage.

6. Modulations analogiques : transmission d'un signal modulé ; modification de la fréquence porteuse ; modulation d'amplitude (différents types dont BLU) ; modulation angulaire (fréquence et phase).

7. Modulations numériques : modulations analogiques d'impulsions ; modulations par impulsions codées : modulation numérique différentielle ; transmission et mutiplexage numérique.

8. Émission - Réception : organisation générale d'un émetteur-récepteur VHF, UHF, HF-BLU ; architecture des récepteurs-circuits annexes ; antennes (principes généraux-propagation en espace libre).

9. Algorithmique : structures fondamentales ; analyse d'un problème.

Épreuve n° 2i) : connaissances économiques et commerciales.

Même programme que celui de l'option correspondante du concours de la branche du contrôle des opérations commerciales et d'administration générale.

Épreuve n° 3a) : commentaire composé ou résumé de texte (au choix de l'administration).

Même programme que celui de l'option correspondante du concours de la branche du contrôle des opérations commerciales et d'administration générale.

Épreuve n° 3b) : connaissances professionnelles.

Même programme que celui de l'option correspondante du concours de la branche du contrôle des opérations commerciales et d'administration générale.

Pour tout renseignement sur ce concours, vous pouvez contacter :
- 3615 DOUANETEL ;
- à Paris et région parisienne : Direction interrégionale des Douanes d'Île-de-France, Service des examens et concours, 3 rue de l'Église – BP 21 – 94471 Boissy-Saint-Léger (Téléphone : 01 40 40 39 26 ou 01 45 10 13 47) ;
- dans les départements : Direction régionale dont dépend votre résidence.

---

5. Contrôleur de la concurrence, de la consommation et de la répression des fraudes (DGCCRF)

Les concours d'accès à l'emploi de contrôleur de la DGCCRF comportent une phase de présélection, une phase d'admissibilité et une phase d'admission (arrêté du 29 août 1996- JO du 19 septembre 1996).

Il existe deux concours à options différentes selon la branche de service : économique ou scientifique.

5.1 Les épreuves

Une épreuve de présélection (cette épreuve n'est pas systématiquement mise en place)

Épreuve écrite sous forme d'un questionnaire à choix multiples portant sur les domaines suivants : culture générale, français, mathématiques et logique (durée 1 heure 30).

Concours à dominante économique

3 épreuves écrites d'admissibilité

Épreuve n° 1 : composition sur un sujet d'ordre général (durée 3 heures ; coefficient 4).

Épreuve n° 2 : analyse d'un texte ou d'un dossier de caractère économique et social et réponses à des questions sur le texte ou le dossier proposé (durée 3 heures ; coefficient 3).

Épreuve n° 3 : au choix du candidat :

a) questions portant sur les sciences économiques (durée 3 heures ; coefficient 4).

b) questions à caractère juridique (durée 3 heures ; coefficient 4).

c) informatique (durée 5 heures; coefficient 4).

1 épreuve orale d'admission

– Candidats ayant choisi les options a) ou b) à l'épreuve écrite d'admissibilité n° 3 : exposé sur un sujet d'ordre général suivi d'une conversation avec le jury (préparation 30 mn ; durée 30 mn ; coefficient 7).

– Candidats ayant choisi l'option c) à l'épreuve écrite d'admissibilité n° 3 : exposé sur un sujet d'ordre général suivi d'une conversation avec le jury (préparation 20 mn ; durée 20 mn ; coefficient 5) et interrogation d'informatique (préparation 30 mn ; durée 30 mn ; coefficient 2).

Seuls les candidats ayant obtenu une note au moins égale à 10 sur 20 à l'épreuve d'admissibilité n° 3 c) sont autorisés à subir l'épreuve orale d'informatique.

Concours à dominante scientifique

3 épreuves écrites d'admissibilité

Épreuve n° 1 : composition sur un sujet d'ordre général (durée 3 heures ; coefficient 4).

Épreuve n° 2 : problèmes de mathématiques (durée 3 heures ; coefficient 3).

Épreuve n° 3 : au choix du candidat :
a) questions de physique-chimie (durée 3 heures ; coefficient 4).
b) questions relatives aux sciences et technologies des produits alimentaires (durée 3 heures ; coefficient 4).
c) informatique (durée 5 heures ; coefficient 4).

1 épreuve orale d'admission : exposé et conversation avec le jury.

- Candidats ayant choisi les options a) ou b) à l'épreuve écrite d'admissibilité n° 3 : exposé sur un sujet d'ordre général suivi d'une conversation avec le jury (préparation 30 mn ; durée 30 mn ; coefficient 7).

- Candidats ayant choisi l'option c) à l'épreuve écrite d'admissibilité n° 3 : exposé sur un sujet d'ordre général suivi d'une conversation avec le jury (préparation 20 mn ; durée 20 mn ; coefficient 5) et interrogation d'informatique (durée 30 mn ; coefficient 2).

Seuls les candidats ayant obtenu une note au moins égale à 10 sur 20 à l'épreuve d'admissibilité n° 3 c) sont autorisés à subir l'épreuve orale d'informatique.

Toute note obtenue inférieure à 5 sur 20 à l'une des épreuves obligatoires, écrites ou orales avant application des coefficients, est éliminatoire.

5.2 Le programme

Épreuve de présélection

- Culture générale : Histoire et géographie, instruction civique, actualité, sciences et arts.

- Français : Littérature et grammaire françaises.

- Mathématiques : Arithmétique et algèbre.

- Logique : les questions consistent, selon un ordre logique à déterminer, à compléter des ensembles d'objets mathématiques et/ou alphabétiques, présentés linéairement ou à partir de graphes et de tableaux, et à constituer des ensembles homogènes de figures géométriques ou de symboles et représentations diverses.

Les épreuves et les programmes

Épreuves d'admissibilité

Concours à dominante économique

Épreuve n° 3 : au choix du candidat

Option a) : questions portant sur les sciences économiques

- Le fonctionnement de l'économie nationale : les mécanismes de l'économie de marché, les circuits monétaires, les dysfonctionnements de l'économie de marché, le rôle de l'État dans l'économie.
- L'ouverture sur l'économie internationale : les échanges internationaux, l'insertion dans la communauté européenne.
- Économie de l'entreprise : l'entreprise et son financement, l'entreprise et les ressources humaines, l'entreprise en évolution.

Option b) : questions à caractère juridique

- Les cadres de la vie juridique.
- Les acteurs de la vie juridique.
- Les droits et les biens.
- Les obligations.
- Le droit et l'entreprise.

Option c) : informatique

- Connaissances de base : l'information, le matériel, logiciel.
- Programmation : connaissance approfondie d'un langage évolué.
- Notions générales sur le droit de l'informatique.

Concours à dominante scientifique

Épreuve n° 3 : mathématiques

Option a) : physique et chimie

- Champs et interactions dans l'univers.
- Systèmes oscillants.
- Lumières visibles et invisibles.
- Cinétique chimique.
- Acides et bases en solution aqueuse.
- Notions élémentaires de stéréochimie.
- Parfums et savons.

Option b) : sciences et technologies des produits alimentaires

- Biochimie structurale : les glucides, les protides, les lipides.

- Microbiologie : la croissances microbienne et ses facteurs, la flore microbienne dans les aliments, hygiène, nettoyage et désinfection.
- Technologie alimentaire : agents de détérioration des aliments, conservation des aliments, conditionnement des aliments.

Option c) : informatique
- Connaissances de base : l'information, le matériel, logiciel.
- Programmation : connaissance approfondie d'un langage évolué.
- Notions générales sur le droit de l'informatique.

Pour tout renseignement sur ce concours, vous pouvez contacter :
- à Paris : la direction régionale de Paris, 8 rue Froissart, 75153 Paris Cedex 03 (téléphone : 01 40 27 16 00).
- en province : la Direction départementale de la concurrence, de la consommation et de la répression des fraudes, généralement installée dans la cité administrative du chef-lieu du département de résidence.

6. Contrôleur de l'institut national de la statistique et des études économiques (INSEE)

6.1 Les épreuves

3 épreuves écrites d'admissibilité

Épreuve n° 1 : Résumé d'un texte sur un problème de société ou d'actualité et réponses à des questions sur ce texte (durée : 3 heures – coefficient 5).

Épreuve n° 2 : Épreuve de mathématiques et statistiques comportant la résolution d'un ou de plusieurs problèmes ou exercice (durée : 3 heures – coefficient 4).

Épreuve n° 3 : Épreuve de sciences économiques et sociales comportant l'analyse d'un dossier et la réponse à des questions (durée : 3 heures – coefficient 5).

1 épreuve orale d'admission

Conversation avec le jury, après une préparation de 40 minutes environ, à partir d'un texte choisi de façon à permettre au jury d'apprécier les qualités de réflexion et les connaissances générales du candidat, ainsi que son aptitude à exercer les fonctions postulées (durée 40 minutes – coefficient 6).

Épreuves facultatives

(Seuls sont pris en compte, en vue de l'admission, les points au-dessus de 10) :

1°) Traduction sans dictionnaire d'un texte rédigé dans l'une des langues suivantes : allemand, anglais, espagnol (durée 1 heure 30 – coefficient 1).

2°) Solution d'un ou de plusieurs problèmes de mathématiques (durée 1 heure 30 – coefficient 1).

Pour tout renseignement sur ce concours, vous pouvez contacter :
– la cellule concours et examens de l'INSEE, Timbre C210 – 18, boulevard Adolphe Pinard – 75675 PARIS cedex 14. (Téléphone : 01 41 17 65 64)

6.2 Les programmes

Épreuve n° 2 : Mathématiques et statistiques.

I. Algèbre

Calculs sur les polynômes d'une variable (développements, factorisations).

Résolution algébrique d'une équation du second degré.

Résolution des systèmes d'équations linéaires à coefficients numériques (méthode de Gauss, combinaisons linéaires).

Résolution numérique et étude graphique de systèmes d'équations ou d'inéquations linéaires à deux inconnues à coefficients numériques.

II. Statistique, analyse combinatoire, probabilités

Séries statistiques à une variable, quantitative ou qualitative. Caractéristiques de description d'une série statistique quantitative : mode, moyenne, médiane (caractéristiques de position) ; quartiles, variance, écart type (caractéristiques de dispersion).

Séries statistiques à deux variables quantitatives : tableaux d'effectifs, fréquences marginales, fréquences conditionnelles. Ajustement affine par la méthode des moindres carrés; droites de régression. Coefficient de corrélation linéaire.

Analyse combinatoire : arrangements, permutations, combinaisons sans répétition. Formule du binôme. Calcul de probabilités simples issues de dénombrement. Expériences successives, schéma de Bernoulli.

Probabilité conditionnelle d'un événement par rapport à un événement de probabilité non nulle. Formule des probabilités totales.

Variable aléatoire prenant un nombre fini de valeurs et loi de probabilité associée : fonction de répartition, espérance mathématique, variance, écart type.

III. Suites et fonctions numériques

Suites arithmétiques et géométriques; somme des n premiers termes.

Fonctions : définition, sens de variation, parité, périodicité. Calcul de valeurs numériques et tracé de représentations graphiques.

Construction de fonctions par addition, multiplication. Comparaison de deux fonctions. Fonction composée.

Limite, lorsque la variable tend vers un nombre donné, vers l'infini : définitions. Limite d'une somme, d'un produit, d'un quotient de fonctions. Limite d'une fonction composée.

Dérivée en un point, sur un intervalle. Fonction dérivée. Dérivée d'une somme, d'un produit, d'un inverse, d'un quotient de fonctions dérivables. Dérivation d'une fonction composée. Dérivées successives.

Interprétation géométrique de la dérivée (repère cartésien) ; équation de la tangente à la courbe représentative.

Étude du sens de variation d'une fonction dérivable à l'aide du signe de sa dérivée (1).

Primitives d'une fonction continue sur un intervalle (2) : définition. Ensemble des primitives d'une même fonction. Calcul dans des cas simples de primitives. Intégrale d'une fonction continue f sur un segment (a, b).

Propriétés de l'intégrale : relation de Chasles, linéarité, positivité, inégalité de la moyenne. Intégration par parties. Application du calcul intégral à l'évaluation des aires planes.

Fonctions usuelles :
- fonctions polynômes; dérivée, primitives; représentation graphique.
- rapports de polynômes ; dérivée ; représentation graphique.
- fonction puissances ; dérivée, primitives ; représentation graphique.

– fonction logarithme népérien et fonction exponentielle ; notation In et exp. Relation fonctionnelle, dérivation, comportement asymptotique, représentation graphique. Nombre e. Notation e puissance X, a puissance b (a strictement positif, b réel).

Croissance comparée des fonctions de référence exp x, x puissance alpha (alpha réel), ln x au voisinage de plus l'infini ;

Quand x tend vers + l'infini, limite de (exp x)/(x puissance alpha) = + l'infini ;

Quand x tend vers + l'infini, limite de (exp $-x$)*(x puissance alpha) = 0 ;

Si alpha > 0, lorsque x tend vers + l'infini, (ln x)/(x puissance alpha) = 0.

Épreuve n° 3 : Sciences économiques et sociales

I – L'économie et la société française

a) Structures, institutions sociales et politiques

Les groupes et les rapports sociaux : éléments de description et d'analyse.

La nation et l'État; le système politique, ses principes et sa pratique.

b) Structures et mécanismes économiques

Les outils de l'analyse structurelle de la production : branches, secteurs, fil.

Principe et présentation simplifiée de la Comptabilité Nationale.

Le financement de l'économie nationale.

Les échanges : marchés, formation des prix, rôle de l'extérieur.

c) Rôle économique et social de l'État

Les objectifs de l'intervention publique, ses instruments et sa mise en œuvre

Principes et portée de la politique économique et sociale.

II – Développement économique et changement social dans le monde

a) Transformations économiques et sociales dans les pays industriels capitalistes

Mutations démographiques.

Mutations de l'appareil productif : croissance des entreprises en investissement, progrès et productivité, nouvelles formes de gestion, d'organisation du travail et de relations sociales dans les entreprises.

Les marchés du travail : formation et qualification, offre et demande d'emploi, mobilité géographique et professionnelle.

La mobilité sociale.

La consommation. Niveaux et mode de vie.

L'évolution des fonctions économiques et sociales de l'Etat.

L'internationalisation de la production et des échanges : la division internationale du travail, le système monétaire international.

Les crises, leurs différents aspects, les politiques de lutte contre la crise.

b) Les pays en voie de développement et leur place dans l'économie mondiale

Origines et caractères du sous-développement.

Diversité des stratégies de développement.

Pays en voie de développement et relations internationales. Tentatives d'action internationale en faveur du développement.

Épreuve facultative n° 2 : Mathématiques

Programme identique à celui de l'épreuve écrite d'admissibilité n° 2, moyennant les ajouts suivants :

Suites numériques.

Définition de suites de réels par des procédés divers (formules explicites, programmes de calcul, formules de récurrence).

Suites croissantes, décroissantes, bornées, périodiques.

Limite d'une suite par comparaison à une suite de référence.

Convergence des suites monotones.

Fonctions numériques.

Fonctions circulaires sinus et cosinus, fonction tangente : dérivée, sens de variation, représentation graphique, périodicité.

Calcul intégral.

Équations différentielles linéaires à coefficients constants, sans second membre du premier ou du second ordre.

Nombres complexes.

Définition des nombres complexes, partie réelle, partie imaginaire, nombre complexe conjugué.

Module r et argument thêta d'un nombre complexe. Notation $r \exp(i\,\text{thêta})$.

Formules de Moivre et d'Euler.

Conversion de produits trigonométriques en sommes et de sommes en produits.

(1) Pour l'étude de la courbe C qui représente graphiquement une fonction f, sont hors du programme l'étude de la concavité de C, la recherche des points d'inflexion et la recherche de directions asymptotiques ou d'asymptotes non parallèles aux axes ; toutefois, pour l'étude des comportements asymptotiques en + l'infini (ou en – l'infini), on pourra exploiter la comparaison de la fonction donnée f à une fonction plus simple g telle que $\lim (f - g) = 0$ quand x tend vers + l'infini (ou vers – l'infini).

(2) La notion de continuité est prise ici dans un sens purement intuitif ; l'étude de cette notion n'est pas au programme.

7. Calendrier prévisionnel de recrutement

Concours externes	Date limite d'inscription	Épreuves
Secrétaire administratif de l'administration centrale	en instance	en instance
Contrôleur des Impôts	septembre	novembre
Contrôleur du Trésor public	juin	septembre
Contrôleur des Douanes – opérations commerciales – opérations surveillance – option programmeur	novembre novembre novembre	février février février
Contrôleur INSEE	janvier	mars
Contrôleur DGCCRF	février	avril

PARTIE II

La méthode

Les épreuves écrites principales
- Questionnaires à choix multiples (QCM)
- Dissertation ou composition sur un sujet d'ordre général
- Analyse d'un texte ou d'un dossier
- Résumé de texte
- Commentaire de texte

Notes de méthode pour les épreuves orales
- Les épreuves orales
- Exposé sur un sujet d'ordre général
- Conversation avec le jury

CHAPITRE 4 — Questionnaires à choix multiples

Il existe de nombreuses façons de présenter les QCM.

En principe, le candidat doit **sélectionner la réponse juste** parmi deux, trois ou quatre suggestions (parfois davantage). Parfois aussi, il faut sélectionner la réponse fausse ou "chasser l'erreur".

La meilleure méthode est de vous montrer dès maintenant les **principaux cas de figures possibles** à partir d'exemples concrets.

> **1. Étude des principaux cas de figures possibles... à partir d'une grande figure de l'histoire**

1.1 Le cas d'une seule bonne réponse

1. Le cas le plus simple est celui où il existe **une seule bonne réponse**. Vous **devez la donner en cochant une case**. C'est bien entendu le cas le plus fréquent dans les examens et concours.

A partir d'une phrase ou d'une question, le jury vous demande de marquer :

	❏ vrai (ou exact ou juste)	❏ faux
ou encore	❏ oui	❏ non
	❏ +	❏ −

Vous pouvez avoir aussi à cocher la bonne réponse sur une série de propositions.

Voici quelques exemples relatifs à **un grand personnage historique** : le général de Gaulle.

➤ Le général de Gaulle est-il né en France ?
  ❏ oui   ❏ non

Le général de Gaulle est né à Lille, dont il est le plus illustre des enfants.

➢ Henri de Gaulle, père du Général, était professeur d'Histoire.

❏ vrai   ❏ faux

C'est vrai, et le jeune Charles eut très vite la passion de l'Histoire.

➢ Charles de Gaulle a effectué ses études au petit séminaire, puis au Grand séminaire.

❏ exact   ❏ faux

Faux. Charles de Gaulle a effectué ses études dans l'établissement privé où son père était professeur, puis dans un collège de jésuites.

1.2 Les cas où il vous faut cocher deux cases

a. Parfois le jury vous dira expressément qu'il faut cocher deux cases.

Exemple 1. Cochez les deux grandes écoles par lesquelles est passé le général de Gaulle.

❏ École Polytechnique
❏ École nationale des Chartes
❏ École spéciale militaire de Saint-Cyr
❏ École supérieure de guerre
❏ École Nationale d'Administration

Charles de Gaulle est entré en 1910 à l'École spéciale militaire de Saint-Cyr, puis en 1922 à l'École supérieure de guerre.

Pénalisation pour la réponse E.N.A., pour cause d'anachronisme (elle a été créée en 1945-46, par le général de Gaulle lui-même.).

Exemple 2. Cochez les noms de deux auteurs dont la lecture a particulièrement marqué le jeune Charles de Gaulle.

❏ Maurice Barrès   ❏ André Malraux
❏ François Mauriac   ❏ Charles Péguy
❏ Jean-Paul Sartre

Pour des motifs de chronologie, les deux seules réponses possibles sont Maurice Barrès (1862-1923) et Charles Péguy (1873-1914). En cochant un autre nom, vous commettriez un anachronisme.

b. Dans d'autres cas, il faudra cocher deux cases, sans indication particulière (cf. aussi le point suivant).

Il peut arriver qu'une réponse principale soit évidente, et qu'une seconde réponse s'impose également. Voici un exemple.

➤ Où le général de Gaulle a-t-il été enterré ?
    ❏ à Paris   ❏ à Lille
    ❏ à Colombey-les-deux-Églises
    ❏ en Champagne   ❏ en Lorraine

Il fallait cocher Colombey, mais aussi la Champagne. (Mais non la Lorraine. Quand on pense au Général, on peut penser à la Lorraine, et il a effectivement choisi une résidence proche de la Lorraine. Mais Colombey est dans l'arrondissement de Chaumont, en Haute-Marne, donc dans la région Champagne).

Voici un autre exemple où deux réponses semblent acceptables.

➤ Où Charles de Gaulle fut-il fait prisonnier pendant la Grande Guerre ?
    ❏ à la bataille de la Marne   ❏ à Douaumont
    ❏ en Picardie   ❏ à Verdun

Ayant été blessé trois fois, Charles de Gaulle fut fait prisonnier par les Allemands en 1916, pendant la grande bataille de Verdun. Plus précisément, c'était à Douaumont. Il peut donc sembler utile de cocher les deux cases.

1.3 Les cas où il vous faut cocher un nombre de cases indéterminé

Le jury vous présente une série de propositions, mais sans indication précise. Vous pouvez avoir à cocher une, ou deux, ou trois cases, parfois la totalité.

Évidemment, vous ne pouvez pas tout savoir... . Il vous faudra donc quelquefois vous fier à votre flair.

Cochez les propositions exactes.

Série 1

❏ Charles de Gaulle a gagné à seize ans un concours de rédaction d'une pièce en vers.
❏ Il a été un an simple soldat dans un régiment d'infanterie.
❏ Après avoir été blessé et capturé devant Verdun, il chercha à de multiples reprises à s'évader d'Allemagne.
❏ Il n'a jamais réussi à apprendre à parler allemand.

Série 2

❏ Charles de Gaulle a été reçu premier au concours de Saint-Cyr.
❏ Il a été ensuite professeur d'Histoire.
❏ Le capitaine de Gaulle a rencontré sa future épouse au bal de Saint-Cyr en 1920.
❏ Le capitaine de Gaulle a été envoyé en mission en Pologne en 1919.

Série 3

❏ Dans les années 1930, un seul homme politique français prit en considération les propositions du colonel de Gaulle concernant l'emploi des armes blindées : ce fut Paul Reynaud.
❏ Charles de Gaulle fut nommé général de brigade à titre temporaire en mai 1940.
❏ Il devint le 5 juin 1940 Sous-secrétaire d'Etat à la défense et à la guerre dans le cabinet de Paul Reynaud.
❏ Le général de Gaulle a quitté Bordeaux pour Londres le 17 juin 1940 dans un avion mis à sa disposition par Winston Churchill.
❏ Le général de Gaulle fut élevé à la dignité de Maréchal de France à titre posthume.

Réponses :

Série 1 : exact, sauf la dernière.

Charles de Gaulle a bien été lauréat d'un concours grâce à la rédaction d'une pièce en vers. Il a bien été un an simple soldat, au 33e régiment d'infanterie, à Arras (à l'époque, les futurs officiers devaient effectuer un séjour d'une année comme simples soldats dans un corps de troupe). Il a bien cherché à s'évader d'Allemagne... mais sa haute taille le fit toujours repérer.

Charles de Gaulle était très doué pour le latin et les langues étrangères. En particulier, il parlait fort bien l'allemand. La dernière réponse est donc fausse.

Série 2 : exact, sauf la première.

Charles de Gaulle a été reçu 119e sur 700 admis, ce qui est honorable, mais il n'a pas été major de Saint-Cyr. Il en est sorti 13e en 1913. Il y est revenu en 1921 comme professeur d'Histoire militaire.

Auparavant, il avait été envoyé en mission en Pologne. En visite officielle dans ce pays en 1967, le Président de Gaulle put s'adresser aux Polonais dans leur langue maternelle.

Série 3 : exact, sauf la dernière. Les trois derniers généraux élevés à la dignité de Maréchal de France sont Leclerc, de Lattre et Koenig.

1.4 Les cas où il vous faut trouver l'erreur

Exemple. Trouver l'erreur parmi ces titres des trois tomes des *Mémoires de guerre* du général de Gaulle.

- ❏ L'Appel
- ❏ Le Renouveau
- ❏ Le Salut
- ❏ L'Unité

Les *Mémoires de guerre* du général de Gaulle comportent trois tomes successifs : *L'Appel, L'Unité, Le Salut*.

Le Renouveau est le premier tome des *Mémoires d'espoir*. Il porte sur la période 1958-1962. Le second tome, *L'Effort*, est resté inachevé.

Les jurys emploient souvent l'expression *chassez l'intrus*.

Chassez l'intrus parmi ces listes de Ministres du général de Gaulle :

Série 1

- ❏ Raymond Barre
- ❏ Couve de Murville
- ❏ Michel Debré
- ❏ Edgar Faure
- ❏ Giscard d'Estaing

Série 2

- ❏ Robert Buron
- ❏ Louis Joxe
- ❏ André Malraux
- ❏ François Mauriac
- ❏ Antoine Pinay

Réponses :

Série 1 : Raymond Barre est un fidèle gaulliste, mais du temps du Général il était Professeur des Universités et expert en économie. Il a été Premier Ministre de 1976 à 1981.

Série 2 : François Mauriac (1885-1970), Prix Nobel de littérature en 1952, était un gaulliste fervent, mais n'a jamais été ministre.

1.5 Les phrases à compléter

Certains jurys préparent des séries de phrases que le candidat doit compléter. En voici un exemple.

Série 1

Après l'appel du 18 juin, le Gouvernement britannique reconnut au général de Gaulle le statut de ❑ ministre plénipotentiaire ❑ chef d'état-major ❑ chef des Français libres ❑ chef des volontaires de la France (1).

Une première victoire fut remportée en mars 1941 par le général Leclerc à ❑ Brazzaville ❑ Dakar ❑ Koufra ❑ Nouakchott (2). Les efforts pour organiser et coordonner la Résistance française de l'intérieur aboutirent à la création du ❑ BAO ❑ CNR ❑ DNT ❑ MDB ❑ RPR (3).

Après la Libération, le général de Gaulle fut désigné par la première Assemblée nationale constituante comme président du ❑ BAC ❑ CNR ❑ GPRF ❑ RPR (4). Mais ses désaccords avec les partis politiques sur les institutions le conduisirent à démissionner en ❑ janvier 1946 ❑ novembre 1946 ❑ janvier 1947 ❑ décembre 1947 (5).

Série 2

Le général de Gaulle est revenu au pouvoir le 1er juin 1958 comme ❑ Premier Ministre ❑ Président du Conseil ❑ Président de la République (1). Le 4 septembre 1958, place de la République, il présenta aux Français un projet de ❑ nouvelle législation ❑ Communauté Européenne ❑ nouvelle Constitution ❑ réorganisation militaire et territoriale (2).

Les élections législatives de novembre 1958 furent remportées par ❑ les Radicaux ❑ les socialistes ❑ le PC ❑ l'UNR ❑ l'UDF (3). Le nouveau Président prit ses fonctions le 8 janvier 1959 et nomma comme Premier Ministre ❑ Georges Pompidou ❑ Jacques Chaban-Delmas ❑ Michel Debré ❑ Jacques Chirac ❑ Maurice Couve de Murville.

Série 3

Le 16 septembre 1959, le général de Gaulle proposa à l'Algérie ❑ l'autodéfense ❑ la partition ❑ l'autodétermination ❑ la séparation (1).

L'indépendance devint effective en 1962 après les accords d'❑ Alger ❑ Evian ❑ Vichy ❑ Vittel (2). Par référendum du 28 octobre 1962, le peuple français décida de faire élire le Président de la République au suffrage ❑ restreint ❑ universel ❑ direct ❑ indirect ❑ proportionnel (3). Aux élections présidentielles de décembre 1965, le général de Gaulle gagna au second tour par 55 % des voix contre ❑ Michel Debré ❑ Georges Pompidou ❑ François Mitterrand ❑ Valéry Giscard d'Estaing (4). Le général de Gaulle décida de quitter le pouvoir à la suite de son échec au référendum du ❑ 13 mai 1968 ❑ 14 juillet 1968 ❑ 27 avril 1969 ❑ 4 septembre 1970.

Réponses :

Série 1 : (1) Chef des Français libres. (2) Victoire de Leclerc à Koufra (groupe d'oasis qui étaient occupées par les troupes de Mussolini au sud de la Libye). (3) CNR Conseil national de la Résistance. (4) GPRF Gouvernement provisoire de la République française. (5) Le général démissionna le 20 janvier 1946 et revint au pouvoir seulement en juin 1958.

Pour mémoire : le MDB est le Mouvement de la Défense de la Bicyclette, sympathique mouvement écologiste. Le RPR, Rassemblement pour la Défense de la République, a été créé par Jacques Chirac en 1976.

Série 2 : (1) Président du Conseil. (2) Nouvelle Constitution, approuvée par référendum le 28 septembre 1958. (3) L'UNR, Union pour la Nouvelle République, remporta les élections législatives de novembre 1958, et le général de Gaulle remporta les élections présidentielles de décembre 1958. (L'UDF n'existait pas à cette époque). (4) Michel Debré fut nommé Premier Ministre en janvier 1959.

Série 3 : (1) L'autodétermination. (2) Accords d'Évian. (3) Suffrage universel direct (cocher deux cases). (4) Victoire sur Mitterrand aux présidentielles de décembre 1965. (5) Échec du référendum sur la régionalisation et la réforme du Sénat le 27 avril 1969.

1.6 Quelques exemples de piège

Voici des exemples de cas pouvant se révéler embarrassants pour les candidats :

La méthode

- aucune réponse n'est bonne (piège par défaut),
- toutes les réponses sont bonnes ou s'imposent (piège par excès),
- une bonne réponse s'impose à l'évidence, mais une seconde peut se révéler aussi nécessaire.

Exemple 1. Cochez les titres des premières œuvres de Charles de Gaulle.

Série 1 :

❏ *Les Conquérants*
❏ *La Condition humaine*
❏ *L'Espoir*
❏ *La Voie royale*

Il ne fallait cocher aucune case. Toutes ces œuvres sont d'André Malraux.

Série 2 :

❏ *La discorde chez l'ennemi*
❏ *Le Fil de l'épée*
❏ *Vers l'armée de métier*
❏ *La France et son armée*

Il fallait cocher toutes les cases.

NB : En toute rigueur, pour ces premières œuvres, il ne faut pas écrire "le général de Gaulle". A l'époque où il les a écrites, il avait des grades allant de capitaine à colonel.

Exemple 2. Cochez sur ces listes les noms des Premiers ministres nommés par le général de Gaulle.

Série 1 :

❏ Vincent Auriol   ❏ Léon Blum
❏ René Coty   ❏ Edgar Faure
❏ René Pleven   ❏ Robert Schuman

Il ne fallait cocher aucune case. Vincent Auriol et René Coty ont été Présidents de la IVe République. Les autres ont été Présidents du Conseil.

Série 2 :

❏ Michel Debré   ❏ Georges Pompidou
❏ Maurice Couve de Murville

Il fallait cocher les trois cases : ce sont bien, dans l'ordre chronologique, les trois Premiers Ministres nommés par le général de Gaulle de 1959 à 1968-69.

Exemple 3. Où le général de Gaulle est-il né ?

❏ à Colombey   ❏ à Lille   ❏ à Paris
❏ en Lorraine   ❏ dans le Nord

Si vous le savez, il faut cocher Lille. Mais ne pas oublier le Nord, puisque Lille est le chef-lieu de ce département.

Exemple 4. Cochez les lieux liés à l'histoire du général de Gaulle.

❏ Brazzaville   ❏ Colombey-les-deux-Eglises
❏ Lille   ❏ Paris
❏ Le Petit-Clamart

Il fallait cocher toutes les cases. Brazzaville était la capitale de l'Afrique équatoriale française, ralliée à la France libre dès l'été 1940 ; lors de la Conférence de Brazzaville, en janvier 1944, le général de Gaulle prononça un grand discours sur les rapports devant s'établir entre la France et ses colonies, annonce de la décolonisation. Au Petit-Clamart, le 22 août 1962 eut lieu un attentat perpétré par des partisans de l'Algérie française, auquel le général de Gaulle échappa miraculeusement.

Exemple 5 : Cochez les dates liées à l'histoire du général de Gaulle.

❏ 22 novembre 1890   ❏ 18 juin 1940
❏ 24-25 août 1944   ❏ 1er juin 1958
❏ 9 novembre 1970

Outre sa date de naissance et celle de sa mort, vous trouvez l'appel du 18 juin, le jour de la Libération de Paris et celui du défilé triomphal sur les Champs-Élysées, puis la date de son investiture comme Président du Conseil. Il fallait donc cocher toutes les cases.

2. Autres types de QCM : les éléments à classer

Plusieurs types de **classement** peuvent vous être demandés par le jury :

- classement par ordre chronologique (des événements, des œuvres littéraires ou artistiques, des personnages historiques),
- classement géographique (exemple : le jury vous donne une liste de pays, de régions ou de villes, et il vous faut les classer du nord au sud ou de l'ouest à l'est),

La méthode

Vous trouverez divers exemples de classement logique dans le livre : L'épreuve de tests de raisonnement logique.
Vous pourrez vous reporter aussi aux livres : Les épreuves de présélection, Les QCM des concours de catégorie A.

– classement par ordre croissant ou décroissant (notamment pour des statistiques en économie ou en démographie ; ou encore, en géographie, pour la hauteur des sommets ou la longueur des fleuves),
– divers types de classement logique (assembler les identiques ou les analogues, chasser les intrus...).

Vous pouvez aussi avoir à effectuer des opérations croisées à partir de deux listes.

Exemple : à partir d'une liste de peintres et d'une liste d'œuvres célèbres, le jury vous demandera d'associer à chaque peintre le titre de son tableau.

Idem pour des listes de romans ou essais et des listes d'auteurs, écrivains, philosophes.

3. Votre préparation

Les questionnaires à choix multiples (QCM) reposent le plus souvent sur les domaines suivants :
– les deux matières fondamentales de l'école et du collège, à savoir le français et les mathématiques ;
– votre culture générale, dans ses principaux domaines, histoire et géographie, lettres et arts, sciences et techniques ;
– votre capacité de raisonnement logique.

3.1 Avant le concours

Pour vous aider dans votre démarche, vous trouverez dans les publications des Éditions d'Organisation Les épreuves de présélection *qui aborde les principaux domaines de ces épreuves.*

Il vous est conseillé de travailler en priorité, avec un grand investissement, là où vous avez des carences graves, et de moins vous investir dans les domaines où vous êtes déjà fort ou assez fort.

Comme pour tout examen ou concours, il faut vous préparer un programme de travail à moyen terme, et pratiquer des exercices quotidiens.

Vous constaterez certainement, au fur et à mesure de vos entraînements, une amélioration de votre mémoire et de votre sens des chiffres, de votre agilité intellectuelle, et, nous l'espérons aussi, de votre capacité de réflexion.

3.2 Le jour du concours

La clé du succès pour le jour J : rester maître de vous, bien surveiller votre montre ou l'horloge de la salle, pour réussir à traiter l'ensemble des questions dans le temps imparti.

Attention à ne pas aller trop lentement... et ne pas terminer l'épreuve. Bien entendu, il ne faut pas non plus chercher à aller trop vite, au risque de commettre beaucoup d'erreurs. Le risque principal pour les candidats est le plus souvent celui-ci : buter sur une question et s'y arrêter trop longtemps. Si cela provoque un blocage, c'est la catastrophe...

Pour vous en prémunir, il vous faut établir un programme, en réservant une marge de sécurité. Ne restez pas bloqué sur une question qui vous résiste, passez rapidement à la suivante.

Par exemple, si une question de logique ou de mathématiques semble nécessiter des calculs longs et aléatoires, mieux vaut passer à la suite des questions que vous pourrez traiter rapidement. Vous reviendrez sur la question restée en suspens.

Si le blocage est sur une question ponctuelle, le problème est moins grave : vous pourrez le résoudre en jouant mentalement à "pile ou face".

Attention toutefois : l'épreuve n'est pas une loterie. Trop de candidats se fient au hasard, sans se donner la peine de réfléchir. Ne jouez à "pile ou face" qu'à titre exceptionnel, quand vous êtes pris par le temps, quand vous ne pouvez pas faire autrement...

Ne laissez pas la panique s'instaurer... vous ne seriez plus capable de réagir. Recensez les "trucs anti-trac" les plus efficaces pour vous : bien respirer, boire un peu d'eau, vous éponger avec un mouchoir ou un gant de toilette imbibé d'eau de Cologne ou huile essentielle.

Attention aussi à ne pas laisser divaguer votre esprit. Ne pas vous laisser distraire. Chassez les idées parasitaires. Concentrez vous bien sur l'épreuve, avec toute l'agilité de votre esprit.

Ne tombez pas dans les pièges... faute de réflexion ou de bon sens ou en cédant à la facilité.

Ne tombez pas non plus dans le défaut inverse : voir des pièges là où il n'y en a pas... C'est une source d'erreurs fatales pour beaucoup de candidats.

S'il vous reste du temps, vous l'emploierez utilement à bien vérifier chacune de vos réponses, notamment les calculs. Mais il ne faut pas vouloir tout changer au dernier moment : méfiez-vous des mauvaises inspirations qui pourraient surgir à l'improviste.

Pour un entraînement intensif aux QCM, vous pourrez utiliser les neuf ouvrages de la collection des QCM de Culture générale :
Histoire, Arts et Lettres.
Économie et société françaises.
Europe et Union européenne.
Institutions françaises.
La Fonction publique.
La mondialisation.
Les sciences et techniques.
La France et ses régions.
Les collectivités territoriales.
Ainsi que :
Le QCM Finances publiques par André BARILARI, Inspecteur général des Finances.

CHAPITRE 5 — Dissertation ou composition sur un sujet d'ordre général

Le travail préparatoire va de l'analyse du sujet au plan détaillé, en passant par le premier recensement des idées, l'approfondissement et l'enrichissement, les premiers regroupements.

1. Cinq points importants pour votre travail préparatoire

1.1 L'analyse du sujet

Il importe avant tout de bien vous pénétrer du sujet proposé. Il doit être lu à plusieurs reprises avec la plus grande attention. Chaque mot important doit en être explicité. Chaque mot-clé doit être défini avec précision.

Il ne faut pas vous exposer au risque de faire dire à un mot ce qu'il n'a jamais signifié, ou de vous méprendre sur la nature des liens entre les mots-clés. Attention à ne pas commettre d'erreur dans cette phase primordiale : le faux sens ou le contresens rendrait inutile toute la suite de vos efforts... Vérifiez donc bien, plutôt deux fois qu'une, les diverses interprétations possibles du sujet.

Établissez le lien entre les mots-clés. Notez vos premières idées.

La méthode

Tout en réfléchissant aux divers termes du sujet, de premières idées vous viennent à l'esprit. Il vous faut commencer à les noter.

1.2 Le premier recensement des idées

Même si les idées vous viennent à l'esprit en désordre, vous avez intérêt à les noter. Une idée fugitive peut être très importante... attention à ne pas la laisser perdre. Au cours de votre préparation, vous mettrez au point un système de prise de notes rapide.

A vous de trouver un système bien adapté. Vous pouvez, par exemple, concentrer des mots-clés sur une grande feuille que vous conserverez ensuite sous les yeux pour l'enrichir et y puiser. Vous pouvez aussi les noter sur de petites feuilles séparées, qui seront ultérieurement regroupées ou recomposées.

Notez même des idées ou des faits (ou chiffres, ou dates) apparemment secondaires ou éloignés du sujet. Cela peut quand même se révéler utile ultérieurement... Bien entendu, il faudra effectuer un tri et des vérifications !

Utilisez éventuellement la méthode des six questions ou les tableaux pour la recherche des idées.

Faites appel à votre imagination, à votre intuition et à votre mémoire. Accueillez spontanément tous les éléments, idées ou faits qui se présentent à votre esprit.

Bien entendu, vous pourrez aussi, pour cette phase comme pour la suivante, utiliser des méthodes plus élaborées (cf. "la méthode des six questions", et les "tableaux pour la recherche des idées").

1.3 Approfondissement, enrichissement et illustration des idées

Après avoir établi rapidement un premier catalogue d'idées, faits et exemples, il vous appartient de les utiliser pour construire votre devoir.

Pour les approfondir et les enrichir, il est d'abord nécessaire de les confronter entre eux. A cette fin, vous effectuerez le maximum de rapprochements, d'associations ou d'oppositions.

Faites un premier tri.

Cette démarche vous permettra à la fois d'éliminer les éléments peu utiles et de trouver des idées différentes et nouvelles.

Il vous faudra effectuer un tri parmi les faits et les exemples, si vous en avez noté beaucoup. Vous ne retiendrez que les faits et les exemples les plus pertinents à l'appui des idées essentielles.

Cherchez avec soin les éléments-clés, les dates charnières, les chiffres significatifs.

Quand vous avez le choix, retenez en priorité tout ce qui concerne les causes profondes, les facteurs-clés, les grandes tendances des évolutions.

1.4 Les premiers regroupements

Si vous avez assez de temps, la démarche la plus simple consiste à commencer par les matériaux de base. Vous rattacherez, en premier lieu, les faits et les exemples retenus aux idées qu'ils doivent illustrer ou confirmer.

Il convient ensuite de classer ces différents éléments en établissant des groupes d'idées voisines par des caractéristiques communes et procédant du même raisonnement. Vous obtenez ainsi des enchaînements partiels d'idées avec les faits qui s'y rattachent.

Regroupez les idées voisines.

Il vous faut ultérieurement hiérarchiser et coordonner ces différents matériaux, ces premiers groupes d'idées.

1.5 Élaboration d'un plan détaillé

Il va de soi que, parmi les idées ou connaissances en votre possession, toutes n'ont pas le même intérêt.

Il faut donc opérer un tri entre idées principales et idées secondaires, puis trouver le fil conducteur de votre devoir, justification de l'ordre selon lequel vous présenterez vos raisonnements partiels.

Trouvez un fil conducteur.

Ayant défini l'ordre général de présentation de vos arguments et déterminé la succession précise des groupes d'idées formant votre devoir, vous devez, pour rassembler ces groupes de façon cohérente, préciser les deux ou trois idées centrales et complémentaires qui vont marquer les articulations essentielles de votre raisonnement.

Ces idées délimitent exactement le contenu de chacune des parties de votre devoir. Elles en résument l'argument principal ou en indiquent le thème et l'orientation générale.

La méthode

Elles doivent être exprimées avec la plus grande netteté et leur enchaînement doit constituer une démarche rigoureusement logique.

Un complément indispensable : tout au long de votre travail, les vérifications nécessaires

A chaque phase de votre travail, vous devez vérifier que vous traitez exactement le sujet, et que vous le traitez complètement.

Vérifiez que vous traitez bien le sujet.

Pour cela, confrontez chaque idée que vous avez retenue à l'énoncé du devoir et à la problématique du sujet. Demandez-vous si elle concerne bien le problème posé et aide à le résoudre.

Vous opérerez le même examen critique à l'égard des exemples et des faits cités, pour ne retenir que les plus pertinents.

2. Trois règles d'or pour bien analyser l'énoncé de vos sujets

2.1 Le travail sur les mots-clés

Si les sujets sont courts, les mots-clés se dégagent très facilement d'eux-mêmes.

Soulignez, encadrez ou stabilotez les mots-clés.

Si les sujets sont longs (cas des grandes citations ou des textes à commenter), il vous faut souligner, encadrer ou surligner les mots-clés.

Vous devez ensuite les définir avec soin, relever leurs divers sens (notion de polysémie), chercher les termes ayant un sens identique ou voisin (synonymes), ou contraire (antonymes).

Tout cela vous aide à effectuer un premier recensement des idées.

2.2 Le travail sur les relations logiques

Voyez d'abord les relations logiques entre les divers mots-clés (celles qui les unissent explicitement ou implicitement).

Voyez ensuite les relations qui unissent les principales idées que vous avez commencé à recenser.

2.3 Le travail sur les questions essentielles

La phase **d'énonciation** consiste à recenser les questions essentielles à résoudre et qui prêtent à discussion.

Il faut les poser de manière claire et précise pour bien délimiter le sujet.

Pour développer, vous passerez ensuite à la **méthode des six questions**, qui et quoi, où et quand, comment et pourquoi.

QUI ? (= le sujet)	qui ? à qui ? pour qui ? de qui ? par qui ?
QUOI ? (= l'objet)	qui fait quoi ? qui peut quoi ? qui cherche quoi ?
OÙ ? (cadre spatial)	le lieu où l'on est ? le lieu d'où l'on vient ? le lieu où l'on va le lieu par où l'on passe ?
QUAND ? (cadre spatial)	la date (point de vue ponctuel) la durée (point de vue linéaire)
POURQUOI ? (causes et finalités)	les causes (Pourquoi, en 1 mot) les buts ou finalités (Pour quoi, en 2 mots)
COMMENT ? (manières et moyens)	comment faire ? (manière, méthode) par quels moyens ?

3. La méthode des six questions

1. Nous vous rappelons en premier lieu la méthode des **six questions** (voir supra).

C'est la meilleure base. En un sens, vous y trouverez tous les autres éléments.

2. Vous devez **définir les mots-clés du sujet**.

Chaque définition sera une source d'idées, et permettra de les multiplier.

3. Pensez aux **synonymes** et à la **polysémie** (= diversité des sens que peut revêtir un même mot).

4. Pensez aux **antonymes** et raisonnez sur les **contraires**. Le **raisonnement a contrario** est souvent très efficace.

5. Pensez aux **cadres spatio-temporels**, et faites appel à vos souvenirs d'histoire et de géographie.

4. Comment trouver des idées ou dix idées pour trouver des idées

6. Constituez des **grilles** ou **tableaux** pour étudier les divers aspects d'un problème.

7. Pensez aux **exemples d'actualité**... pas seulement pour remplir votre copie mais surtout pour réfléchir à partir d'eux.

8. Faites appel à votre **expérience personnelle**. Il ne faut pas la négliger... Ce peut être une source très riche !

9. Le **plan** lui-même permet de trouver des idées. Vous dressez le canevas de votre exposé, d'autres idées peuvent vous venir à cette occasion. A vous de bien les y insérer... ou de remanier votre plan si cela s'avère indispensable !

10. Notez vous-même la **dixième idée**... et toutes les autres qui vous viendront à l'esprit.

5. Le classement des idées selon le plan

La réaction des élèves et étudiants de tout âge devant le problème du plan est telle qu'il nous semble bon de citer ici le rappel à l'ordre formulé par l'un des jurys du plus haut niveau, celui du concours d'entrée à l'École Nationale d'Administration. Cet extrait s'applique parfaitement à tous les concours, de tous niveaux.

— *"Du plan, les candidats ont une conception souvent artificielle et formelle. Ils ont, en général, le souci de présenter un plan. Mais leur effort se borne trop souvent à fixer les deux ou trois parties qui témoignent de leur orthodoxie.*

- *D'une part l'introduction et la conclusion sont souvent insuffisantes ; il n'y a pas toujours concordance entre le plan annoncé et les développements qui suivent.*
- *D'autre part, à l'intérieur de chaque partie, les idées sont, trop souvent, exprimées en désordre, sans grand souci de rigueur logique.*

Les candidats doivent comprendre que le plan répond simplement à une exigence de progression ordonnée de la réflexion, que la logique du développement à l'intérieur de chaque partie et de chaque sous-partie n'est pas moins importante que le choix des grandes articulations de la composition, que ce choix n'est pas une trouvaille plus ou moins artificielle, mais simplement l'expression de deux ou trois idées qui, selon la conception que chacun a du sujet, définissent les lignes directrices autour desquelles s'ordonnera la réflexion".

Il ressort donc clairement de cette série de critiques :
- que le plan n'est pas une "formalité à remplir" pour amadouer le jury ;
- qu'un plan est une **démarche intellectuelle** : "progression ordonnée", et non un petit meuble garni de tiroirs qui ne communiquent pas entre eux !
- que **l'introduction** annonce le plan et qu'il faut ensuite suivre celui qu'on a présenté ;
- qu'il n'y a pas de plan imposé par le sujet : c'est un "choix" à faire entre plusieurs possibilités ;
- mais ces possibilités ne sont pas en nombre illimité : le plan n'est pas une "trouvaille" plus ou moins artificielle.

LES DÉFAUTS À ÉVITER

- Ne pas faire de plan.
- Faire un plan artificiel ou mal adapté au sujet.
- Faire un plan trop long et trop complexe.
- Mal annoncer le plan.
- Ne pas suivre le plan annoncé.

N.B. Les conseils sont valables aussi bien pour les exposés oraux que pour les compositions écrites et les commentaires de texte.

6. Les règles fondamentales de la dissertation générale

Nous vous rappelons que toute dissertation est composée de trois éléments :
- l'**introduction générale**,
- le **développement**, articulé en deux ou trois parties à l'aide de transitions,
  (chaque partie comportant elle-même une introduction et deux ou trois sous-parties),
- une **conclusion générale**.

Voici maintenant les règles fondamentales relatives à chacun de ces points. Ces règles sont développées dans notre ouvrage *La dissertation de culture générale* aux Éditions d'Organisation – Collection Méthod'Sup.

6.1 Conception de l'introduction

Si votre lecteur (...et donc le correcteur) est censé avoir lui-même un très bon niveau de culture générale, en revanche il est SUPPOSÉ IGNORER LE SUJET.

Il faut donc que le sujet soit POSÉ, dès le début, dans sa SUBSTANCE et dans sa GLOBALITÉ.

Tout énoncé du sujet contient une PROBLÉMATIQUE qui SE TRADUIT PAR UNE QUESTION OU UNE SÉRIE DE QUESTIONS.

POSER LE SUJET revient donc à extraire et formuler cette problématique à partir de l'énoncé et de ses mots-clés.

L'introduction doit ensuite ESQUISSER les grandes lignes du développement qui va suivre. C'est le rôle de l'ANNONCE DU PLAN, qui doit être globale, précise et bien dégagée.

6.2 Conception des développements

L'objet des développements est de préciser, examiner et discuter la ou les questions posées dans l'introduction.

Ils doivent être conçus comme une véritable démonstration, grâce à laquelle le lecteur sera acheminé vers la réponse à ces questions.

Chaque partie est orientée autour d'une idée force ou d'un thème dominant.

L'UNITÉ DES DÉVELOPPEMENTS est assurée par l'articulation des parties constitutives et des subdivisions internes à chaque partie. Les TRANSITIONS constituent l'instrument de cette articulation.

Si cette articulation est mal réalisée, l'unité de la démonstration est brisée. Il n'y a plus un exposé ou un développement, mais plusieurs développements ou des exposés juxtaposés, faute de liens logiques entre les principaux éléments du plan.

(Ces défauts sont évidemment sanctionnés de façon encore beaucoup plus sévère dans les concours de catégorie A).

6.3 Conception de la conclusion

La conclusion vient apporter votre réponse définitive aux questions posées dans l'introduction.

Notez bien qu'il s'agit de "réponse", mais pas nécessairement de "solutions". Beaucoup de problèmes du monde moderne sont tellement complexes qu'il serait naïf ou présomptueux de prétendre y apporter des "solutions".

Retenez enfin LE PRINCIPE D'OUVERTURE. La conclusion doit faire apparaître que la problématique posée a été examinée dans son ensemble, et qu'elle a reçu l'éclairage nécessaire compte tenu des problèmes plus vastes de notre société.

En complément à de premières images, telles que celle de la maison à construire, des élèves nous ont signalé d'autres images, notamment celle de la bobine.

7. Images utiles pour construire vos dissertations ou vos exposés

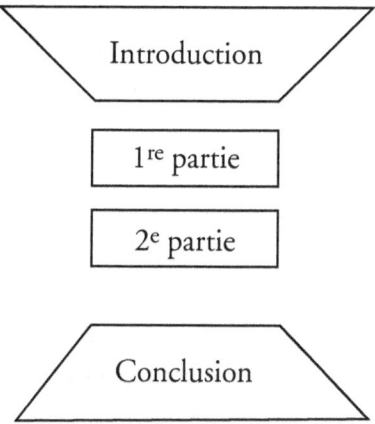

Dans ce schéma, l'introduction part du sujet (= champ large de votre discours) puis vous conduit à l'angle d'attaque que vous avez choisi pour aborder et traiter ce sujet. D'où le **rétrécissement** de l'angle de vision.

Au contraire, la conclusion est un **élargissement** à partir de l'opinion que vous avez exposée, soit en la replaçant dans un cadre plus large, soit en envisageant son évolution ou ses conséquences futures.

- **Exemple pour un sujet sur la défense de la langue française**
– **Introduction**

  Idée générale : la langue est un élément essentiel de la culture et de la civilisation.

  Angle d'attaque : notre langue est en péril, il faut la défendre.

– **Développements**

  1re partie : sur le plan interne.

  2e partie : sur le plan international.

– **Conclusion** : l'intérêt du pluralisme sur le plan international, le rayonnement nécessaire de la langue française, langue de la liberté et de la démocratie.

8. Les principaux défauts des copies et les remèdes souhaitables

Voici les deux principales catégories d'insuffisances relevées lors de la correction des copies : elles ont trait d'abord à l'élaboration, puis à l'expression même de la pensée.

8.1 Les défauts

Les défauts de l'élaboration

1. Sujet non compris ou mal compris, non traité ou n'apparaissant que çà et là, parmi d'intempestives digressions.

2. Information déficiente ou mal exploitée, maladroitement compilée en dehors de toute articulation logique, remplacée par de vagues abstractions ou idées reçues.

Les défauts d'expression

1. Mauvaise construction de l'ensemble de l'exposé (pas de plan véritable, plan mal réparti, plan mal articulé, mauvaise conception de l'introduction et de la conclusion).

2. Défaillance dans la forme de l'expression écrite (orthographe, syntaxe, vocabulaire, ponctuation, mise en pages).

8.2 Les remèdes

Voici maintenant quels doivent être vos objectifs et actions prioritaires pour y remédier :

L'élaboration de votre pensée

1. Circonscrire avec précision et avec rigueur la question qui vous est posée ;

2. Rechercher les idées capables de féconder la réflexion personnelle, puis les exemples et les faits nécessaires pour bien l'étayer et l'illustrer.

L'expression de votre pensée

1. Organiser méthodiquement votre raisonnement ;
2. L'exprimer dans une langue correcte et claire (et avec une présentation agréable pour le lecteur).

9. Les attentes du jury

Voici quelques éléments principaux des attentes du jury :

9.1 L'aptitude à organiser une pensée rigoureuse, sur le double mode de l'analyse et de la synthèse

Elle se manifeste dans :
- l'analyse du sujet posé ;
- la synthèse des éléments qui le composent, de manière à formuler une problématique qui appelle une réponse ;
- la conduite du raisonnement d'ensemble (= le développement de la copie en vue de la réponse au problème formulé).

9.2 L'aptitude à définir et à composer

On la montre :
- par un langage précis, un style clair ;
- par un plan productif, qui puisse encadrer le développement et en rendre compte.

9.3 Des connaissances solides, assimilées, intégrées, de culture générale

On les montre :
- par une utilisation juste, en adéquation avec le sujet posé ;
- par leur richesse et leur diversité (culture scolaire et extra-scolaire, interdisciplinarité, connaissance de l'actualité et de l'histoire, des institutions, des expériences étrangères…).

9.4 Une personnalité authentiquement construite

Elle se manifeste par :
- une intelligence ferme et claire, et, partant, une aptitude à prendre position sur les problèmes, avec mesure mais fermeté ;

- un intérêt pour le monde extérieur (les milieux sociaux et professionnels, les pays étrangers…) ;
- une ouverture d'esprit et de cœur aux diverses disciplines et cultures ;
- une volonté de "jouer le jeu" de l'épreuve… même et surtout si la distance et la nuance sont de règle.

Et surtout, et d'abord…

- l'aptitude à communiquer, à entendre ce que dit l'autre, fut-il un auteur de sujets de concours, à le comprendre en profondeur (analyse/synthèse) et à lui répondre sans détour et sans négligence.

Vous l'aurez compris, ce qui est attendu de vous par les correcteurs, c'est ce qu'ils vont chercher à tester.

10. Exemple de barème

Cet exemple de barème de dissertation générale correspond à notre expérience des jurys.

10.1 Les critères et barèmes de correction (sur 20)

– Introduction complète (sur 4)	– mise en situation – définition des termes – analyse juste du sujet – problématique – annonce de plan
– Plan (sur 4)	– répondant au sujet – utile/efficace/de pure forme – suivi/non ou mal suivi/absent
– Conclusion (sur 2)	– bilan net – perspectives ouvertes/sujet posé – prospective
– Développement (sur 10)	– argumentation claire et rigoureuse – …appuyée sur des exemples précis – richesse et cohérence des idées – richesse et adéquation des exemples – histoire et actualité

10.2 Prise en compte des éléments de forme

1. Style
– Style correct, clair … c'est le minimum exigé.
– Style élégant, vivant … bonification possible.
– Style lourd ou incorrect … Pénalisation certaine !

2. Orthographe
Le jury attend évidemment une copie impeccable, les fautes provoquent nécessairement une pénalisation.

3. Présentation
– Sanction certaine en cas de mauvaise présentation ou négligence.
– Bonification possible pour qualité exceptionnelle et/ou originalité de bon aloi.

---

11. Les principaux critères d'évaluation d'un candidat par le jury

En réponse à des questions fréquemment posées par les candidats, voici quelques indications sur l'optique générale du jury. Nous vous indiquerons d'abord quelles sont pour lui les qualités essentielles requises des candidats. A vous d'en déduire ensuite comment vous devez chercher à vous valoriser à ses yeux.

Voici, à titre, bien entendu, purement indicatif la liste des questions que le jury se pose pour chaque candidat, à l'écrit ou à l'oral.

1. Le candidat a-t-il bien compris le sujet proposé, à la fois dans son ensemble et dans ses détails ?

2. A-t-il la culture générale et les connaissances de base indispensables pour le traiter convenablement ?

3. Est-il capable de le situer dans son contexte général (social, politique, économique, administratif et juridique) ?

4. S'exprime-t-il clairement ?

5. Est-il capable de présenter un exposé bien construit, avec un raisonnement solide et des enchaînements logiques ?

Retenez bien ces mots-clés.
COMPREHENSION – CULTURE ET CONNAISSANCES – CONTEXTE – CLARTE – CONSTRUCTION

Vous pouvez ainsi constater que, outre le "bagage technique" ou les connaissances, les **qualités suivantes sont particulièrement appréciées** :

- l'intelligence et l'attention, indispensables à la bonne compréhension du sujet,
- la curiosité intellectuelle, votre ouverture sur le monde dans lequel vous vivez et votre information sur les problèmes qui se posent à lui,
- un jugement sûr, pour apprécier l'importance relative des divers problèmes ou des divers éléments du sujet, et pour prendre parti sur les orientations générales de la réponse à la question posée,
- l'esprit logique dans la construction de l'exposé,
- les qualités d'expression et de démonstration, l'aptitude à la synthèse,
- le souci d'une bonne présentation, la clarté et le sens du contact.

Ce sont là autant de qualités nécessaires pour réussir aux concours, et surtout indispensables à l'exercice des fonctions de cadre administratif ou d'entreprise.

Les auteurs peuvent en témoigner du fait de leur triple expérience d'anciens candidats, d'administrateurs, et de membres de divers jurys. Afin de bien démontrer que vous avez su acquérir ces qualités et que vous vous préoccupez de les développer, il faudra vous attacher notamment à valoriser à la fois les études que vous avez effectuées et l'expérience déjà acquise dans la vie professionnelle.

" Toutes ces qualités doivent s'accompagner de bon sens. Elles en sont d'ailleurs des composantes. Les jurys veulent mettre à l'épreuve votre jugement, votre sens du concret et de l'actuel, la fermeté de votre caractère. Ils attacheront du prix à votre capacité à défendre vos convictions, mais ils sanctionneront l'arbitraire, la polémique abusive, le défaut d'objectivité. Le bon sens doit se traduire aussi dans la simplicité, la sobriété du style, la justesse du ton à employer."

Bernard MAITRE

12. Les dix règles d'or pour présenter une bonne copie

Voici dix principes dont vous devez vérifier scrupuleusement l'application au cours de vos prochains travaux.

Au cours de votre préparation, entraînez-vous avec soin pour obtenir une présentation impeccable.

Le cas échéant, vous compléterez cette liste de "règles d'or"...

Elles valent pour vos copies d'examen. Elles valent aussi pour toutes vos correspondances : familiale, amicale ou professionnelle. A vous de les réadapter en fonction de vos divers objectifs...

1. Je m'entraîne régulièrement avant l'épreuve, en travaillant dans les conditions du concours. Dans toutes les occasions, je m'efforce d'écrire lisiblement, et de façon aérée.

2. Je prépare bien, au brouillon, le "calibrage" de ma copie : titre et introduction, les diverses parties et sous-parties, la conclusion.

3. Je dispose harmonieusement le titre (ou l'énoncé du sujet, si je dois le recopier).

Si ce titre n'est pas trop long, je l'écris en lettres CAPITALES.

4. Je laisse un espace suffisant pour le paragraphe introductif.

5. A la fin de mon introduction, je présente de façon bien dégagée l'annonce du plan de mes développements.

6. Si c'est possible, chaque partie principale doit débuter en haut de page.

7. Je dispose harmonieusement les sous-parties et les paragraphes.

8. Je dégage bien la conclusion, et je tire un trait final.

9. Tout au long de mon travail, je ne néglige aucun détail d'écriture. J'écris lisiblement, et de façon suffisamment aérée.

Je soigne particulièrement la première lettre de chaque phrase. Si je ne réussis pas assez bien les majuscules classiques, j'utilise une grande capitale (caractère d'imprimerie).

Je dispose rigoureusement les accents et la ponctuation. J'écris droit, et je soigne l'esthétique.

10. Je relis avec soin. Je corrige s'il le faut, en essayant de ne pas multiplier les ratures trop laides. Je pense à emporter un flacon de blanc correcteur et des bandes de correction blanches autocollantes.

Nous espérons que ces conseils vous seront utiles...
Trop souvent, des candidats qui ont bien travaillé quant au fond perdent inconsciemment des points pour cause de mauvaise présentation ou négligences d'écriture.
Ayez toujours présent à l'esprit le souci de votre lecteur : la première satisfaction à lui apporter, c'est de produire une copie impeccable.
Retenez cette formule de Bernard MAÎTRE :
"La bonne présentation est une forme élémentaire de respect d'autrui."

13. Exemple de sujet : concours interministériel de secrétaire administratif d'administration centrale

"*La presse est une école d'abrutissement, parce qu'elle dispense de penser*", a écrit FLAUBERT. Cette affirmation vous paraît-elle justifiée ?

13.1 Observations

La presse et les mass média en général représentent une source de sujets intéressants pour les concours, et surtout un thème de réflexion fondamental pour notre société.

D'où l'intérêt de ce sujet, qui s'accroît encore si vous avez la présence d'esprit de le lier au thème de la formation (le mot "école" y figure expressément).

13.2 Quelques exemples d'introduction

Voici quelques éléments relevés dans les introductions :
- historique : la naissance de la presse et son développement jusqu'à FLAUBERT et de nos jours.
- l'auteur : FLAUBERT, son œuvre et son époque.
- un jugement direct sur la presse (... ce type d'introduction est plus abrupt ; il n'est acceptable que s'il est bien rédigé et si la suite le justifie).
- un paragraphe sur les mass-média en général (... ce qui est acceptable à condition de ne pas oublier totalement ensuite FLAUBERT et son époque).
- un lien entre la presse et les grands problèmes sociaux et politiques, de notre époque, tels que la formation ou les libertés publiques.
- l'œuvre de FLAUBERT.

Il pouvait être bon de citer les œuvres de FLAUBERT... mais il fallait faire attention à ne pas lui attribuer n'importe quoi !

De graves erreurs ont été sanctionnées dans certaines copies : on attribuait à FLAUBERT la paternité de multiples contes ou romans d'autres auteurs du XIXe siècle, ou même, de façon très fantaisiste, d'auteurs des siècles antérieurs ou du XXe siècle.

Nous vous rappelons donc nos conseils de prudence n'écrivez que si vous êtes parfaitement sûr de la véracité de ce que vous avancez.

A l'oral, il est toujours possible de corriger une erreur ou un "lapsus". A l'écrit, la faute devient irrémédiable...

13.3 Observations sur les plans présentés par les candidats

Les plans fondés sur une analyse des termes du sujet

Certains candidats ont bâti des plans sur une analyse successive des termes du sujet :

I - Qu'est-ce que la presse ? Qu'est-ce qu'une école ?

II - La presse est-elle une école d'abrutissement ?

III - Cette opinion paraît-elle justifiée ?

Une telle méthode est effectivement bonne au stade de l'analyse et de la recherche des idées, mais elle semble trop "primaire" pour l'exposé général lui-même.

Les copies ainsi présentées comportaient généralement des pages descriptives trop longues, suivi d'un bref raisonnement dialectique trop artificiel.

Les plans dialectiques

Comme le sujet était présenté sous forme de question, beaucoup de candidats se sont précipités sur le plan "dialectique" :
- en reprenant la thèse dans une première partie,
- en la réfutant dans une seconde,
- en esquissant une synthèse dans la troisième partie.

Dans beaucoup de cas, la synthèse était même "oubliée", ou simplement résumée dans une brève conclusion.

Le plan dialectique est certes acceptable, mais à une condition toutefois : il ne faut pas le présenter de façon trop artificielle.

Certains candidats ont eu recours à des arguments outranciers dans le premier sens, puis à l'inverse dans leur seconde partie. Ils ont alors déformé les faits – et leur propre jugement – dans un sens comme dans l'autre.

13.4 Un problème de présentation

Certains candidats ont présenté jusqu'à six titres en chiffres romains, par exemple :

I - Introduction

II - La presse

III - L'école

IV - Le problème de l'abrutissement

V - Les avantages de la presse

VI - Conclusion

Mieux vaut s'abstenir de numéroter l'introduction et la conclusion.

Quant aux diverses parties, nous vous rappelons que, selon les canons de la dissertation générale, vous pouvez en présenter deux ou trois (... à votre choix selon les sujets), mais pas plus.

Si vous trouvez quatre parties dans une première phase, il faut voir comment mieux construire (par exemple, en les regroupant deux par deux).

13.5 Éléments de bonification relevés par le jury

Voici, d'après le rapport du jury, des éléments intéressants ayant donné lieu à bonification :

– bonne connaissance de la presse nationale et régionale,

– montrer comment la presse peut être utilisée dans l'éducation et la formation,

– bonnes références internationales, comparaison avec les États-Unis ou les pays voisins européens,

– compréhension extensive de la notion de presse, et comparaisons (radio, télévision, internet…).

Chapitre 6 — Analyse d'un texte ou d'un dossier

1. Notes de méthode

Cette épreuve se trouve le plus fréquemment dans les concours de catégorie B, notamment ceux de contrôleur et secrétaire administratif. Elle peut exister également dans divers examens professionnels ou universitaires, tels que l'examen spécial d'entrée à l'Université (E.S.E.U.) ou le diplôme d'accès aux études universitaires (D.A.E.U.).

La définition de l'épreuve donnée par les règlements relatifs aux concours est généralement fort laconique.

Vous devez vous demander tout naturellement ce qu'est une analyse et quel genre de texte vous trouverez lors du concours.

Sachez d'abord que **les textes proposés sont très variés** : vous pourrez le constater avec les exemples qui suivent. Leur volume peut aller **d'une à quatre ou cinq pages dactylographiées**[1]. Ils peuvent être de **genres très divers**, depuis les textes littéraires jusqu'aux rapports administratifs ou aux textes réglementaires,

Familiarisez-vous avec des textes de genres très divers.

---

[1] Exceptionnellement, certains jurys proposent des textes beaucoup plus longs, pouvant aller jusqu'à dix pages imprimées. C'est le cas notamment pour les concours des Services de Documentation.

en passant par des discours, articles ou extraits d'ouvrages sur les grands problèmes économiques, sociaux ou politiques.

Il faut donc vous familiariser avec ces divers genres.

Nous allons maintenant vous présenter la nature et les objectifs de l'analyse, puis une méthode de travail.

1.1 Qu'est-ce qu'une analyse ?

C'est une opération qui consiste à **décomposer un texte en ses éléments essentiels**, afin d'**en saisir les rapports**, et d'**en donner un schéma d'ensemble**.

La démarche **analytique** s'oppose donc à la démarche **synthétique** en ceci que la première met à jour, "à plat", les différents rouages et éléments d'une unité organique et cohérente, et que la seconde fait naître d'un assemblage plus ou moins disparate une construction rigoureuse et ordonnée[2].

Dans l'analyse, il s'agit en quelque sorte de **dégager un squelette** du texte, puis de **le remettre en forme** en hiérarchisant les idées.

L'analyse suppose donc un double travail :

– un travail de compréhension ;

– un travail de rédaction.

Nous tenons à vous dire dès maintenant que vous devez vous limiter à cela dans la phase d'analyse au sens strict. Vous n'avez en aucune façon à "commenter" le texte ; vous devez vous abstenir de tout jugement de valeur, tant sur la forme que sur le fond ; vous n'avez donc pas à discuter les idées ou le style de l'auteur. Il ne vous est pas non plus demandé d'ajouter (toute digression sera sanctionnée par le jury).

L'analyse se distingue également du "résumé". Elle ne vise pas essentiellement à contracter les phrases de l'auteur dans un minimum de mots en suivant impérativement l'ordre d'expression de ses idées (encore qu'il y ait certains textes où cela soit possible dans le cas d'une analyse).

---

(2) Voir, dans la même collection, l'ouvrage consacré à *La note de synthèse*, par Jean-François GUEDON et Françoise LABORDE.

Comme dans tout travail de rédaction, vous devez **rechercher la clarté et la concision**, mais sans vous laisser obnubiler par le souci de l'économie des mots. (Il peut même arriver, lorsque le texte de base est très bref, que vous soyez obligé d'écrire davantage que l'auteur pour expliciter certains paragraphes essentiels, mais ceci sera évidemment exceptionnel).

L'analyse n'est donc ni un commentaire ni une dissertation ni un résumé.

Quel est alors l'intérêt de cet exercice ?

1.2 Pourquoi l'analyse de texte ?

Cet exercice présente un double intérêt, sur le plan intellectuel et sur le plan administratif.

Sur le plan intellectuel

L'analyse est une opération intellectuelle que vous devez parfaitement maîtriser. Dans vos plus jeunes années, vous avez expérimenté l'analyse grammaticale, puis l'analyse logique ; vous avez ensuite pratiqué l'analyse de texte non seulement dans les classes de français, mais encore sous diverses formes, dans les classes d'histoire, de langues vivantes, d'économie, éventuellement de latin ou de grec.

En analysant la pensée des autres, vous avez appris à les comprendre, à emmagasiner des connaissances, mais aussi, certainement, à **construire votre propre pensée**.

L'analyse est donc un **exercice très formateur**. Il faudra vous en souvenir dans votre vie administrative ou dans vos tâches professionnelles quotidiennes.

Un exercice très formateur qui vous aide à construire votre propre pensée...

Sur le plan administratif

Vous aurez de multiples occasions d'effectuer des analyses de texte, pour votre documentation personnelle et votre propre information, puis pour l'accomplissement des tâches de votre service.

A votre arrivée dans un service, vous devrez vous constituer une **documentation personnelle**, et être capable d'assimiler rapidement à la fois des textes généraux et des documents administratifs, juridiques et techniques précis. Une bonne pratique

... et vous sera utile dès votre prise de poste.

antérieure de l'analyse de texte vous facilitera évidemment cette tâche. Vous pourrez vous **constituer rapidement des outils de travail efficaces.**

Il vous sera souvent demandé d'analyser des documents ou textes à l'intention de vos supérieurs ou de collègues des autres services.

Mais c'est surtout si vous êtes en relation avec le public que **l'analyse sera pour vous une tâche quotidienne** : il vous faudra à la fois déchiffrer les demandes de vos correspondants, et procéder aux analyses de textes nécessaires pour leur répondre.

De quoi devez-vous être capable ? Il s'agit de permettre à une personne non spécialiste du domaine concerné, ou n'ayant que peu de temps disponible, d'avoir néanmoins connaissance, par votre intermédiaire, d'un problème ou d'une information complexe. Ceci de façon claire et efficace.

* * *

Vous vous souvenez peut-être de cette boutade de VOLTAIRE : "Toute phrase qui a besoin d'explication ne mérite pas qu'on l'explique".

Il exprimait là une des grandes supériorités qu'appelle la clarté, celle qui permet à l'auteur de révéler la justesse de ses idées ou de ses intentions, et de les appuyer par une argumentation sans faille.

Son propos pourrait s'admettre dans un monde intellectuel idéal. Dans le monde administratif tel qu'il est, où souvent l'obscurité sévit, il sera toujours nécessaire de **savoir analyser et expliquer.**

Beaucoup de fonctionnaires s'y consacrent quotidiennement pendant des heures, au bénéfice de leurs collègues et à l'intention du public.

A vous de bien préparer à réussir pleinement dans cette mission.

1.3 La méthode d'analyse

Pour faire une analyse de texte, il est indispensable de **procéder avec méthode.** Cette méthode ne peut s'acquérir que par l'entraînement, en sachant ordonner et relier des exercices dont vous avez par ailleurs une longue habitude.

Voici maintenant des conseils de méthode, pour le travail initial de compréhension du texte, puis pour votre travail de rédaction.

Votre travail de compréhension

Il s'agit d'abord de **lire le texte**, puis de le **décortiquer**. L'étymologie du mot **compréhension** est d'ailleurs évocatrice : prendre ensemble (les différents éléments).

1. Lire le texte

Deux lectures sucessives s'imposent.

a) Une première lecture rapide

Elle doit vous permettre de comprendre le sens général du texte. Ceci est absolument essentiel : il s'agit de prendre une vue d'ensemble du sujet, comme si vous aviez à effectuer une photographie aérienne. L'attitude à adopter ici est celle du lecteur de journal, désireux d'avoir une information générale, mais rapide, concernant les questions et les événements du moment.

Lisez attentivement le texte sans vous laisser distraire par les détails, sans vous arrêter aux difficultés, sans chercher autre chose que son fil directeur ou ses idées fondamentales. C'est un travail d'approche.

A la fin de cette lecture, vous devez être sensibilisé à la nature exacte du texte. Bien entendu, si le texte est difficile, ou si le premier résultat obtenu n'est pas satisfaisant, vous renouvellerez l'opération.

A la fin de cette opération, vous devez pouvoir donner un titre au texte, ou traduire en une phrase l'essentiel de ce qu'il contient.

b) Une seconde lecture posée

Cette lecture sera faite crayon en main. Vous pouvez effectuer un premier relevé des idées ou des mots-clés du texte. Il s'agit alors de confirmer le résultat de votre première lecture, tout en prenant conscience du cadre général du texte.

En ce qui concerne certaines œuvres littéraires ou articles de journaux, cette opération peut infirmer le résultat de la première lecture, cela à cause, par exemple, d'un ton général qui n'a pu être saisi à la première lecture. Ne vous effrayez pas de cette apparente contradiction, qui vient de la complexité même de certains textes.

C'est un travail de compréhension.

Vous serez ainsi dans la situation du peintre qui, après avoir jeté un premier coup d'œil à un paysage (première lecture), prend conscience de la structure qu'il pourrait donner à sa première ébauche. Il s'agit maintenant d'analyser les détails du paysage.

2. Décortiquer le texte

Cette opération intellectuelle ne peut être menée à bien que grâce à des opérations matérielles précises.

a) L'opération intellectuelle – *Ses objectifs et ses éléments*

Il vous faut d'abord **mettre en évidence les structures du texte : parties, sous-parties et paragraphes principaux.**

Vous dresserez conjointement la **hiérarchie des idées** :

– les idées principales ;

– les idées secondaires ;

– les idées accessoires.

Ces idées peuvent être traduites dans le texte par des phrases complètes, ou simplement reflétées par des mots-clés (le **mot-clé** est celui qui a une importance déterminante, qui donne une signification au texte, ou qui représente la substance de la pensée).

Pour effectuer votre classement, vous pouvez vous fonder sur deux critères :

– le **critère de fond**, qui consiste à voir tout point qui apporte un élément nouveau par rapport à ce qui précède ;

– le **critère de forme**, qui consiste à voir tout développement sur lequel l'auteur insiste, soit par la longueur de sa démonstration ou de son évocation, soit par l'abondance des exemples, des faits ou des chiffres qu'il fournit, ou du champ lexical qu'il développe.

Ces opérations vous sont en principe facilitées par la composition même du texte, et par l'emploi de locutions ou mots-charnières marquant les enchaînements logiques (phrases d'annonce de plan, développements complémentaires ou opposés, adverbes et conjonctions de coordination ou de subordination…).

Toutefois, vous pouvez aussi être en présence d'un texte insuffisamment structuré, voire confus ou mal écrit. Il vous reviendra alors d'essayer de discerner la pensée de l'auteur, et de restructurer le texte dans un ordre logique.

b) Les opérations matérielles

3. Conseils pratiques

En effectuant ces opérations, évitez de salir le texte de base ; ne le gribouillez pas ; contentez-vous de souligner ou surligner les mots ou expressions-clés (il sera utile d'emporter un marqueur surligneur le jour du concours).

Vos notes doivent être directement utilisables. Écrivez proprement. Chaque point important, c'est-à-dire chaque idée principale, doit être noté sur une feuille séparée (l'essentiel doit figurer en haut de page, de façon très aérée ; les idées secondaires ou accessoires, ainsi que vos remarques, seront notées au-dessous en abrégé). Vous disposerez ainsi, pierre par pierre, des éléments qui permettront de construire l'édifice.

Votre travail de rédaction

Il vous faut d'abord **construire un plan parfaitement clair**. Vous devrez ensuite **rédiger une copie de style correct et de présentation agréable**.

1. Construire un plan

Si vous avez bien pris vos premières notes (sur des pages séparées pour chaque point important), le plan doit naturellement vous sauter aux yeux.

Sachez que le plan n'est pas un but en soi ; c'est simplement le moyen **d'exposer clairement les structures essentielles**. Ne cherchez pas à être original à tout prix. **Le jury attend de vous un schéma bien composé reposant sur les idées fondamentales du texte.**

Si l'auteur a suivi un plan suffisamment clair, le plus simple est de le reprendre.

Si les éléments du texte peuvent être regroupés de façon plus logique, il vous revient d'opérer cette reconstruction. Veillez toutefois à ne pas déformer ni le texte ni la pensée de l'auteur — le jury ne vous le pardonnerait pas.

En tout état de cause, votre analyse doit être composée et comprendre :

– une introduction, qui situe le texte ou/et son auteur (et se termine par l'annonce du plan général retenu) ;

– un développement, qui devra suivre le plan annoncé, avec des transitions bien marquées entre les différentes parties qui devront s'enchaîner logiquement ;

– une conclusion, reprenant l'idée essentielle ou le thème principal du texte.

2. Rédiger convenablement

Trop de candidats se contentent de paraphraser le texte. Ce n'est pas le but de l'épreuve.

En aucun cas vous ne devez paraphraser le texte.

Vous ne devez surtout pas reprendre des expressions entières du texte. Si vous estimez devoir citer un passage du texte, utilisez des guillemets. Cette démarche doit être exceptionnelle. Elle ne se justifie guère que pour reprendre une définition propre à l'auteur, ou un trait essentiel et caractéristique. Bien entendu, les phrases-clés du point de vue logique, surtout si elles sont brèves, peuvent aussi être reprises intégralement.

Vous devez utiliser le **style direct** (ne multipliez surtout pas les locutions du style "l'auteur nous dit que…", "l'auteur affirme que…", "l'auteur pense que…").

Rédigez des **phrases courtes**, mais sans tomber dans l'excès du style télégraphique.

N'employez que des mots dont vous possédez le sens… et à la **condition d'être certain de les orthographier correctement.**

Contrôlez la **précision** de votre texte. Chaque phrase doit être parfaitement intelligible en soi et utile à la compréhension de l'ensemble.

Enfin, comme pour toute épreuve de concours (ou – est-il besoin de le dire ? – tout travail personnel), **soignez la présentation matérielle de vos copies.**

Analyse d'un texte ou d'un dossier

2. Schéma de travail pour l'analyse de texte

TEXTE À ÉTUDIER		
Survol rapide, vue d'ensemble du sujet (Première lecture à renouveler si c'est indispensable pour saisir le fil directeur du texte)		
Travail préparatoire ANALYSE DU TEXTE Lecture très attentive, paragraphe par paragraphe		
Souligner les mots-clés – encadrer les mots de liaison – souligner de deux traits – ou d'un trait (selon l'importance des mots).	**Relever les idées** I – Fondamentales ou générales A. Principales 1) ou a) secondaires puis – les énumérations ou – les exemples	**Noter les articulations logiques** – la thèse – les arguments et la progression de la pensée – les simples illustrations
DEUX APPROCHES COMPLÉMENTAIRES		
Critère de fond Noter tout point qui apporte un élément nouveau et important par rapport à ce qui précède		**Critère de forme** Longueur de la démonstration, abondance des exemples, faits et chiffres
N.B. : Vos notes doivent être rédigées au brouillon de façon très aérée, de préférence en prenant une page pour chaque paragraphe.		
CONSTRUCTION DU PLAN		
Rédaction d'une introduction et d'une conclusion. Préparation d'un développement complet, avec des parties et paragraphes s'enchaînant logiquement.		
Dernière étape du travail préparatoire DOUBLE VÉRIFICATION		
Par rapport au texte de base : – N'ai-je rien oublié d'important ? – N'ai-je rien déformé ou ajouté ?		Sur votre propre projet de texte : – Le fond : est-ce cohérent et compréhensible ? – La forme : est-ce clair et bien rédigé ?
Recopier au propre En soignant l'écriture et la présentation **Relire** (plutôt deux fois qu'une)		

La méthode

3. Votre programmation pour le jour du concours

Tout dépend d'abord de la durée officielle de l'épreuve (une, deux ou trois heures), de sa nature (outre l'analyse, y a-t-il des questions sur le texte ?), ou de la longueur même du texte.

Tout dépend aussi de votre méthode de travail personnel. Seul un entraînement intensif vous permettra de bien vous maîtriser le jour du concours.

Voici toutefois quelques **éléments indicatifs** pour une épreuve d'une heure, deux heures, ou trois heures, consacrée exclusivement à l'analyse sans autres questions à traiter.

	DUREE A PREVOIR POUR UNE EPREUVE		
	D'1 heure	De 2 heures	De 3 heures
– Survol rapide	5'	10'	10'
– Seconde lecture et prise de notes	10'	20'	30'
– Construction du plan, rédaction soignée de l'introduction et de la conclusion, vérification générale du travail préparatoire	10'	30'	40'
– Réponses aux questions sur le texte	10'	15'	30'
– Rédaction définitive au propre	15' à 20'	30' à 40'	50' à 60'
– Marge de sécurité et temps nécessaire pour relire	5' à 10'	5' à 15'	10' à 20'
TOTAL	60'	120'	180'

Il vous reviendra d'adapter ce schéma en fonction notamment de la longueur du texte de base… et aussi de votre méthode de travail personnel.

4. Dix principes fondamentaux ou les règles d'or pour réussir votre analyse de texte

Notre longue expérience des examens et concours nous a conduits à formuler les règles et principes suivants, qui sont généralement adoptés par la plupart des jurys. Ils concernent à la fois le fond et la forme de l'épreuve.

4.1 Les cinq principes de fond

- Il faut comprendre rapidement le texte de base.
- Il faut effectuer rationnellement les opérations d'analyse, et bien "décortiquer le texte".
- Il faut faire la preuve de vos qualités de logique, lucidité, sagacité.
- Il faut veiller à vous montrer exhaustif pour l'essentiel.
- Il faut respecter scrupuleusement le texte de base.

Je dois comprendre rapidement le texte de base

Une première lecture rapide doit vous donner une connaissance globale du texte de base : sa structure, son fil directeur et ses idées fondamentales.

Je dois effectuer rationnellement les opérations d'analyse et de synthèse

L'analyse doit vous procurer une connaissance approfondie du texte.

Vous le relirez de façon très attentive, en cochant, en soulignant ou surlignant ou en prenant quelques notes.

Une réflexion de synthèse s'impose ensuite pour bien dégager l'essentiel.

Tout au long de ce travail, je dois faire la preuve de mes qualités de logique, lucidité, sagacité

Le bon sens, qualité qui peut sembler modeste, est indispensable pour réussir cette épreuve.

Il faut bien dégager les différentes idées, retenir l'essentiel, écarter l'accessoire… et donc savoir choisir avec sagacité.

Je dois veiller à me montrer exhaustif pour l'essentiel

Il vous faut reprendre tout ce qui important, et seulement ce qui est important. "Tout le texte et rien que le texte".

Je dois respecter scrupuleusement les principes d'exactitude, objectivité et fidélité au texte de base

Il vous faut reprendre les idées de l'auteur avec fidélité, sans commentaire ni critique, sans extrapolation ni interprétation ou digression déformante, en toute objectivité.

4.2 Les cinq principes de forme

- Il faut respecter les indications données par le jury.
- Il faut rédiger avec concision.
- Il faut rédiger clairement.
- Il faut rédiger correctement.
- Il faut produire une copie présentée de façon impeccable.

Cinq points importants pour votre travail préparatoire. Le travail préparatoire va de l'analyse du sujet au plan détaillé, en passant par le premier recensement des idées, l'approfondissement et l'enrichissement, les premiers regroupements.

Je dois respecter les indications du jury

Il faut respecter scrupuleusement les indications données par le jury pour la présentation et pour le décompte des mots ou le nombre de lignes imposées pour l'analyse (comme pour le résumé de texte).

Je dois m'efforcer de rédiger avec la plus grande concision possible

C'est souvent l'objet même de l'analyse que de vous conduire à utiliser un minimum de mots, lorsque le jury en a ainsi décidé.

Il faut vous y exercer au cours de votre entraînement :

- éviter toute répétition ;
- supprimer les mots inutiles ;
- remplacer les locutions longues par des locutions plus brèves.

Je dois m'efforcer de rédiger en toute clarté

Ce principe s'applique à la fois :

- à chacune des phrases construites ;
- et à chacun des termes employés.

Je dois veiller scrupuleusement à la correction du style et de l'orthographe

A vérifier soigneusement au brouillon avant de recopier. Et il vous faut ensuite relire… plutôt deux fois qu'une.

S'il en est encore besoin, au cours de votre préparation, révisez votre grammaire et utilisez fréquemment votre dictionnaire.

Il est bien évident que, si un candidat n'est même pas capable de reproduire convenablement des mots qu'il a sous les yeux, il sera sévèrement sanctionné. C'est une question de respect pour le lecteur.

Je dois produire une copie présentée de façon impeccable
Il vous faudra à la fois :

– concevoir une bonne présentation (intelligence de la conception graphique) ;
– et la réaliser matériellement (soin apporté à l'écriture).

> Tous ces conseils relatifs à la bonne présentation valent également pour l'ensemble de l'épreuve, et donc aussi pour vos réponses aux questions.

CHAPITRE 7 | Résumé de texte

Beaucoup de concours de catégorie B comportent une épreuve de résumé de texte.

Quelle en est la justification ?

Elle est évidente pour de futurs fonctionnaires : il s'agit de vérifier si vous êtes capable de bien comprendre un texte d'intérêt général et d'en restituer l'essentiel.

Quelle est la longueur moyenne des résumés ?

Dans les concours de catégorie B, la longueur des résumés va en général de 300 à 600 mots.

Ceci à partir de textes qui font de 3 à 5 pages, quelquefois plus.

Nous allons maintenant vous présenter quelques conseils sur les quatre séries de points suivants :

1. L'esprit de l'épreuve
   La nature de l'épreuve et ses objectifs.
2. Les règles de fond
   a) Fidélité au texte de base
   b) Clarté et concision
3. Les règles de forme
   a) La longueur du résumé
   b) Le style et la syntaxe
4. Les méthodes de travail
   a) L'étude du texte de base
   b) La rédaction du résumé

1. L'esprit de l'épreuve

Le résumé de texte est une réexpression, dans une forme brève et claire des éléments essentiels d'un document, et notamment de l'essentiel de la pensée d'un auteur.

Cette épreuve peut apparaître *a priori* relativement facile. Elle est en réalité très sélective et constitue un excellent révélateur des aptitudes des candidats dans différents domaines : capacité d'analyse, esprit de synthèse, qualités de style et d'expression… autant de qualités absolument indispensables pour tous les fonctionnaires des catégories B ou A.

A la différence des épreuves de vérification des connaissances, le candidat est ici à l'abri de toute défaillance de mémoire. Sous réserve d'avoir acquis un certain savoir-faire par une préparation méthodique, il est alors possible de faire du résumé de texte une matière sûre, permettant de gagner des points.

Cette épreuve se caractérise par la nécessité de respecter diverses règles se rapportant au fond ainsi qu'à la forme de l'exercice. Il vous faudra également acquérir une bonne méthode de travail.

2. Les règles de fond

Elles peuvent se résumer par les mots-clés suivants : fidélité au texte de base, clarté et concision.

2.1 Fidélité au texte de base

La fidélité au texte de base doit se marquer par la reprise exacte et, si possible, exhaustive, des idées essentielles de ce texte. Il vous faut, bien entendu, faire preuve d'objectivité et de neutralité. Enfin, vous devez faire un bon usage des mots ou expressions du texte.

Exactitude et exhaustivité

Dans votre résumé, vous reprendrez toutes les idées importantes du texte de base (et elles seules), sans extrapolation ni interprétation.

Votre résumé devra porter sur l'ensemble du texte : ceci suppose que vous l'ayez lu en entier (ainsi que les questions) et que vous en ayez bien compris le sens. Cette remarque n'est pas superflue car l'expérience prouve qu'un bon nombre de candidats, surtout lorsqu'il s'agit d'un texte difficile, ou bien négligent certains points qu'ils n'ont visiblement pas compris, ou bien commettent de véritables contresens dans l'interprétation de la pensée de l'auteur. Il vous est donc vivement recommandé de revenir sur les passages qui vous paraissent obscurs.

Votre contraction doit respecter le plan, ou du moins, l'ordre du texte de base ainsi que l'enchaînement des idées de l'auteur.

Objectivité et neutralité

Le résumé de texte n'est ni une analyse, ni un commentaire. Il ne doit comprendre aucun jugement personnel, aucune critique ni approbation. Le rédacteur du résumé se contente de refléter avec précision et fidélité la pensée de l'auteur.

Le bon usage des mots du texte

Dans votre rédaction, vous ne devez pas reprendre des phrases entières du texte (sauf pour des termes administratifs et juridiques très précis). Vous remplacerez avantageusement des termes vagues par des mots propres et des expressions concises.

2.2 Clarté et concision

Le résumé doit être conçu de manière à être rapidement intelligible par quelqu'un qui ne connaît pas le texte d'origine.

Un bon exemple est celui des communiqués de presse, qui résument brièvement un débat ou une série de propositions.

Elles concernent notamment la longueur du résumé, le style et la syntaxe.

3. Les règles de forme

3.1 La longueur du résumé (nombre de mots à décompter)

Au concours, vous aurez souvent à résumer un texte en 400 ou 500 mots. Assez souvent, une possibilité de fluctuation autour du nombre de mots fixé est autorisée (de l'ordre de 5 à 10 %). Il importe de respecter les indications données. Il ne faut faire usage de la tolérance en dépassement que si le jury l'a expressément prévue. Les résumés trop courts, ou trop longs, sont sévèrement sanctionnés.

Nous en profitons pour vous signaler que vous avez intérêt à évaluer votre écriture. Si vous écrivez de façon dense, à raison de dix mots par ligne et vingt-cinq lignes par page, vous obtenez un total de 200 à 250 mots par page.

Dans un résumé, tout article, même élidé, toute préposition, même réduite à une seule lettre, compte pour un mot ; de même, les mots reliés par un trait d'union doivent être décomptés individuellement. Exemple : "chef-d'œuvre" compte pour 3 mots.

3.2 Le style et la syntaxe

Le résumé est une réexpression du contenu du texte dans la langue et le style du candidat. Il s'agit de résumer l'essentiel de la pensée de l'auteur et non pas simplement une suite de mots.

Une erreur parfois commise dans cette épreuve consiste à construire des phrases étriquées et boiteuses par souci d'économiser les mots. Le candidat doit s'efforcer, au contraire, de rédiger dans un style aisé et dans une langue claire (le style télégraphique est à proscrire).

Indépendamment de son contenu, vous apporterez à l'aspect de votre copie un soin particulier de façon à rendre la lecture la plus facile et la plus agréable possible. Un style satisfaisant, une orthographe et une ponctuation correctes, une présentation attrayante, un plan apparent disposent favorablement le correcteur.

Il est bien évident que les fautes d'orthographe seront d'autant plus sévèrement sanctionnées que, par principe, le texte de base n'en comporte pas.

4. Les méthodes de travail

Nous vous proposons quelques conseils généraux concernant les deux étapes successives du travail préparatoire : l'étude du texte de base et la rédaction. Retenez aussi ce conseil fondamental : seule la pratique vous permettra de progresser, il faut vous entraîner fréquemment, relire et corriger vos travaux.

4.1 L'étude du texte de base

La première lecture

Il s'agit d'obtenir une connaissance globale du texte de base. Cette lecture n'est pas nécessairement accompagnée de prise de notes ; elle cherche simplement à fixer les grandes masses du texte et les points essentiels.

L'analyse du texte

Elle a pour but de procurer une connaissance approfondie du texte. Elle consiste à répertorier les idées émises par l'auteur, leurs rapports et leurs enchaînements logiques. Bien entendu, plus le texte sera complexe, plus cette phase sera longue.

L'analyse sera réalisée pratiquement par une ou plusieurs relectures attentives du texte, accompagnées de prises de notes. Nous vous conseillons de souligner les "mots-clés" ou les "idées forces" mais pas des phrases entières du texte (pour ne pas être tenté de recopier purement et simplement les formules utilisées par l'auteur).

La réflexion sur le texte (indispensable après la phase d'analyse)

Cette réflexion approfondie aura pour objectif de classer les différentes idées, en faisant le tri entre l'essentiel et l'accessoire, ainsi que de pénétrer le cheminement de la pensée de l'auteur. Cette réflexion aboutit à la reconstitution du plan du texte.

4.2 La rédaction du résumé

Avant d'entamer votre rédaction, il vous faut mettre au point soigneusement le plan du résumé.

Le plan

Les principes dont vous devez vous inspirer sont les suivants :
- il est absolument nécessaire de faire un plan ;
- le plan à suivre dans le résumé doit être, en principe, le même que celui du texte, au moins dans ses grandes lignes ;
- un plan doit être, dans la mesure du possible, dynamique et non descriptif ; autrement dit, il doit traduire un raisonnement qui progresse ;
- un plan doit être annoncé, à la fin de l'introduction, par une phrase brève et claire.

Une fois le plan établi, il est possible de répartir le nombre total des mots entre les différentes parties, en fonction de l'importance des idées et non de la longueur des passages correspondants. En effet, le résumé n'est pas une contraction à la proportionnelle, mais une mise en évidence de l'essentiel.

Nous vous recommandons d'établir des "fourchettes" pour chaque partie. Sans vous lier impérativement, il est raisonnable de vous fixer un cadre pour vous guider dans la rédaction.

Voici un exemple pour un résumé en 500 mots.

Introduction :   50 mots
1re partie :   200 mots
2e partie :   200 mots
Conclusion :   50 mots

La rédaction du résumé

Il est indispensable de commencer par rédiger le résumé au brouillon. En effet, il est délicat d'obtenir spontanément un résumé correctement équilibré. La première rédaction doit être presque toujours remaniée en fonction du nombre de mots fixé.

Voici quelques conseils concernant le développement des idées : pour mettre en valeur les idées essentielles, il faut éliminer tout ce qui est secondaire vis-à-vis du raisonnement principal de l'auteur et notamment les exemples, les répétitions, les insistances, les allusions.

Avec quelque habitude, vous reconnaîtrez aisément les éléments forts d'un document : ils sont souvent annoncés par des développements préparatoires, ils sont étayés d'arguments accessoires, ils font l'objet d'une insistance particulière de l'auteur.

La vérification

Votre copie doit être absolument impeccable.

Vous devez effectuer, avec le plus grand soin, une double vérification :

– par rapport au texte de base : vérifiez que vous n'avez rien oublié d'important, rien déformé ou ajouté. Avez-vous respecté le fil directeur ou l'argument de l'auteur ?

– sur votre résumé lui-même : vous vous demanderez s'il est clair, bien rédigé, cohérent et compréhensible pour un lecteur non averti.

Après cette ultime vérification, vous recopierez votre texte au propre, en soignant l'écriture et la présentation. Vous le relirez très attentivement pour en vérifier la correction.

CHAPITRE 8 | Commentaire de texte

La technique du commentaire de texte s'apprend par la *pratique*.

Afin d'entrer au plus vite dans le vif du sujet, nous vous présentons brièvement *dix règles d'or* qui vous permettront de bien maîtriser cette épreuve, puis nous vous donnerons quelques indications sur l'aménagement du temps.

Nous allons distinguer deux phases principales, chacune caractérisée par un sigle porteur : LASER et PHARE.

1. Les dix règles d'or

Le travail sur le texte
Il faut l'éclairer par cinq opérations :

Lire
Analyser
Synthétiser } d'où le sigle LASER
Evaluer
Réfléchir

La présentation devant le jury
Pour éclairer le jury, il me faut :
Planifier mon travail
Harmoniser sa construction
Appliquer mes connaissances } d'où le sigle PHARE
Rechercher une originalité de bon aloi
Exprimer ma personnalité

1.1 Le travail sur le texte : la méthode LASER

Règle n° 1 : Lire le texte de base

Je dois lire le texte très attentivement, plusieurs fois si besoin est, pour bien le comprendre… et être sûr ensuite de bien le lire à haute voix si le jury me le demande.

Règle n° 2 : Analyser les mots-clés et les idées forces

Je dois les cocher, souligner ou surligner, en esquisser les définitions, examiner leur enchaînement.

Règle n° 3 : Synthétiser le contexte

Après avoir défini son objet, je dois situer le texte dans un contexte synthétique :

– l'auteur et son œuvre (si c'est un auteur connu),

– la vie littéraire, artistique et culturelle (idem),

– les courants idéologiques,

– les événements politiques et les mouvements sociaux,

– éventuellement l'actualité, si c'est un texte récent (notamment extrait d'un journal).

Règle n° 4 : Evaluer la portée actuelle du texte

Si le texte est ancien, il me faut analyser l'évolution historique.

Dans tous les cas, il faut examiner sa portée dans les divers domaines de l'actualité.

Règle n° 5 : Réfléchir sur ses prolongements

Il me faut enfin procéder à une réflexion prospective : le texte est-il encore intéressant pour éclairer l'avenir ?

1.2 La présentation devant le jury : la méthode PHARE

Règle n° 6 : Planifier mon travail

Je dois préparer **un plan composé** que le jury suivra parfaitement. Je soigne donc particulièrement la rédaction de l'introduction et des phrases d'annonces. Je m'assure que le jury pourra en suivre parfaitement chaque phrase.

Règle n° 7 : Harmoniser sa construction

Je dois présenter une copie (à l'écrit) ou un exposé (à l'oral) **parfaitement construit**.

Cette harmonie doit se marquer :
– à l'écrit, par une présentation impeccable,
– à l'oral, par une diction parfaitement maîtrisée.

Règle n° 8 : Appliquer mes connaissances

Je dois faire appel à tous les domaines de mes connaissances, et les utiliser à bon escient.

Je dois montrer au jury à mon meilleur niveau, mais sans ostentation ni prétention, l'étendue de ma culture générale.

Règle n° 9 : Rechercher une originalité de bon aloi

Dans le style comme dans le fond, il faut éviter l'abstraction ou la monotonie.

Je dois faire preuve de certitude nuancée dans mes jugements, et de fermeté courtoise dans mes affirmations.

Règle n° 10 : Exprimer ma personnalité

Je dois prouver au jury que j'ai, dans tous les domaines, les qualités humaines et professionnelles qu'il attend de moi.

Et ceci sans me déguiser, mais avec conviction et sincérité.

Le jury cherche à m'apprécier personnellement à travers mon commentaire de texte.

2. L'aménagement du temps

Il faut évidemment vous entraîner dans les conditions de vos examens et concours. Il est donc indispensable de vérifier la *durée* fixée par les textes réglementaires : durée de l'épreuve à l'écrit, ou *temps de préparation à l'oral*.

Au cours de votre préparation, vous avez intérêt à effectuer le maximum d'exercices dans le temps réglementaire, et en vous donnant une marge de sécurité. Ainsi, vous ne risquerez pas de mauvaise surprise le jour de l'épreuve...

Il est particulièrement facile de vous entraîner fréquemment pour l'oral, vu la brièveté de l'épreuve. Une suggestion : après avoir lu votre journal, vous prenez dix minutes ou un quart d'heure pour commenter un ou plusieurs paragraphes sur un grand thème d'actualité.

Nous vous présentons ci-après deux *tableaux de programmation* :
- l'un pour une épreuve écrite de *trois heures,*
- l'autre pour une épreuve orale de *quinze minutes.*

Vous pouvez les tester pour voir s'ils vous conviennent, éventuellement les réaménager.

2.1 L'aménagement du temps pour une épreuve de 3 heures à l'écrit

1. Lecture du sujet (= texte proposé) et premières réflexions.	10 minutes
2. Collecte des idées, faits et exemples.	20 minutes
3. Classement des idées, et construction du plan.	10 à 20 minutes
4. Rédaction soignée de l'introduction et de la conclusion.	10 minutes
Total partiel	**60 minutes**

Soit en moyenne 1 heure pour le travail préparatoire.

5. Rédaction définitive de votre copie.	100 à 120 minutes

Minimum : 5 bonnes pages à 20 minutes par page
Maximum : 8 bonnes pages à 15 minutes par page

Reste marge de sécurité
(pour relire et vérifier) : 10 minutes

2.2 L'aménagement du temps pour une épreuve orale, avec une préparation de 15 minutes

1. Lecture du sujet (= texte) et premières réflexions.	3 minutes
2. Collecte des idées, faits et exemples.	3 minutes
3. Classement des idées, et construction du plan.	2 minutes
4. Rédaction soignée de l'introduction et de la conclusion.	2 minutes
5. Rédaction des phrases d'annonces et transitions.	2 à 3 minutes

6. Marge de sécurité et mise au point
   pour la prestation orale.   2 à 3 minutes

- Adaptation pour une épreuve réduite à dix minutes seulement :
– réduction à 2 minutes pour les phases 1, 2 et 3 ;
– rédaction schématique des phrases-clés en 2 ou 3 minutes ;
– reste 1 ou 2 minutes pour mettre au point votre prestation.
- Adaptation pour les épreuves de durée supérieure :
– augmenter proportionnellement chacune des phases pour arriver à 20 ou 30 minutes.

3. Application de la méthode des six questions au commentaire de texte

Voici un premier exemple d'une série de questions que vous pouvez vous poser à propos du texte et de son auteur.

Nous vous invitons à compléter cette liste, et à l'adapter à divers types de textes ou citations.

QUI et QUOI ?

Quoi ? Analyse du contenu du texte.

Ses mots-clés.

Ses différentes parties.

Qui ? Réflexion sur l'auteur (= la signature).

Qui est l'auteur ?

Trouve-t-on dans le texte un écho de ses préoccupations personnelles ?

OÙ et QUAND ?

Où ? Réflexion sur le contexte géographique.

Permet-il de mieux comprendre le texte ?

Quand ? Réflexion sur le contexte temporel et l'évolution.

Quels événements historiques ont pu influer sur la rédaction du texte ?

Quelle a été l'évolution ?

COMMENT et POURQUOI ?

Comment ? Il peut s'agir notamment de questions sur le style et les moyens d'expression de l'auteur.

Pourquoi ? Quelles sont les motivations de l'auteur ?

Qu'est-ce qui le pousse à écrire ?

Quels buts se propose-t-il ?

Où veut-il conduire le lecteur ?

Notes de méthode pour les épreuves orales
Exposé sur un sujet d'ordre général
Conversation avec le jury

1. Les caractères généraux de l'épreuve

L'épreuve orale la plus fréquente dans les concours est celle de l'"exposé sur un thème de culture générale suivi d'une conversation avec le jury" permettant d'apprécier l'aptitude à l'emploi postulé.

1.1 L'objet de l'épreuve

L'épreuve de conversation fournit au jury des éléments importants pour l'appréciation de la valeur intellectuelle et humaine du candidat, sur ses motivations, et donc sur l'aptitude à exercer l'emploi postulé.

La conversation tend, en effet, non seulement à découvrir certains aspects comportementaux (présentation, attitude devant le jury, élocution) et à évaluer par quelques sondages les connaissances et la culture, mais aussi et surtout à révéler les qualités d'esprit et de caractère du candidat. C'est évidemment l'épreuve la plus polyvalente.

La conversation avec le jury apparaît ainsi comme un véritable "test de carrière" qui permet d'apprécier la rapidité et la sûreté des réflexes du candidat, son penchant à céder ou à résister aux défaillances, à lutter ou à abandonner dans les situations difficiles, à louvoyer ou à prendre des risques devant les questions délicates. Dans cette épreuve le candidat dévoile, souvent à son insu, les traits essentiels de sa personnalité et sa capacité à réussir dans la vie professionnelle.

1.2 L'esprit de l'épreuve

Appréciation de la valeur intellectuelle et humaine du candidat

Les examinateurs ont la tâche difficile d'apprécier en quelques minutes votre valeur intellectuelle et humaine. Ils chercheront moins à apprécier si vous possédez certaines connaissances qu'à examiner si vous êtes capable de devenir un fonctionnaire digne de ce nom, assez complet, doué des qualités indispensables à l'exercice du métier choisi.

Aussi les examinateurs ne pourront-ils qu'être défavorablement impressionnés par une présentation timide, une diction sourde et sans relief, des silences trop prolongés, des réponses hésitantes ou évasives, des explications confuses traduisant l'ignorance ou, ce qui est plus grave encore, une pensée balbutiante sinon absente, ou pire encore l'arrogance et la prétention.

Au contraire, une élocution précise et nette, des réponses claires, des développements rigoureux et faciles à suivre, des idées cohérentes leur plairont, et pourront vous valoir des points de bonification.

L'essentiel est donc pour vous d'intéresser le jury, de retenir son attention d'une manière continue, d'éveiller sa curiosité, de le convaincre du bien-fondé des explications fournies et des opinions émises, de ne lui laisser aucun doute sur vos qualités d'intelligence, de bon sens, de caractère.

Il n'est pas superflu d'ajouter que le jury sera plus favorablement disposé à l'égard du candidat qui saura se montrer adroit, original, animé, qu'envers celui qui, même très savant, laissera la conversation se dérouler dans une ambiance morne et pesante. A vous donc de savoir faire preuve de vivacité d'esprit comme de chaleur humaine, et de savoir bien animer toute la petite demi-heure de l'épreuve.

Appréciation du sens des réalités concrètes

L'épreuve manifeste une autre exigence, qu'il convient de souligner : elle demande du candidat le sens des réalités concrètes, appréciées notamment dans le domaine de l'activité professionnelle et de l'expérience personnelle. Ayez toujours ceci bien présent à l'esprit : le jury cherche à sélectionner les candidats présentant le maximum d'aptitude à l'emploi postulé.

Les questions posées, lors même qu'elles s'écarteront de points concrets intéressant directement votre vie, ne devront jamais être considérées comme des problèmes abstraits. C'est en effet sur le monde réel et changeant que doivent agir, dans la mesure de leur pouvoir de décision, ceux qui occupent des postes importants dans la fonction publique et tous les fonctionnaires, même les plus modestes, qui collaborent à l'action de l'État et aux services publics.

Ainsi s'explique le caractère d'actualité des questions qui vous seront soumises.

Ainsi s'explique également le fait que le jury attend de vous des réponses autres que celles d'un observateur étranger aux problèmes évoqués et qui ignorerait tout des réalités sociales et humaines… Gardez donc bien à l'esprit ces deux mots-clés : concret et réaliste.

1.3 Le déroulement de la conversation

De tout ce qui précède, il découle que vous devrez vous présenter devant le jury dans les meilleures conditions physiques, en possession de tous vos moyens.

Il vous appartient de tenter crânement votre chance, quel que soit votre sentiment sur votre réussite aux épreuves écrites. Vous devez vous battre, en vous efforçant de mettre tous les atouts dans votre jeu, et de jouer ce jeu avec franchise et détachement.

Vous devez essayer, dans les minutes qui précèdent la conversation de vous "décontracter" au maximum. Évitez d'arriver au lieu de l'épreuve dans les toutes dernières minutes, pour avoir le temps de retrouver votre calme ; évitez même d'arriver trop en avance, ce qui vous vaudrait une attente énervante.

Abordez le jury sans timidité comme sans suffisance. N'oubliez pas que la façon dont vous vous présentez détermine la première impression du jury, qui est toujours importante.

Les questions imposées, et comprises – il vaut mieux faire répéter une question mal entendue que répondre à côté –

devront amener des réponses presque immédiates ; il est bon de prendre pendant quelques secondes le temps de la réflexion, mais il faut éviter à tout prix des silences désastreux. Si vous ne savez vraiment pas, dites-le. Si un raisonnement est nécessaire, conduisez-le à haute voix : le jury sera certainement impressionné plus favorablement par un raisonnement intelligent, conduisant à une réponse même approximative, que par une réponse donnée au hasard, à côté, ou venant après un interminable silence.

D'ailleurs, il ne faut pas perdre de vue qu'il s'agit d'une conversation et non d'une interrogation. En conséquence, ayez le souci de répondre aux questions posées d'une manière plutôt intelligente et intéressante que complètement rigoureuse.

En tout état de cause, il faut absolument éviter de répondre seulement par oui ou par non ; même lorsque vous ignorez tout de la question posée, vous devez tenter de fournir les éléments approchés d'une réponse ; le jury envisagera sans doute votre incompétence en la matière, mais vous saura gré de ne pas être muet et d'avoir fait preuve d'une certaine "débrouillardise" en évitant de vous laisser démonter.

Un examinateur ne peut jamais tenir rigueur à un candidat de ne pas tout savoir, mais est en droit d'attendre d'une personne ambitionnant d'accéder aux emplois de cadres de l'administration une certaine qualité de réflexe, une certaine présence d'esprit dont elle pourra avoir besoin au cours des discussions de toutes sortes auxquelles elle sera mêlée au cours de sa vie administrative (... et notamment des discussions difficiles avec des usagers ou des administrés).

Le jury peut interroger le candidat sur ses préférences dans telle ou telle matière : "Aimez-vous la musique ?" "Quel film récent vous a plu ?" "Quel est votre romancier préféré ?" A cet égard, il faut éviter de donner au jury une opinion fausse pour lui faire croire que l'on a des goûts très élevés et que l'on est une personne qualifiée en tous domaines... Les jurys n'aiment pas les candidats prétentieux, vaniteux ou falsificateurs. La présomption comme la fatuité sera sanctionnée, et encore plus l'arrogance.

Si la question posée mérite une réponse assez développée, vous aurez intérêt à ne pas vous précipiter dans des explications trop rapides qui risqueraient d'être confuses et de n'aborder qu'une partie des problèmes. Prenez, en exposant quelques idées plus générales, le temps de réfléchir aux divers aspects de la question, construisez mentalement un plan rapide, que vous vous efforcerez d'annoncer et de suivre aussi clairement que possible.

En définitive, s'il est excellent de témoigner d'une culture générale solide et étendue, il est au moins aussi important de faire preuve de bon sens, de maturité, de jugement, de personnalité et de sens pratique, bref de se montrer intelligent et disponible.

2. Préparation de l'épreuve de conversation

Partant des considérations qui précèdent, il est possible de formuler quelques conseils d'ordre général touchant l'acquisition, d'une part des connaissances pour aborder la conversation, d'autre part de la technique de l'épreuve.

2.1 L'acquisition des connaissances

L'épreuve de conversation n'est pas seulement une épreuve de connaissances, et ce n'est pas par le bachotage qu'on la prépare. Les candidats auront cependant intérêt à consolider et à actualiser certaines connaissances, et à les approfondir par un effort de réflexion personnelle selon les méthodes qui sont proposées pour la préparation de l'épreuve de composition sur une question d'actualité.

Sur le plan des connaissances

Les candidats auront à se mettre "au courant" des grands problèmes politiques, économiques, sociaux, techniques, culturels du monde contemporain. Les connaissances exigées sont selon la formule consacrée depuis longtemps celles de l'"honnête homme cultivé", qui doit avoir "des lumières sur tout".

De façon générale, l'étude des problèmes actuels sera conduite sur un double plan :

– celui des connaissances de base, d'une part, par le moyen des ouvrages, manuels ou cours polycopiés ;

– celui de l'actualité, d'autre part, grâce à la lecture d'un journal sérieux, à la consultation des grandes revues, hebdomadaires ou mensuelles.

Les candidats doivent noter que les données de l'actualité ne prennent leur véritable sens, leur valeur réelle que dans la mesure où nous pouvons les replacer dans un "contexte", les intégrer dans une interprétation plus générale des événements contemporains ou de l'histoire. A l'inverse, certains faits précis peuvent éclairer utilement de grandes questions que nous avons du mal à saisir dans leur ensemble, ou même révéler des problèmes importants jusqu'alors ignorés.

Il vous faut réfléchir à la fois sur la constitution de votre documentation, sur le bon usage des bibliothèques et sur celui de la presse.

A vous de bâtir un programme en fonction du temps dont vous disposez avant l'épreuve :

– s'il vous reste des mois ou une année entière, vous pouvez établir un programme de lecture fort substantiel (…qui vous sera ensuite utile pour aborder les concours de catégorie A) ;

– s'il vous reste seulement quelques semaines ou quelques jours, il faut vous contenter de révisions rapides et de revues de presse sur les grands thèmes d'actualité.

En réponse aux questions des élèves, voici maintenant quelques indications sur le bon usage des chiffres.

Beaucoup d'élèves nous ont posé des questions sur les chiffres à fournir… en nous faisant part de leur inquiétude !

Nous souhaitons vous rassurer : chacun d'entre vous doit pouvoir parvenir à acquérir ou retrouver les chiffres essentiels, et avec un minimum de réflexion et d'entraînement vous arriverez à maîtriser leur bon usage lors des concours.

Quelques élèves se plaignent de leur mémoire… sans doute à tort ! La mémoire peut revenir d'autant plus facilement que vous l'exercerez bien ? Constituez quelques fiches où vous recueillerez des chiffres essentiels, par exemple en économie ou en géographie. Révisez-les quotidiennement, cela peut se faire facilement (même dans le métro…). Vous en serez vous-même surpris : au bout de quelques jours, vous les posséderez ou vous les retrouverez tout naturellement.

Il en ira de même pour les dates (sans aller jusqu'à (ré)apprendre toutes celles des grandes batailles, il faut vous donner quelques repères fondamentaux en histoire).

Plus que votre mémoire elle-même, le jury cherchera à tester votre capacité de raisonnement. Ayez bien ce principe à l'esprit soit lorsque le jury vous pose des questions précises, soit lorsque vous fournissez vous-même directement des chiffres ou des dates.

Ainsi, il est rarement profitable de citer un chiffre isolé. Mieux vaut procéder par séries et par comparaisons, les chiffres venant alors à l'appui de vos raisonnements ou vous en fournissant la base.

Les taux et les proportions, et surtout l'analyse de leur évolution, seront beaucoup plus parlants que les données isolées. Lorsque vous étudiez une notion – notamment en économie – examinez ses variations relatives, entre deux dates, ou entre deux ou plusieurs pays bien choisis.

Bien entendu, vous ferez très attention aux unités dans lesquelles vous vous exprimez… Attention à ne pas confondre millier, million, milliard… Les taux s'expriment le plus souvent en pourcentages (mais quelquefois, notamment en démographie, il s'agit de taux pour mille… attention à ne pas confondre !).

A l'écrit ou à l'oral, vous vous efforcerez d'accompagner ces chiffres de commentaires éclairés – et éclairants – ou mieux encore d'une problématique suscitée par la mise en corrélation de deux informations judicieusement sélectionnées.

Le nécessaire effort de réflexion personnelle

Il faut vous entraîner conjointement à deux catégories d'efforts de réflexion et de synthèse :

– l'un à long ou moyen terme, au cours de votre préparation ;
– l'autre très bref… puisque vous aurez seulement quinze ou vingt à vingt-cinq minutes pour préparer votre exposé général.

Vous pouvez vous inspirer des conseils donnés pour la préparation à l'épreuve écrite de composition française sur un sujet d'ordre général :

– c'est bien le même effort de culture générale qu'il vous faut accomplir pour l'écrit comme pour l'oral (les grands thèmes et les sujets eux-mêmes se recouvrent) ;

– pour le jour même de l'épreuve, vous avez sans doute pris l'habitude de préparer en une heure environ votre plan général, puis le plan détaillé et les éléments essentiels (phrases d'introduction, annonces, transitions et conclusions) : il vous faut désormais accomplir le tout en une vingtaine de minutes seulement… l'effort à accomplir peut donc se comparer alors davantage à celui d'une épreuve de sprint.

2.2 La technique de l'épreuve

Il faut vous préparer avec soin à chacune des deux phases de l'épreuve :

1) l'exposé sur un sujet d'ordre général ;

2) la conversation avec le jury, et notamment les questions-réponses.

Vous pouvez d'abord vous entraîner seul :

– en préparant fréquemment des plans d'exposé en 15 ou 20 ou 25 minutes ;

– en pratiquant ensuite des exercices de questions-réponses.

Mieux encore, vous pourrez demander à des amis ou parents de vous constituer des "jurys fictifs" pour vous entraîner.

Si vous êtes déjà fonctionnaire, il sera bon de solliciter aussi vos supérieurs hiérarchiques : leurs observations et leurs conseils vous seront très précieux.

Nous vous recommandons vivement d'utiliser un magnétophone pour vous tester et vous corriger.

Voici maintenant quelques indications particulières pour l'exposé sur un thème de culture générale, puis, pour la conversation avec le jury.

Chapitre 9 : Exposé sur un sujet d'ordre général

Le jury détermine préalablement une liste de sujets, et il vous en fait tirer un au sort.

A la limite, cette épreuve pourrait être considérée comme une simple variante du commentaire de texte, puisqu'elle n'en diffère que par la brièveté extrême du texte de base. Celui-ci est également anonyme (pas de commentaire à faire sur l'auteur), sauf s'il s'agit d'une brève citation.

Assez semblable à un énoncé de dissertation, votre sujet se présente :

– soit sous forme de phrase nominale

Exemples : – L'évolution de la condition féminine
 – Paris et la province française

– soit sous forme interrogative

Exemples : – Faut-il renoncer à la croissance ?
 – Le plein emploi est-il une utopie ?

Le candidat n'a donc ni l'avantage ni l'inconvénient d'introduire le sujet en parlant de l'"auteur". Il n'a pas à tracer le plan même du "texte" – encore qu'on puisse retrouver dans certaines phrases courtes un véritable plan en deux ou trois parties. Dans ce cas, le candidat a généralement intérêt à suivre l'énoncé, tel qu'il a été formulé par le jury.

Exemples : – La construction européenne et son avenir

– Bilan et perspectives de la décentralisation

– Le problème du plein emploi. Les solutions possibles

"Le sujet" doit être perçu comme support d'un thème à traiter.

Le candidat n'est pas non plus directement invité à donner son opinion. Il ne peut le faire qu'après avoir exposé objectivement le problème.

Par ailleurs, la brièveté de l'énoncé n'autorise absolument pas le candidat à parler à tort et à travers "à propos du sujet". Il peut généralement y reconnaître un thème classique ou d'actualité, déjà rencontré lors des débats, d'exposés ou dans une dissertation.

Mais il ne faut pas y chercher à tout prix les dimensions exactes d'une "question de cours" déjà étudiée comme telle en histoire, en droit ou en économie. Et si tel est le cas, il faut avant tout être soucieux de renouveler le schéma connu, en lui donnant pleinement un véritable éclairage de culture générale.

En fin de compte, la nature de l'épreuve se rapproche des précédentes dans la mesure où le texte, le document, l'illustration à commenter doivent être perçus comme les *supports de thèmes* à traiter.

Quant à la préparation lointaine et régulière utile pour ce genre d'épreuves, elle peut être pratiquée simultanément à votre préparation à la dissertation de culture générale. Rappelons la formulation de votre première épreuve écrite d'admissibilité : "Dissertation sur un sujet d'ordre général relatif aux problèmes politiques, économiques, financiers ou sociaux du monde contemporain".

1. Analyse thématique des sujets proposés dans divers concours récents

Afin de vous donner une idée des divers sujets possibles, nous avons classé une centaine de sujets proposés dans des concours récents. Bien entendu, il ne faut pas que vous soyez effrayé par l'ampleur ou la variété de ces sujets. Si vous avez une bonne culture générale, et si vous suivez bien l'actualité, vous devriez pouvoir traiter facilement la plupart d'entre eux.

1.1 Les sujets classiques ou d'actualité

Notons d'abord la présence de plusieurs sujets "bateaux" ou attendus en raison de l'actualité :

- la technocratie
- l'indépendance de la presse
- le racisme

- l'informatique
- les sondages
- le tiers-monde
- le quart-monde
- l'autodéfense
- les femmes et la vie politique

- les radios libres
- la télévision
- la personnalisation du pouvoir

- la prison
- la surpopulation
- les biotechnologies
- association et démocratie
- la bioéthique
- le féminisme

1.2 Les thèmes socioculturels

Un groupe de sujets porte sur les grands thèmes socioculturels : culture, éducation, enseignement, enfant, famille et moyen audiovisuels.

Ces thèmes sont proposés soit séparément soit selon des associations plus ou moins complexes :

- culture ou cultures
- Université et Grandes Ecoles
- Faut-il réformer l'Education Nationale ?
- les familles nombreuses

- le monopole de la télévision
- les enfants et la télévision
- les débats télévisés
- l'enfant dans la société française actuelle

et parmi les sujets en marge des précédents, mais plus précis :
- région, nation, culture
- les cultures régionales
- mariage et divorce dans la société française contemporaine

On peut rapprocher de ces thèmes deux catégories de sujets plus précis :

— *sur les arts et l'éducation artistique :*
- les musées
- les arts populaires en France
- quelle place la musique peut-elle occuper dans l'éducation contemporaine ?

— *sur le livre et la littérature :*
- la place du livre face à l'audiovisuel
- les prix littéraires
- la vie littéraire en France aujourd'hui

— *et à la limite de plusieurs des thèmes précédents :*
- les mécènes
- faut-il développer le mécénat ?

1.3 Les problèmes de comportement dans la société

– Problèmes généraux

– la violence ; éducation et violence ; le sport, exutoire de la violence

– le terrorisme ; terrorisme et politique

– la tolérance

– Quelques passe-temps

– la pêche, la chasse, la moto, la photographie, le cinéma, les nouveaux loisirs, les résidences secondaires

– Une série sur les voyages et séjours à l'étranger

– les voyages organisés ; le tourisme populaire ; le développement du tourisme international

– Divers

– la publicité est-elle l'opium du peuple ?

– le régime alimentaire des Français

– la mode

1.4 Les religions et les idéologies

– Problèmes religieux ou leurs substituts
– la religion aujourd'hui ; le Pape
– les sectes ; les rites laïques
– la montée de l'islam
– la XXIe siècle sera-t-il religieux ?

– L'individualisme
– l'idéologie dominante est-elle l'individualisme ?
– l'utopie
– la France une et indivisible

– A propos d'une science séduisante et très particulière
– la futurologie a-t-elle échoué ?

1.5 L'économique et le social

– A la limite de l'économie et de l'écologie
– l'automobile
– écologie et politique ; la forêt
– l'avenir du nucléaire
– l'aménagement du temps de travail

– Gravitant autour de la ville et de l'habitat
– la rue
– les banlieues
– la rénovation urbaine ; les villes nouvelles
– ville et campagne

1.6 Les catégories sociales ou socioprofessionnelles
– les notables ; les élites ; les cadres
– le patronat français
– la condition ouvrière
– les paysans en France aujourd'hui

1.7 Le rôle de l'État (ou le comportement de ceux qui le servent)

– l'État est-il encore le centre essentiel du pouvoir ?
– la croissance de l'intervention de l'État est-elle irréversible ?
– les hommes d'État ont-ils le droit d'avoir une vie privée ?
– la hiérarchie dans le service public

1.8 L'international (ou un groupe restreint de pays)

– la notion d'Europe de l'Atlantique à l'Oural
– la montée de l'Asie ; faut-il avoir peur de la Chine ?
– la coopération franco-africaine
– le devoir d'ingérence
– l'action humanitaire

1.9 Enfin, les sujets divers, inclassables...

– l'engagement
– le bonheur ; la solitude
– les collections ; les îles
– la frontière
– les jeux de hasard
– instruire ; éduquer ; former
– informer ; transmettre

CHAPITRE 10 Conversation avec le jury

Votre épreuve a un aspect d'entretien professionnel, ce qui constitue le mode de sélection le plus répandu dans le secteur privé comme dans le secteur public.

A cet égard, c'est l'aspect capital de votre épreuve d'admission : en un sens, le jury décide directement s'il souhaite ou non vous recruter.

La conversation avec le jury, c'est un dialogue entre le candidat et les examinateurs chargés de le juger.

Après avoir jugé votre culture générale, le jury juge votre personnalité, vos compétences, votre aptitude à devenir un fonctionnaire digne de ce nom.

Le jury va accorder la plus grande importance à des qualités humaines, celles qui sont capitales pour réussir dans la vie professionnelle.

Plus encore que les qualités intellectuelles, déjà jugées par les épreuves écrites, il s'agit de qualités morales et personnelles, telles que :

– le bon sens, la bonne conduite des raisonnements, la sûreté du jugement,

– la capacité d'adaptation à une situation,

– ou encore des couples de qualités contradictoires mais complémentaires, par exemple la souplesse et la fermeté, la conviction et la diplomatie,

– ou enfin des qualités sans lesquelles les premières risqueraient de se perdre ou de se révéler inopérantes, telles que la capacité à résister aux provocations, le sang-froid, la maîtrise de soi.

Le jury va chercher à connaître les motivations du candidat qui se présente, ses projets, l'idée qu'il se fait des fonctions auxquelles il veut accéder. Il est essentiel de savoir si le candidat est suffisamment préparé à assurer les responsabilités inhérentes à son emploi.

Voici maintenant quelques fiches techniques qui vont vous aider à maîtriser cette épreuve :

– dix points essentiels pour l'entretien professionnel,

– votre démarche de réflexion,

– indications sur les réponses du candidat,

liste annexe : exemples des principales questions pouvant vous être posées au cours de la conversation avec le jury.

1. Dix points essentiels pour la conversation avec le jury

1. Renseignez-vous avec soin sur les attentes du jury devant qui vous passez votre entretien. Le présent titre vous en donne l'essentiel.

2. Répondez aux attentes du jury.
Ceci s'applique d'abord à votre présentation, dès votre entrée dans la salle, puis surtout au fond même de votre prestation, tout au long de l'entretien.

3. Faites connaître clairement vos attentes.
Vous devez prouver que vous voulez vraiment vous impliquer. Ne faites pas état de motivations négatives. Montrez que votre but est de devenir un cadre efficace dans l'Administration... et que vous avez largement les qualités requises.

4. Donnez à votre interlocuteur l'exemple des qualités qu'il est légitimement en droit d'attendre de vous.

5. Entrez en sympathie avec votre interlocuteur.
Faites-lui partager votre vision des choses, vos objectifs et vos motivations. C'est ce que l'on appelle "séduire", au sens noble du terme.

6. Dans la discussion, ayez une approche honnête et claire des questions.
Ne fuyez pas, ne tergiversez pas, ne vous comportez pas comme une girouette.

7. Soyez ferme dans vos convictions, mais courtois dans l'expression.
Si vous avez commis une erreur, efforcez-vous de la rectifier avec humour (loin d'être un signe de faiblesse, cet aveu pourrait alors vous permettre de gagner un point de bonification auprès du jury).

8. Trouvez le juste milieu.
Ne vous prenez pas trop au sérieux, mais ne vous dévalorisez pas non plus.

9. Si le jury cherche à vous déstabiliser, ne le prenez pas mal.
Sauf si vous vous êtes montré insupportablement prétentieux, c'est plutôt bon signe... Cela signifie que votre interlocuteur, après avoir apprécié vos qualités, veut vous éprouver pour juger de votre valeur... et porter votre note à un plus haut niveau.

10. Prouvez à chaque membre du jury que vous êtes le collaborateur idéal qu'il aimerait recruter lui-même pour son propre service. Ou prouvez au recruteur que vous êtes la personne idéale pour le poste offert.

Complétez cette liste de temps en temps, au fur et à mesure que vous progresserez dans votre préparation.

Une démarche de réflexion identique peut être adoptée pour de nombreux sujets déposés ou de questions-réponses dans la "conversation" avec le jury.

2. Votre démarche de réflexion

1. Elle part de l'examen de la situation.

Après avoir analysé les mots-clés du sujet et leur relation, définissez le cadre général du problème posé.

Puis dégagez une problématique et établissez tous les enjeux impliqués par le sujet (dans les domaines économique et financier, social, politique, international...).

Enoncez clairement en quoi une solution au problème posé est essentielle (résolution d'une difficulté sociale néfaste à l'harmonie des citoyens par exemple).

2. Puis **rassemblez toutes les informations** dont vous disposez sur la difficulté posée.

Pour cela, analysez les données du problème, mettez-les en relation avec d'autres situations, comparez, distinguez, classez…

3. Ensuite, **forgez-vous** (si ce n'est déjà fait) **une opinion personnelle**, que vous exposerez au jury.

4. **Expliquez les raisons de votre choix.**

Il faut pouvoir justifier votre position par une réflexion fondée et logique.

5. Enfin, **proposez une des solutions** précises pour résoudre ou atténuer le problème. Réfléchissez aux modalités de leur application.

Cette démarche de réflexion peut déboucher sur l'élaboration de divers plans :

– **des plans en deux parties :**
    I A. examen de la situation
        B. données du problème
➡ transition : opinion personnelle
    II A. justifications de l'opinion
        B. solutions préconisées + modalités
ou II A. justifications et solutions préconisées
        B. modalités d'action pour appliquer les solutions

– **des plans en trois parties**, comme :
I - Situation et données du problème
II - Opinion personnelle et justifications
III - Solutions et modalités d'action

Une telle démarche est utile pour construire une réponse à toute question du jury portant sur un problème général ou particulier.

Elle vous sera utile aussi tout au long de votre vie professionnelle pour élaborer rapidement un exposé ou une note.

Au cours de votre préparation rapprochée, il vous faut donc pratiquer quotidiennement ces exercices d'analyse et d'élaboration de plans. Vous vous efforcerez de rédiger l'introduction, les transitions et la conclusion avec soin.

Cet entraînement régulier vous amènera à maîtriser l'expression construite de vos idées.

Outre les révisions des matières au programme, l'entraînement régulier à l'entretien professionnel passe par des oraux blancs et la pratique quotidienne d'exercices d'analyse et d'élaboration de plans.

D'une façon générale, il est indispensable que le candidat, lors d'un entretien professionnel, se montre ouvert aux questions qu'on lui pose.

3. Indications sur les réponses du candidat

Prouvez que vous avez de la curiosité d'esprit, que vous êtes intéressé par ce que l'on vous demande. On ne répétera jamais assez l'importance de l'écoute dans un entretien (professionnel ou non). Il s'agit d'un dialogue. Or, un bon dialogue n'existe que si chaque interlocuteur écoute l'autre et lui répond avec précision et pertinence.

3.1 Les jurys sont là pour vous évaluer

Ne doutez pas que les jurys vous écoutent avec une attention soutenue. Efforcez-vous, vous aussi, d'être attentif à ce qu'ils disent.

Pour que l'entretien professionnel commence bien, faites particulièrement attention à la première demande de votre interlocuteur : répondre mal dès le début cause une impression défavorable, longue à effacer.

Ne prévoyez surtout pas une déclaration toute faite que vous chercheriez à "placer" à tout prix : vous tomberiez dans l'attitude artificielle que les jurys condamnent.

Il en va de même pour la suite : chaque question de votre interlocuteur doit être abordée sans idée préconçue, pour que vous puissiez rester spontané.

Spontané ne veut pas dire naïf : la spontanéité se prépare. Pour réussir un entretien professionnel, il faut savoir ce que l'on peut vous demander, savoir dans quel esprit répondre et selon quelle méthode. Il ne faut surtout pas préparer de réponse toute faite.

Soyez sûr d'avoir compris la question que l'on vous pose avant de vous lancer dans un développement. Au besoin, demandez à votre interlocuteur de la répéter : vous prouverez ainsi votre souci de le comprendre le mieux possible (mais renouveler plusieurs fois votre demande lasserait la patience de celui qui vous écoute).

Evitez de répondre simplement par "oui" ou "non". Votre réponse doit, en général, être justifiée et construite. Un simple "oui" ou "non" soulignerait que vous avez peur d'en dire trop ou de parler mal, donc, que vous n'avez pas confiance en vous.

Que faire si vous ne connaissez pas la réponse ou que vous l'avez oubliée? D'abord, évitez de vous laisser gagner par la peur qui vous a saisi. L'entretien professionnel n'est pas une épreuve où l'on exige de vous un savoir encyclopédique. Surtout, ne vous lancez pas dans une improvisation délirante et ne répondez pas n'importe quoi.

3.2 L'entretien professionnel sert aussi à tester votre personnalité

Gardez votre sang-froid. Ne trichez pas : reconnaissez ouvertement que vous ne savez pas, ou que vous avez oublié la réponse. Le jury vous saura gré de votre honnêteté. Mais attention. Deux cas de figure sont possibles :

– ou la question n'est pas très importante, et votre ignorance de la réponse se révèle peu grave. Votre interlocuteur passera, alors, à la question suivante ;

– ou la question est importante, en particulier si elle touche à un grand problème de société, à des connaissances fondamentales de votre profession ou de votre programme technique.

En ce cas, il vous faut absolument trouver des éléments de réponse. Raisonnez à voix haute devant votre interlocuteur : montrez-lui que vous savez procéder avec méthode. Explorez les diverses hypothèses. Construisez un raisonnement.

S'il s'agit d'un chiffre, faites appel à votre mémoire par association d'idées. Trouvez, au minimum, l'ordre de grandeur.

S'il s'agit d'une date, essayez de l'approcher en situant d'abord le siècle, puis la décennie.

Même si vous ne donnez pas immédiatement la bonne réponse, même si vous ne la trouvez pas du tout, le jury appréciera vos efforts, et pourra juger de vos facultés intellectuelles comme de votre capacité d'adaptation.

Lorsqu'un temps de l'épreuve vous demande de construire un exposé ou une argumentation rapide, retrouvez les réflexes acquis au cours de votre préparation.

Il est indispensable, avant tout, de circonscrire avec précision la question posée. Une bonne analyse est toujours nécessaire.

Les jurys reprochent aux candidats leurs exposés trop courts, leurs argumentations défectueuses, leurs réponses trop brèves.

3.3 Démarche pour construire une intervention solide

Voici une démarche de réflexion qui vous aidera à construire une intervention solide et approfondie, notamment pour votre exposé. Elle peut vous paraître longue à suivre pour une réponse immédiate. Elle exige, en effet, un bon entraînement.

Afin de vous aider à construire une réponse rapide à donner au jury, nous vous suggérons trois schémas pour la présentation de votre argumentation.

- **Schéma de l'argumentation "a priori".**

Idée principale en tête
    justifiée
    illustrée par des exemples précis
    reprise par une brève conclusion
➡ C'est le schéma le plus facile

- **Schéma de l'argumentation "a posteriori"**

    des exemples précis
    amènent à des déductions
    qui aboutissent à l'idée principale, conclusion de la démonstration
➡ C'est un schéma plus difficile à construire plus immédiatement, mais qui met bien en relief l'idée principale, attendue jusqu'au bout du raisonnement

- **Schéma de l'argumentation "a contrario"**

Idée principale
    réfutée (contre-exemples)
    justification de la réfutation
    aboutissement à une idée principale opposée
➡ C'est le schéma polémique

Vous disposez ainsi de nombreux plans de réflexion et d'argumentation qui vous permettront de procéder à un raisonnement personnel sur toutes les questions évoquées.

3.4 S'exprimer correctement

Il vous reste à exprimer correctement votre point de vue.

Outre les qualités de communication (regard, voix, élocution...) **et de présentation** (attitude physique,...) **dont vous devez faire preuve, la qualité de votre vocabulaire est aussi importante.**

Evitez les fautes de français, la banalité, et soyez précis. Les jurys sont sensibles à la qualité du vocabulaire. Un rapport de jury d'une grande école le souligne : *"Un candidat qui se présente à un concours administratif doit connaître la différence de sens existant entre des termes comme "le public", "les citoyens", "la nation", "l'État", et les employer à bon escient. S'il se contente de parler, dans tous les cas, des "gens", il ne prouve pas ses compétences professionnelles".*

Voici quelques exemples de fautes que nous avons souvent entendues lors de séances de jurys. Vous-même, vous les avez certainement remarquées à la radio, à la télévision ou dans la vie courante... Attention à ne pas commettre de tels barbarismes!

"Selon moi, je pense que..."

"A mon avis personnel, j'estime que..."

"En ce qui me concerne, d'après moi..."

"Il me semble, à mon avis, que..."

Nous disposons de locutions classiques pour exprimer notre avis personnel. Employez-les avec mesure, et à bon escient.

- **Formules directes**

A mon avis

D'après moi

Selon moi

Je pense que

En ce qui me concerne

- **Formules indirectes**

De multiples formules peuvent être utilisées avec des nuances diverses. Veillez à les employer de façon adéquate à votre pensée, selon ce que vous voulez exprimer…

- **La conviction, la certitude, l'évidence…**

Il est avéré…
Il est certain que…
Il est évident que…
Il est indéniable que…
Chacun l'admet…
Chacun le reconnaîtra…
Tout le monde l'admettra…

- **L'aléatoire, le doute, l'incertitude**

Il se peut que…
Il est plausible que…
Il est possible que…
Il serait étonnant que… (doute fort)

Si vous souhaitez nuancer vos propos, vous pouvez aussi utiliser des adverbes comme "probablement", ou des locutions diverses : peut-être…; semble-t-il…, selon certaines hypothèses…

Utilisez un vocabulaire précis. D'une façon générale, fuyez les termes comme les "choses", "les problèmes", les "niveaux politique, économique et social", le "vécu", "l'incontournable".

Leur imprécision et leur banalité ne contribuent pas à mettre en valeur votre personnalité ni votre réflexion propres.

Ayez toujours bien à l'esprit qu'il vous faut répondre activement et concrètement aux attentes du jury.

Voici quelques exemples des principales questions qui peuvent être abordées au cours de la conversation avec le jury.

4. Exemples de questions d'oral

4.1 Questions professionnelles (pour les candidats ayant déjà un emploi)

— vos études, votre formation
— votre cursus professionnel
— votre service et sa place dans l'organigramme

- votre tâche spécifique
- vos connaissances de l'Administration et de la Fonction Publique

4.2 Questions personnelles

- vos origines géographiques (région, département, ville natale)
- votre personnalité (qualités, défauts,…)
- vos goûts
- vos loisirs
- vos voyages

4.3 Questions de culture professionnelle

Selon votre spécialité :
- économie et finances
- droit
- histoire des institutions et des sociétés
- techniques quantitatives de gestion
- géographie et histoire économiques
- informatique, etc.

4.4 Questions de culture générale

- histoire et géographie
- institutions (éducation civique)
- arts et littérature
- grandes questions sociales

4.5 Questions d'actualité

- sujets de politique (intérieure ou internationale)
- sujets d'économie
- sujets de société
- spectacles
- sujets d'actualité juridique
- sujets d'actualité administrative
- questions sur l'Europe

Annales et corrigés de concours récents

Cette partie a pour objet de vous présenter quelques exemples de sujets posés lors de concours récents du Ministère de l'Économie, des Finances et de l'Industrie pour les principales épreuves.

Ces sujets sont accompagnés d'un corrigé ou d'un commentaire.

■ 1. Questionnaires à choix multiples (QCM)

Contrôleur externe des impôts – Année 1997
Contrôleur externe du Trésor public – Année 1998
Contrôleur externe du Trésor public – Année 1999

■ 2. Composition sur un sujet d'ordre général

1er sujet : L'égalité entre hommes et femmes aujourd'hui en France : principe ou réalité?
2e sujet : Est-il possible, selon vous, de développer l'exercice de la citoyenneté dans la France d'aujourd'hui?

■ 3. Analyse de texte suivie de questions

1er sujet : L'économie cachée de la parenté
2e sujet : L'avenir des marques

■ 4. Résumé de texte suivi de questions
1er sujet : Qu'avons nous fait de leurs vingt ans ?
2e sujet : La nouvelle géographie industrielle

■ 5. Questions-réponses
Vous trouverez quelques exemples de questions-réponses pour l'écrit et pour l'oral.
Une première série porte sur le thème de la démocratie.
– Quels sont selon vous, les grands principes, les valeurs essentielles de la démocratie ?
– Quelles sont, selon vous, les plus graves menaces pesant sur la démocratie ?
– Quel est, selon vous, l'avenir de la démocratie ?

Une deuxième série porte sur de grandes questions d'actualité :
– Quels sont, selon vous, les grands problèmes de la France ?
– Quelles sont, selon vous, les principales aspirations des Français ?
– Quels sont, à votre avis, la place et le rôle de la France dans le monde actuel ?

Chapitre 11 | Questionnaires à choix multiples

1.1 Questionnaire de Français[1]

1. Parmi les œuvres suivantes, laquelle n'est pas une tragédie ?

1 - ❏ *Andromaque*
2 - ❏ *Phèdre*
3 - ❏ *Le Cid*
4 - ❏ *Le Misanthrope*

2. C'est un terme ou une expression qui ne fait que répéter ce qui vient d'être énoncé.

Il s'agit :

1 - ❏ d'un euphémisme
2 - ❏ d'une métaphore
3 - ❏ d'un pléonasme
4 - ❏ d'une litote

3. La philosophie existentialiste a marqué le roman et le théâtre des années d'après-guerre. Jean-Paul SARTRE en a assuré une

> 1. Épreuve de préadmissibilité du concours externe de contrôleur stagiaire des impôts – année 1997 (durée : 1 h 30)[1]

---

(1) Les réponses et commentaires sont en page 150 et suivantes.

large diffusion. Parmi les titres suivants, lequel ne fait pas partie de son œuvre?

1 - ❏ *La Nausée* 3 - ❏ *Les mains sales*
2 - ❏ *La Peste*   4 - ❏ *Huis clos*

4. Quel est le nombre de participes passés mal orthographiés dans le texte suivant?

"Si ma tante se sentait agitée, elle demandait sa tisane et c'était moi qui étais chargé de faire tomber du sac de pharmacie dans une assiette la quantité de tilleul qu'il fallait mettre ensuite dans l'eau bouillante. Le dessèchement des tiges les avait incurvé en un capricieux treillage dans les entrelacs duquel s'ouvraient les fleurs pâles comme si un peintre les eût arrangés, les eût fait poser de la façon la plus ornementale. Les feuillages, ayant perdu ou changé leur aspect, avaient l'air de choses les plus disparates, d'une aile transparente de mouche, de l'envers blanc d'une étiquette, d'un pétale de rose, mais qui eussent été empilés, concassés ou tressés comme dans la confection d'un nid."

Marcel Proust

1 - ❏ Deux   3 - ❏ Quatre
2 - ❏ Trois   4 - ❏ Cinq

5. Auteur du XXe siècle, il a créé un personnage de théâtre célèbre pour ses outrances, sa grossièreté et son absurdité. Il s'agit de :

1 - ❏ Camus   3 - ❏ Feydeau
2 - ❏ Courteline   4 - ❏ Jarry

6. Parmi les quatre propositions ci-après, quelle est celle où les écrivains cités sont tous des humanistes du XVIe siècle?

1 - ❏ Rabelais - Ronsard - Érasme - Du Bellay
2 - ❏ Rabelais - Descartes - Machiavel - Érasme
3 - ❏ Ronsard - Montesquieu - Montaigne - Chrétien de Troyes
4 - ❏ Cervantès - Chrétien de Troyes - Du Bellay - Descartes

7. Parmi les groupes de mots suivants, lequel contient des antonymes?

1 - ❏ Mer - Océan
2 - ❏ Xénophobe - Xénophile
3 - ❏ Délicieux - Délicat
4 - ❏ Décade - Décennie

8. "J'ai la peau flasque. Ah! Ce corps trop blanc et poilu! Comme je voudrais avoir une peau dure et cette magnifique couleur d'un vert sombre, une nudité décente, sans poils, comme la leur".

De quelle œuvre est extrait ce passage?

1 - ❑ *La Métamorphose* de Kafka
2 - ❑ *Rhinocéros* de Ionesco
3 - ❑ *La Vouivre* de Marcel Aymé
4 - ❑ *Vipère au poing* d'Hervé Bazin

9. Dans laquelle des phrases ci-dessous, le participe passé, employé avec avoir et suivi d'un infinitif, est-il bien accordé?

1 - ❑ Ces chats, je les ai vus errer dans le parc
2 - ❑ Les vêtements que j'ai vus laver à la rivière sèchent au soleil
3 - ❑ Tous ces gens qu'il avait vu passer étaient rangés autour du chœur
4 - ❑ Les chiens que j'ai vu chasser dans les marais rejoignent leur maître

10. Parmi les mots suivants, lequel est susceptible de connaître la forme du singulier?

1 - ❑ Arrhes
2 - ❑ Prémices
3 - ❑ Ambages
4 - ❑ Arrérages

11. Parmi les œuvres suivantes, quelle est celle qui n'a pas été écrite par André Malraux?

1 - ❑ *La Voie royale*
2 - ❑ *La Comédie humaine*
3 - ❑ *La Condition humaine*
4 - ❑ *L'Espoir*

12. Poète français, né en 1844, il participe aux mouvements littéraires de son époque. Auteur de plusieurs recueils dont *Poèmes saturniens* et *Fêtes galantes*, il retrace avec tristesse ses amours malheureuses et son désarroi.

De qui s'agit-il?

1 - ❑ Arthur Rimbaud
2 - ❑ Paul Verlaine
3 - ❑ Charles Baudelaire
4 - ❑ Guillaume Apollinaire

13. Parmi ces propositions, quelle est celle qui définit une épigramme ?

1 - ❏ Petit poème satirique
2 - ❏ Chapitre, scène exposant des faits postérieurs à l'action et destiné à en compléter le sens, la portée
3 - ❏ Inscription funéraire sur une pierre tombale
4 - ❏ Lettre écrite par un apôtre aux premières communautés chrétiennes

14. Parmi les écrivains ci-après, quel est celui qui a pu rencontrer Jean-Jacques ROUSSEAU ?

1 - ❏ Baudelaire   3 - ❏ Hugo
2 - ❏ Voltaire   4 - ❏ Zola

15. Quelle est la signification du mot : *corollaire* ?

1 - ❏ La conséquence indirecte d'une hypothèse
2 - ❏ Une proposition dérivant immédiatement d'une autre
3 - ❏ La comparaison de deux théories opposées
4 - ❏ L'opposition de deux idées

1.2 Questionnaire de Culture générale

1. Quel homme politique décida la mise en œuvre de la NEP destinée à redresser l'économie ruinée de la Russie soviétique ?

1 - ❏ Khrouchev   3 - ❏ Trotsky
2 - ❏ Staline   4 - ❏ Lénine

2. Quelle est la proposition qui respecte l'ordre chronologique des événements suivants ?

A - Capitulation de l'armée allemande à Stalingrad
B - Libération de Paris
C - Destruction de la ville d'Hiroshima
D - Bataille de Midway

1 - ❏ A – D – B – C
2 - ❏ D – B – A – C
3 - ❏ D – A – B – C
4 - ❏ B – A – D – C

3. En géologie, comment appelle-t-on une vallée qui tranche perpendiculairement un mont ?

1 - ❏ Un val   3 - ❏ Une cluse
2 - ❏ Une combe   4 - ❏ Une cuesta

4. En économie, le secteur secondaire désigne :

1 - ❑ Un ensemble d'activités économiques sans importance vitale pour l'économie
2 - ❑ Un ensemble d'activités économiques proposant uniquement des services
3 - ❑ Un ensemble d'activités économiques de transformation de matières premières
4 - ❑ Un ensemble d'activités économiques peu enrichissantes

5. Pour Jean-Jacques Rousseau, il n'y a d'autorité que dans le peuple et les pouvoirs doivent être responsables devant la nation.

Dans quel ouvrage cette théorie politique annonçant la Révolution française a-t-elle été publiée ?

1 - ❑ *La Cité antique*
2 - ❑ *L'Esprit des lois*
3 - ❑ *Histoire de la Révolution française*
4 - ❑ *Du contrat social*

6. En prélude au déclenchement de la Première Guerre mondiale, l'attentat de Sarajevo en Bosnie autrichienne, le 28 juin 1914, a été perpétré contre :

1 - ❑ L'empereur d'Autriche-Hongrie : François-Joseph
2 - ❑ Le tsar de Russie : Nicolas II
3 - ❑ L'empereur d'Allemagne : Guillaume II
4 - ❑ L'archiduc héritier d'Autriche-Hongrie : François-Ferdinand

7. En 1997, le Zaïre a pris le nom de République du Congo. Où se situe ce pays ?

1 - ❑ Au sud-ouest de l'Afrique
2 - ❑ Au centre, traversé par l'Équateur
3 - ❑ Au centre-est de la zone sahélienne
4 - ❑ Au centre-ouest de la zone sahélienne

8. Dans laquelle des propositions ci-dessous les hominidés sont-ils correctement placés par ordre chronologique dans le cadre de l'évolution de l'humanité ?

A - *Homo sapiens*   1 - ❑ C – D – B – A
B - *Homo habilis*   2 - ❑ D – C – B – A
C - *Australopithèque*   3 - ❑ C – B – D – A
D - *Homo erectus*   4 - ❑ B – C – D – A

9. Un clone est :

1 - ❏ Un ensemble de cellules issues du croisement d'êtres vivants très proches
2 - ❏ Un ensemble de cellules issues d'une même cellule initiale
3 - ❏ Un ensemble de cellules ayant subi une mutation génétique artificielle
4 - ❏ Un ensemble de cellules sans matériel héréditaire

10. Prix Nobel de la paix, né en 1887, mort en 1976, défenseur inlassable des droits de l'homme, il exerça les plus hautes fonctions et participa à de nombreuses conférences internationales. Il rédigea la *Déclaration universelle des droits de l'homme*, adoptée par les Nations Unies en 1948. Il présida la Cour européenne des droits de l'homme. Il s'agit de :

1 - ❏ Jean Monnet
2 - ❏ René Cassin
3 - ❏ Georges Pompidou
4 - ❏ Pierre Mendès France

11. Quel peintre a réalisé le *Radeau de la Méduse*?

1 - ❏ Théodore Géricault
2 - ❏ Dominique Ingres
3 - ❏ Eugène Delacroix
4 - ❏ Louis David

12. Parmi les faits suivants, quel est celui qui s'est produit au XVIIIe siècle?

1 - ❏ L'indépendance des États-Unis d'Amérique
2 - ❏ La réhabilitation de Calas
3 - ❏ La publication de l'*Esprit des lois*
4 - ❏ La mort de Louis XIV

13. Au cours du XIXe siècle, la France a connu de nombreux régimes politiques :

A - La Restauration
B - La IIe République
C - Le Premier Empire
D - Le Second Empire
E - La Monarchie de Juillet

Parmi les propositions ci-dessous, quelle est celle qui respecte leur chronologique?

1 - ❏ A – B – C – D - E
2 - ❏ E – A – B – C -D
3 - ❏ C – D – A – E - B
4 - ❏ C – A – E – B -D

14. Parmi les affirmations suivantes, laquelle est exacte?

1 - ❏ La latitude d'un point est l'angle que fait la verticale de ce point avec le plan de l'équateur
2 - ❏ La longitude est une des coordonnées sphériques d'un point de la surface terrestre
3 - ❏ La latitude est mesurée, en degrés, de 0 à 90, Nord ou Sud
4 - ❏ La longitude est la distance angulaire de ce point au méridien d'origine mesurée en degrés

15. Parmi ces techniques agricoles, quelle est celle qui permet d'augmenter la surface cultivée en agissant sur le relief?

1 - ❏ L'écobuage
2 - ❏ L'assolement
3 - ❏ La culture en terrasse
4 - ❏ La culture en serre

16. Compositeur italien (1858-1924), issu d'une famille de musiciens, il fut d'abord organiste puis il se consacra à l'opéra et connut son premier succès avec *Manon Lescaut*. Doué d'un sens très vif du théâtre lyrique, il fit représenter trois ouvrages qui devaient connaître une extraordinaire popularité : *La Bohème, Tosca, Madame Butterfly*, chefs-d'œuvre du vérisme.

Il s'agit de :

1 - ❏ Giuseppe Verdi
2 - ❏ Vincenzo Bellini
3 - ❏ Gioacchino Rossini
4 - ❏ Giacomo Puccini

17. Poète français né en 1900, il est hostile à toutes les forces d'oppression sociale. Capable d'ironie et de violence, mais aussi de grâce et de tendresse, sa poésie vante, à l'usage d'un très large public, les thèmes de la liberté, de la justice et du bonheur. Auteur du poème *Pour faire le portrait d'un oiseau*, certains de ses écrits sont devenus des chansons populaires. 1997 marque le vingtième anniversaire de sa mort.

De qui s'agit-il?

1 - ❑ Jean Cocteau
2 - ❑ Sacha Guitry
3 - ❑ Boris Vian
4 - ❑ Jacques Prévert

18. Quel est l'ordre logique des phrases suivantes, extraites du roman d'Émile Guillaumin *La Vie d'un simple*?

A - Une activité utile m'évita cependant le supplice de l'ennui
B - J'eus de la peine à m'y faire, moi qui étais habitué à l'animation des maisonnées nombreuses
C - Je façonnai un araire, puis une brouette et plusieurs râteaux à foin
D - Nos tête-à-tête des veillées d'hiver surtout furent monotones

1 - ❑ A – D – C – B
2 - ❑ C – D – B – A
3 - ❑ D – B – A – C
4 - ❑ D – A – B – C

19. Quelle série de données chiffrées décrit la région Nord-Pas-de-Calais? (la bonne réponse figure dans les propositions suivantes)

Données	Série A	Série B	Série C	Série D
Superficie	19 399 km²	12 414 km²	8 280 km²	31 400 km²
Population (milliers)	1 819	3 968	1 631	4 294
Densité	93 hab./km²	319 hab./km²	196 hab./km²	135 hab./km²
Population de la Préfecture de Région (agglomération)	156 120 habitants	959 234 habitants	388 483 habitants	1 230 936 habitants
Taux de chômage (%des actifs)	9,8 %	12,4 %	5,1 %	11,6 %
Solde migratoire (1982-1990)	– 3 473	– 171 043	+ 58	+ 220 864

1 - ❑ Série A
2 - ❑ Série B
3 - ❑ Série C
4 - ❑ Série D

20. Né en 1723, économiste britannique, il est considéré comme le fondateur de l'école classique anglaise. Il prône le libéralisme économique (Régulation par le marché, Etat minimal) et le libre-échange. De quelle personne s'agit-il?

1 - ❑ Thomas Hobbes
2 - ❑ John Kenneth Galbraith
3 - ❑ Adam Smith
4 - ❑ John Maynard Keynes

21. L'intensité électrique s'exprime en :

1 - ❑ ohms
2 - ❑ volts
3 - ❑ ampères
4 - ❑ watts

22. Né à Paris, cet écrivain français s'associe à ses débuts au mouvement surréaliste. Il publie de nombreux poèmes dont plusieurs sont dédiés à sa compagne Elsa TRIOLET. Il publie également plusieurs romans. Engagé politiquement, il joue un rôle important pendant la guerre d'Espagne. 1997 marque le centième anniversaire de sa naissance.

Il s'agit de :

1 - ❑ André Breton
2 - ❑ Louis Aragon
3 - ❑ Paul Éluard
4 - ❑ Robert Desnos

23. En France, les sénateurs sont élus :

1 - ❑ Par les présidents des conseils régionaux, des conseils généraux et les députés
2 - ❑ Par les conseillers régionaux, généraux et municipaux
3 - ❑ Par les conseillers régionaux, généraux et les maires
4 - ❑ Par les députés, les conseillers régionaux, les conseillers généraux et les délégués des conseils municipaux

24. Laquelle des propositions citées respecte l'ordre chronologique des événements suivants?

A - La constitution de la Société des Nations
B - La mort de Lénine
C - La nomination de Hitler comme chancelier du Reich
D - La marche sur Rome des Chemises noires

1 - ❏ A – D – B – C
2 - ❏ C – B – A – D
3 - ❏ B – A – D – C
4 - ❏ D – A – C – B

25. Système dans lequel l'État délègue certains pouvoirs de décision à des agents ou organismes locaux qui sont soumis à l'autorité centrale.

Cette définition correspond à une :

1 - ❏ décentralisation
2 - ❏ délocalisation
3 - ❏ régionalisation
4 - ❏ déconcentration

26. Né en 1891 dans le département du Rhône, maire de Saint-Chamond, député de la Loire en 1936, président du Conseil et ministre des Finances en 1952, il prend d'importantes mesures pour stabiliser les prix. Il institue le franc lourd.

Il s'agit de :

1 - ❏ Pierre Mendès France
2 - ❏ Guy Mollet
3 - ❏ Paul Ramadier
4 - ❏ Antoine Pinay

27. La reine d'Angleterre Victoria maria sa fille, la princesse Victoria d'Angleterre, à l'empereur d'Allemagne Frédéric III ; ils eurent un fils, Guillaume II, empereur d'Allemagne après son père. Édouard VII, roi d'Angleterre, fils de la reine Victoria, épousa la princesse Alexandra de Danemark, fille aînée du roi Christian IX de Danemark ; ils eurent un fils, George V, roi d'Angleterre. Enfin, le tsar de Russie, Alexandre III épousa la princesse Dagmar de Danemark, autre fille du roi Christian IX ; ils eurent un fils, Nicolas II, tsar de Russie.

Des quatre propositions ci-dessous, laquelle est correcte ?

1 - ❏ Guillaume II et Nicolas II étaient cousins germains de George V
2 - ❏ Édouard VII était l'oncle de Guillaume II et de Nicolas II
3 - ❏ La reine Victoria était la grand-mère de Guillaume II et de George V

4 - ❏ Alexandre III et Frédéric III étaient beaux-frères d'Édouard VII

28. Parmi les affirmations suivantes, laquelle est inexacte ?
1 - ❏ Le président de la République préside le Conseil des Ministres
2 - ❏ Le président de la République préside le Conseil constitutionnel
3 - ❏ Le président de la République préside le Conseil supérieur de la Magistrature
4 - ❏ Le président de la République préside le Conseil supérieur de la Défense nationale

1.3 Questionnaire de Mathématiques

1. Dans un cylindre creux, de diamètre 12 cm et de hauteur 5 cm, on place un cube plein, d'arête 8 cm. Quel volume d'eau doit-on ajouter dans le cylindre pour le remplir ?
On prend $\pi = 3$.
  A - ❏ 28 cm^3
  B - ❏ 208 cm^3
  C - ❏ 220 cm^3
  D - ❏ 1 840 cm^3

2. Un maçon souhaite vérifier que les deux murs qu'il vient de construire sont bien perpendiculaires. Il prend donc les mesures suivantes :

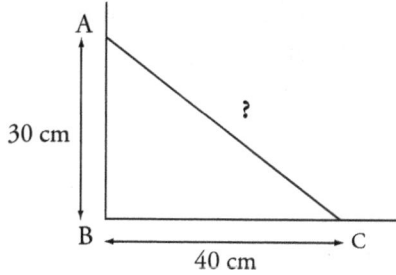

Quelle distance obtiendra-t-il ente A et C si l'angle fait par les deux murs est un angle droit ?
  A - ❏ 25 cm
  B - ❏ 35 cm
  C - ❏ 50 cm
  D - ❏ 70 cm

3. Voici quatre affirmations :

- A - ❏ L'inverse du produit de deux nombres non nuls est le produit des inverses de ces nombres.
- B - ❏ L'inverse de la somme de deux nombres non nuls est la somme des inverses de ces nombres.
- C - ❏ Le double de l'inverse d'un nombre non nul est l'inverse du double de ce nombre.
- D - ❏ Le carré de la somme de deux nombres est la somme des carrés de ces nombres.

Laquelle de ces affirmations est vraie?

4. Quelle est l'équation de la droite D passant par le point A(− 2 ; 4) et ayant pour coefficient directeur 3 ?

- A - ❏ $y = x + 3$
- B - ❏ $y = - 6x + 4$
- C - ❏ $y = 3x + 10$
- D - ❏ $y = - x + 3$

5. Quelle est la signification du symbole suivant : $\mathbb{Z}$?

- A - ❏ Ensemble des nombres entiers naturels
- B - ❏ Ensemble des nombres entiers relatifs
- C - ❏ Ensemble des nombres rationnels
- D - ❏ Ensemble des nombres réels

6. Un éleveur engraisse des animaux et les revend à 150 francs le kilogramme. À son arrivée, l'animal pèse 50 grammes. Les frais cumulés de nourriture et de soins s'élèvent à 1 franc par bête le premier jour, puis doublent chaque jour suivant. Chaque jour, l'animal prend 20 grammes. Quand l'éleveur doit-il vendre ses bêtes pour avoir un profit maximum ?

- A - ❏ Le 1er jour
- B - ❏ Le 2e jour
- C - ❏ Le 3e jour
- D - ❏ Le 4e jour

7. Quel poids de super-phosphate faudra-t-il répandre sur ce champ à raison de 400 kg à l'hectare ? (π = 3).

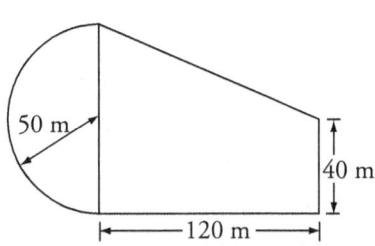

A - ❏ 336 kg
B - ❏ 373 kg
C - ❏ 443 kg
D - ❏ 486 kg

8. Le nombre $\sqrt{12} \times 2\sqrt{3}$ est égal à :
A - ❏ $2\sqrt{15}$
B - ❏ $\sqrt{72}$
C - ❏ 12
D - ❏ $4\sqrt{3}$

9. Quelle est l'équation de la droite D passant par les points A(1 ; 2) et B(− 2 ; − 1) ?
A - ❏ $y = 3x - 1$
B - ❏ $y = x + 2$
C - ❏ $y = x + 1$
D - ❏ $y = -2x - 1$

10. Deux cyclistes partent simultanément vers une ville A située à 150 km.

Le premier cycliste parcourt la moitié du trajet à 20 km/h et l'autre moitié à 30 km/h.

Le second cycliste roule à 20 km/h la moitié du temps de parcours et à 30 km/h l'autre moitié du temps.

Quand arrive le second cycliste ?

A - ❏ 25 minutes avant le premier.
B - ❏ 15 minutes avant le premier.
C - ❏ En même temps que le premier.
D - ❏ 25 minutes après le premier.

11. Un enfant achète des fruits au marché avec 65 francs : des oranges à 2 francs, des melons à 6 francs et des pastèques à 7 francs.

Il revient avec 15 fruits en ayant tout dépensé.

Combien a-t-il acheté de melons ?

A - ❏ Trois
B - ❏ Quatre
C - ❏ Cinq
D - ❏ Sept

2. Réponse et commentaires du concours externe de contrôleur stagiaire des impôts

2.1 Questionnaire de français

1. N° 4 : *Le Misanthrope* est une comédie en cinq actes et en vers, de Molière (1666). Le héros est Alceste, qui s'oppose à son ami Philinte, plus indulgent.

Le Cid est une tragédie de Pierre Corneille (1636).

Andromaque (1667) et *Phèdre* (1677) sont des tragédies de Racine.

2. N° 3 : Le pléonasme est un terme ou expression qui ne fait qu'ajouter une répétition à ce qui vient d'être énoncé (cf. redondance ou tautologie).

Exemples : monter en haut, ou descendre en bas.

L'euphémisme est l'expression d'une notion atténuée pour ne pas déplaire ou choquer.

La litote est une figure de rhétorique qui consiste à atténuer l'expression de sa pensée pour faire entendre le plus en disant le moins.

Exemple : suggérer une idée par l'expression de son contraire (cf. le célèbre "Va, je ne te hais point" de Chimène à Rodrigue, dans *Le Cid*).

La métaphore est une figure de rhétorique, consistant notamment à employer un terme concret dans un contexte abstrait. Elle est à l'origine des sens nouveaux de beaucoup de mots. Exemple : une source de joie.

3. N° 2 : *La Peste* est un roman d'Albert Camus (1947).

4. N° 1 : Deux fautes. Incurvé<u>es</u> (les tiges) ; arrangé<u>es</u> (les fleurs).

5. N° 4 : Alfred Jarry a créé le Père Ubu.

6. N° 1 . Voici les repères chronologiques :
Rabelais (1494-1553)
Ronsard (1524-1585)
Érasme (1469-1536)
Du Bellay (1522-1560)

Autres auteurs cités :
Descartes (1596-1650)
Machiavel (1469-1527)
Montesquieu (1689-1755)
Montaigne (1533-1592)

Chrétien de Troyes (1135-1183)
Cervantès (1547-1616)

7. N° 2 : Un antonyme est un mot contraire. Le xénophobe est hostile aux étrangers, le xénophile leur est sympathique.

Pour mémoire, il faut éviter de confondre décade (dix jours) et décennie (dix ans).

8. N° 2 : *Rhinocéros* de Ionesco (1959).

9. N° 1 : Je les ai vus errer dans le parc (…car ce sont eux qui ont été vus et qui erraient).

10. Ces mots s'emploient tous au pluriel exclusivement, même dans l'expression "sans ambages".

11. N° 2 - *La Comédie humaine* est le titre général donné par Balzac à son œuvre romanesque (95 romans parus de 1830 à 1850).

Œuvres d'André Malraux :
– *Les Conquérants* (1928)
– *La Voie Royale* (1930)
– *La Condition humaine* (1933, prix Goncourt)
– *L'Espoir* (1937)

12. N° 2 : Paul Verlaine est né à Metz en 1844, mort à Paris en 1896.

Premier recueil : *les Poèmes saturniens* (1866)
Les Fêtes galantes (1869)
La Bonne chanson (1870)
Romances sans paroles (1874)
Épigrammes (1894)

13. N° 1 : L'épigramme est une petite pièce de vers, notamment un petit poème satirique.

Par extension : trait satirique ou mot spirituel mordant. (Pour les gastronomes, c'est aussi un morceau de viande d'agneau).

L'épilogue est un résumé à la fin d'un discours ou d'un poème, ou encore un chapitre ou une scène exposant des faits postérieurs à l'action, et destinés à en préciser ou prolonger le sens ou la portée. Autre sens courant : dénouement, issue, solution.

L'épitaphe est une inscription funéraire.

L'épître est une lettre missive écrite par un auteur ancien (exemple : les épîtres de Cicéron). *Les épîtres des Apôtres* étaient écrites aux premières communautés chrétiennes, et les plus importantes furent insérées dans le Nouveau Testament. Exemple : Epîtres de Saint Paul aux Corinthiens.

14. N° 2 : Les noms de Voltaire et de Rousseau sont souvent associés … y compris dans la chanson de Gavroche :
"Je suis tombé par terre,
c'est la faute à Voltaire.
Le nez dans le ruisseau,
c'est la faute à Rousseau."
(Personnage du roman *Les Misérables*, de Victor Hugo).

Repères chronologiques :
Voltaire (1694-1778)
Rousseau (1712-1778)

Les deux auteurs ont souvent été considérés comme opposés, et leurs controverses philosophiques sont restées dans l'histoire des idées littéraires comme dans celle des idées politiques.

Autres écrivains cités :
Hugo (1802-1885)
Baudelaire (1821-1867)
Zola (1840-1902)

15. N° 2 : Le corollaire (nom masculin) est une proposition dérivant immédiatement d'une autre. En mathématiques, c'est la conséquence directe d'un théorème déjà démontré.

2.2 Questionnaire de Culture générale

1. N° 4 : NEP est l'abréviation de Novaja Ekonomitcheskaja Politika, nouvelle politique économique. Elle fut décidée par Lénine en 1921. C'était, dans une large mesure, un rétablissement du capitalisme. Staline la dénonça en 1928.

2. N° 3 : D – A – B – C

Repères chronologiques :

Bataille de Midway : juin 1942. Coup d'arrêt à l'expansion des Japonais, qui subirent une grave défaite aéronavale.

Les îles Midway sont des atolls coralliens, qui appartiennent actuellement aux États-Unis.

Capitulation de Stalingrad : 2 février 1943. La ville est l'ancienne Tsaritsyne. Elle fut dénommée Stalingrad de 1925 à 1961. Elle s'appelle maintenant Volgograd.

Libération de Paris : 25 août 1944.

Destruction de la ville d'Hiroshima : première utilisation de la bombe atomique, le 6 août 1945.

3. N° 3 : Dans le Jura, la cluse est une coupure étroite et encaissée, qui s'est creusée perpendiculairement à une chaîne de montagnes. Exemple : la cluse de Nantua.

Une combe est une vallée ou un vallon d'un relief de plissement. Exemple : les combes du Jura. Ou encore, au sud de Paris, la combe aux loups, où est la maison de Chateaubriand.

Une *cuesta* (mot espagnol "côte") est un plateau structural à double pente asymétrique.

Val, ou pluriel vals ou vaux, est synonyme de vallée. Exemple : le Val-de-Loire.

Aval signifie : en suivant la pente de la vallée.

4. N° 3 : En économie, le secteur secondaire désigne les activités productrices de matières transformées (par opposition au primaire, agriculture et mines; le tertiaire désigne les activités non directement productrices de biens de consommation, les services).

5. N° 4 : Jean-Jacques Rousseau a publié *Du contrat social, principes du droit politique*, en 1762.

Autres ouvrages cités :
La Cité antique, de Fustel de Coulanges (1864)
De l'esprit des lois, de Montesquieu (1748)
La première grande *Histoire de la Révolution française* (sept volumes) est de Jules Michelet (1847 à 1853).

6. N° 4 : L'assassinat de l'archiduc héritier François-Ferdinand d'Autriche (28 juin 1914) fut l'incident qui provoqua le déclenchement de la Première Guerre mondiale.

7. N° 4 : Situation du Zaïre au centre de l'Afrique, traversé par l'Équateur.

8. N° 3 : C – B – D – A.

Classement des hominidés :

L'australopithèque est un hominidé de petite taille, datant de plus de 3 millions d'années, découvert notamment en Afrique centrale et orientale (exemple : "Lucy").

Homo habilis : de 3 à 1,7 millions d'années avant notre ère.

Homo erectus : apparu vers 1,7 million d'années avant notre ère (exemples : le Pithécanthrope, le Sinanthrope).

Les *homo erectus* presapiens ont maîtrisé le feu (homme de Néandertal).

Les *homo sapiens* sont la seule forme présente depuis 30 000 ans (exemple : homme de Cro-Magnon).

9. N° 2 : Un clone est un ensemble de cellules issues d'une même cellule initiale.

10. N° 2 : René Cassin (1887-1976) rejoignit le Général de Gaulle à Londres en 1940 comme administrateur et conseiller juridique. Il fut ensuite vice-président du Conseil d'État. Ses cendres ont été transférées au Panthéon en 1987.

11. N° 1 : Théodore Géricault (1791-1824) a peint en 1819 *Le Radeau de la Méduse*, œuvre inspirée par un fait divers (naufrage). Cette œuvre suscita de vives polémiques. Elle fut considérée comme un succès de l'école romantique.

12. N° 1 à N° 4 : il fallait cocher toutes les cases.

– Indépendance des États-Unis d'Amérique : traité de Versailles en 1783, après huit ans de guerre.

– Réhabilitation de Calas : 1765. Ce négociant calviniste de Toulouse fut injustement accusé d'avoir assassiné son fils (qui s'était suicidé). L'erreur judiciaire fut admise à la suite d'une ardente campagne de Voltaire.

– Montesquieu (1689-1755) publia *De l'esprit des lois* en 1748.

– Louis XIV, né à Saint-Germain-en-Laye en 1638, est mort à Versailles en 1715.

13. N° 4 : C – A – E – B - D.

Ordre chronologique des régimes politiques :

Premier Empire : proclamé par le Sénat le 18 mai 1804 ; sacre de Napoléon le 2 décembre 1804 ; 6 avril 1814, abdication de Napoléon.

Restauration : avril 1814.

Épisode des Cent-Jours (mars à juin 1815) puis Seconde Restauration.

Monarchie de Juillet : 1830 à 1848.

IIe République : proclamée par Lamartine le 24 février 1848. Coup d'État présidentiel le 2 décembre 1851.

Second Empire : plébiscite en novembre 1852 et proclamation des résultats le 1er décembre.

Troisième République : proclamation le 4 septembre 1870.

14. La latitude et la longitude sont les deux coordonnées sphériques d'un point de la surface terrestre. Toutes les affirmations sont exactes.

15. N° 3 : La culture en terrasse permet d'augmenter la surface cultivée en agissant sur le relief.

L'assolement est un procédé de culture par succession et alternance sur un même terrain, pour conserver la fertilité du sol (rotation des cultures). Exemple : assolement triennal, alternance de trois cultures (ou autrefois deux cultures et une année de jachère).

L'écobuage est une technique primitive nocive : il s'agit de peler la terre en arrachant les mottes, avec les herbes et les racines, que l'on brûle ensuite pour fertiliser le sol avec les cendres.

16. N° 4 : Giacomo Puccini.

Autres grands compositeurs italiens :

Giuseppe Verdi (1813-1901). Devint célèbre avec *Nabucco* et *Lombardi*, puis *Rigoletto, Il Trovatore, La Traviata, Aïda, Otello, le Requiem*.

Vincenzo Bellini : (1801-1835). Opéras célèbres : *La Somnambule* et *Norma*, composés pour la Scala de Milan.

Gioacchino Rossini : (1792-1868). A triomphé avec *Tancredi* et *Le Barbier de Séville*, puis *Moïse et Guillaume Tell*.

17. N° 4 : Jacques Prévert (1900-1977).

Autres auteurs cités :
Jean Cocteau (1889-1963)
Sacha Guitry (1885-1957)
Boris Vian (1920-1959)

18. N° 3 : D – B – A – C

19. N° 2 : Série B.

20. N° 3 : Adam Smith (1723-1790).

Ouvrage célèbre : *Recherches sur la nature et les causes de la richesse des nations* (1776), premier grand traité du capitalisme libéral.

Autres grands auteurs cités :

Thomas Hobbes (1588-1679). Philosophe matérialiste, célèbre pour son *Léviathan* (1651).

John Maynard Keynes (1883-1946). Le plus célèbre des économistes britanniques modernes, notamment pour sa *Théorie générale de l'emploi, de l'intérêt et de la monnaie* (1936).

John Kenneth Galbraith, économiste américain né en 1908. A étudié la technostructure et l'avenir de la société industrielle dans *Le capitalisme américain, Le concept du pouvoir compensateur, L'ère de l'opulence* (1961), *Le Nouvel Etat industriel* (1967).

21. N° 3 : L'ampère est l'intensité d'un courant électrique, qui correspond à un écoulement d'un coulomb par seconde dans un conducteur.

L'ohm est l'unité de mesure de résistance électrique.

Le volt est l'unité de mesure de potentiel, différence de potentiel (ou tension) et de force électromotrice.

Le watt est l'unité de mesure de puissance mécanique ou électrique, de flux thermique et de flux énergétique de rayonnement.

Tous ces noms viennent de ceux d'illustres savants ou ingénieurs.

22. N° 2 : Louis Aragon (1897-1982).

Autres poètes cités :
André Breton (1896-1966)
Paul Éluard (1895-1952)
Robert Desnos (1900-1945)

23. N° 4 : En France, les sénateurs sont élus par les députés, les conseillers régionaux, les conseillers généraux, et les délégués des conseils municipaux.

24. N° 1 : A – D – B – C.

Repères chronologiques :

1920 : constitution de la Société des Nations (SDN) à la suite du Traité de Versailles.

1922 : marche sur Rome des "Chemises noires" de Mussolini (lui-même fit le voyage en wagon-lit).

1924 : mort de Lénine.

1933 : Hitler devient chancelier du Reich le 30 janvier.

25. N° 4 : Déconcentration.

26. N° 4 : Antoine Pinay. Il vécut 103 ans, record de longévité de nos hommes politiques.

27. Toutes les propositions sont exactes (cf. l'arbre chronologique ci-après).

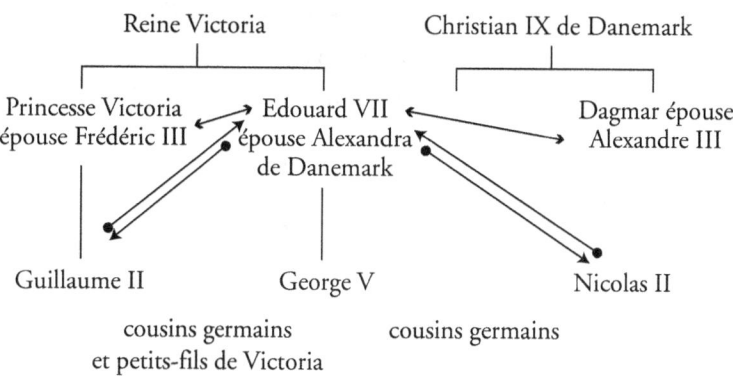

28. N° 2 inexact : le Conseil Constitutionnel a un président nommé par le Président de la République (article 56 de la Constitution).

1 exact : le Président de la République préside le Conseil des Ministres (article 9 de la Constitution).

3 exact : le président de la République préside le Conseil supérieur de la Magistrature (article 65 de la Constitution).

4 exact : "Le président de la République est le chef des armées. Il préside les conseils et comités supérieurs de la Défense nationale." (article 15 de la Constitution).

2.3 Questionnaire de mathématiques

1. A
Soient
- V_c le volume du cylindre creux et V_p celui du cube plein,
- D le diamètre du cylindre, h sa hauteur et a l'arête du cube.

$V_c = h \times \pi \times (D/2)^2$
$V_p = a^3$
$h = 5$ cm ; $D = 12$ cm ; $a = 8$ cm ; $\pi = 3$

$$\begin{aligned}
\text{Volume d'eau à ajouter} &= V_c - V_p \\
&= h \times \pi \times (D/2)^2 - a^3 \\
&= 5 \times 3 \times (12/2)^2 - 8^3 \\
&= 540 - 512 \\
&= 28 (\text{cm}^3)
\end{aligned}$$

2. C
Théorème de Pythagore :
Le triangle ABC présente un angle droit en B si et seulement si $BA^2 + BC^2 = AC^2$.

$$\begin{aligned}
\text{Ainsi, } AC &= \sqrt{(BA^2 + BC^2)} \\
&= \sqrt{(30^2 + 40^2)} \\
&= \sqrt{2\,500} \\
&= 50 (\text{cm})
\end{aligned}$$

3. A
A : Deux nombres a et b non nuls vérifient l'égalité $1/a \times 1/b = 1/(a \times b)$.

B : $1/(a+b) \neq 1/a + 1/b$
  contre-exemple : $a = 2$ et $b = 3$
  $1/(a+b) = 1/5 = 0{,}2$
  $1/a + 1/b = 1/2 + 1/3 \approx 0{,}5 + 0{,}33 \approx 0{,}83$

C : $2 \times (1/a) \neq 1/(2 \times a)$
  contre-exemple : $a = 2$

$$2 \times (1/a) = 2 \times (1/2) = 2/2 = 1$$
$$1/(2 \times a) = 1/(2 \times 2) = \frac{1}{4} = 0{,}25$$

D : $(a+b)^2 \neq a^2 + b^2$

contre-exemple : $a = 2$ et $b = 3$
$$(a+b)^2 = (2+3)^2 = 5^2 = 25$$
$$a^2 + b^2 = 2^2 + 3^2 = 4 + 9 = 13$$

4. C

L'équation de la droite D est e la forme : $y = ax + b$ où a est le coefficient directeur de la droite et b l'ordonnée à l'origine.
Donc $a = 3$ et $4 = 3 \times (-2) + b$.
D'où $b = 4 - 3 \times (-2) = 4 - (-6) = 4 + 6 = 10$.
Ainsi, D : $y = 3x + 10$.

5. B

$\mathbb{Z}$ est l'ensemble des entiers relatifs : $\mathbb{Z} = \{... ; -4 ; -3 ; -2 ; -1 ; 0 ; 1 ; 2 ; 3 ; 4 ; 5 ; ...\}$

6. B

Soient – p_i le poids de l'animal le jour i,
– c_i le coût de l'animal le jour i,
– B_i le bénéfice réalisé par l'éleveur le jour i.

$p_1 = 50$ g
$p_2 = p_1 + 20 = 70$ g
$p_3 = p_2 + 20 = 90$ g
$p_4 = p_3 + 20 = 110$ g

$c_1 = 1$ F
$c_2 = 2 \times c_1 = 2 \times 1 = 2$ F
$c_3 = 2 \times c_2 = 2 \times 2 = 4$ F
$c_4 = 2 \times c_3 = 2 \times 4 = 8$ F

$B_1 = 0{,}15 \times p_1 - c_1 = 0{,}15 \times 50 - 1 = 7{,}5 - 1 = 6{,}5$
$B_2 = 0{,}15 \times p_2 - (c_1 + c_2) = 0{,}15 \times 70 - (1 + 2)$
$= 10{,}5 - 3 = 7{,}5$

$$B_3 = 0{,}15 \times p_3 - (c_1 + c_2 + c_3) = 0{,}15 \times 90 - (1 + 2 + 4)$$
$$= 13{,}5 - 7 = 6{,}5$$
$$B_4 = 0{,}15 \times p_4 - (c_1 + c_2 + c_3 + c_4) = 0{,}15 \times 110$$
$$- (1 + 2 + 4 + 8) = 16{,}5 - 15 = 1{,}5$$

Le profit est maximal le deuxième jour.

7. D

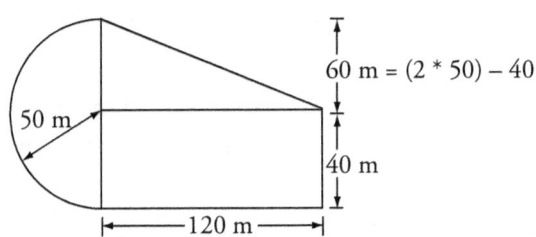

Aire du demi-disque de rayon 50 m
$= 1/2 \times \pi \times \text{rayon}^2$
$= 1/2 \times \pi \times 50^2$
$= 3\ 750\ m^2$
$= 0{,}375\ ha$.

Aire du triangle de base 120 m et de hauteur 60 m
($60 = 2 \times 50 - 40$)
$= (\text{base} \times \text{hauteur})/2$
$= (120 \times 60)/2$
$= 7\ 200/2$
$= 3\ 600\ m^2$
$= 0{,}36\ ha$

Aire du rectangle de longueur 120 m et de largeur 40 m
$= \text{longueur} \times \text{largeur}$
$= 120 \times 40$
$= 4\ 800\ m^2$
$= 0{,}48\ ha$

On en déduit :
– aire du champ = $0{,}375 + 0{,}36 + 0{,}48 = 1{,}215$ ha
– poids du superphosphate à répandre = $1{,}215 \times 400 = 486$ kg.

Questionnaires à choix multiples

8. C

$\sqrt{12} = \sqrt{(4 \times 3)} = \sqrt{4} \times \sqrt{3} = 2 \times \sqrt{3} = 2\sqrt{3}$

$\sqrt{12} \times 2\sqrt{3} = 2\sqrt{3} \times 2\sqrt{3} = (2 \times 2) \times (\sqrt{3} \times \sqrt{3}) = 4 \times 3$
$$= 12$$

9. C

L'équation de D est de la forme $y = ax + b$ où a et b sont deux réels à déterminer.

Le point A est sur D.

Les coordonnées $(x\,;\,y) = (1\,;\,2)$ de A vérifie donc l'équation de D d'où $2 = a + b$.

De même, le point B est sur D.

Les coordonnées $(x\,;\,y) = (-2\,;\,-1)$ de B vérifie donc l'équation de D d'où $-1 = -2a + b$.

a et b sont donc les solutions du système :

$\begin{cases} a + b = 2 & (E1) \\ -2a + b = -1 & (E2) \end{cases}$

$(E2) + 2(E1) \Leftrightarrow 3b = 3 \Leftrightarrow b = 3/3 = 1$

Dans $(E1)$, $a = 2 - b = 2 - 1 = 1$

L'équation de D est donc : $y = x + 1$.

10. B

Soient

– t_1 le temps mis par le premier cycliste sur la première moitié du trajet,

– t_2 le temps mis par le premier cycliste sur la seconde moitié du trajet,

– t_3 le temps mis par le second cycliste sur tout le trajet.

$20t_1 = 150/2 = 75$ (km) d'où $t_1 = 75/20 = 3{,}75$ (h)

$30t_2 = 150/2 = 75$ (km) d'où $t_2 = 75/30 = 2{,}5$ (h)

$20(t_3/2) + 30(t_3/2) = 150$ (km) d'où
$$t_3 = 150/25 = 6 \text{ (h)}$$

$(t_1 + t_2) - t_3 = 3{,}75 + 2{,}5 - 6 = 0{,}25 \text{ h} = 15 \text{ min}$

11. C

Soient
- n_o le nombre d'oranges achetées,
- n_m le nombre de melons achetés,
- n_p le nombre de pastèques achetées.

Il y a au total 15 fruits donc $n_o + n_m + n_p = 15$.
Le coût de l'achat vaut : $n_o \times 2 + n_m \times 6 + n_p \times 7 = 65$.
n_o, n_m et n_p sont donc les solutions du système :

$$\begin{cases} n_o + n_m + n_p = 15 & (E1) \\ 2n_o + 6n_m + 7n_p = 65 & (E2) \end{cases}$$

$(E2) - 2 \times (E1) \Leftrightarrow 4n_m + 5n_p = 35$
Or n_o, n_m et n_p sont des entiers naturels.

Si $n_m = 1$ alors $n_p = 31/5$ et dans ce cas n_p n'est pas un entier.
Si $n_m = 2$ alors $n_p = 27/5$ et dans ce cas n_p n'est pas un entier.
Si $n_m = 3$ alors $n_p = 23/5$ et dans ce cas n_p n'est pas un entier.
Si $n_m = 4$ alors $n_p = 19/5$ et dans ce cas n_p n'est pas un entier.
Si $n_m = 5$ alors $n_p = 15/5 = 3$.
Si $n_m = 6$ alors $n_p = 11/5$ et dans ce cas n_p n'est pas un entier.
Si $n_m = 7$ alors $n_p = 7/5$ et dans ce cas n_p n'est pas un entier.
Si $n_m \geq 8$ alors $n_p \leq 0$ et dans ce cas n_p n'est pas un entier.
La seule solution est donc $n_m = 5$.

3.1 Questionnaire de culture générale

3. Épreuve de préadmissibilité du concours externe de contrôleur stagiaire du Trésor public – Année 1998 (durée : 1 h 30)[2]

N° 1. La capitale fédérale de la confédération suisse est :
- A - ❏ Berne
- B - ❏ Zurich
- C - ❏ Genève
- D - ❏ Bâle

N° 2. Le nom du premier Président des États-Unis d'Amérique est :
- A - ❏ Abraham Lincoln
- B - ❏ Thomas Woodrow Wilson
- C - ❏ George Washington
- D - ❏ Theodore Roosevelt

N° 3. Le tombeau de Napoléon Ier se trouve :
- A - ❏ au Panthéon
- B - ❏ à Ajaccio
- C - ❏ sur l'île de Sainte-Hélène
- D - ❏ à l'Hôtel des Invalides

N° 4. Lequel de ces quatre artistes n'était pas un sculpteur :
- A - ❏ Camille Claudel
- B - ❏ Alberto Giacometti
- C - ❏ Aristide Maillol
- D - ❏ Olivier Messiaen

N° 5. A quelle constellation appartient l'Etoile polaire :
- A - ❏ la Petite Ourse
- B - ❏ la Grande Ourse
- C - ❏ Orion
- D - ❏ Cassiopée

N° 6. Un entomologiste est un spécialiste :
- A - ❏ des plantes
- B - ❏ des fossiles
- C - ❏ des oiseaux
- D - ❏ des insectes

---

(2) Les réponses et commentaires sont en page 172.

N° 7. Quelle est la durée d'un mandat de sénateur ?

- A - ❏ 3 ans
- B - ❏ 6 ans
- C - ❏ 7 ans
- D - ❏ 9 ans

N° 8. *"Le Salaire de la peur"* est un film réalisé par :

- A - ❏ Marcel Carné
- B - ❏ René Clément
- C - ❏ Henri-Georges Clouzot
- D - ❏ Jacques Tati

N° 9. Le stéthoscope a été inventé par :

- A - ❏ René Laennec
- B - ❏ Ambroise Paré
- C - ❏ Louis Pasteur
- D - ❏ Evangelista Torricelli

N° 10. L'un des inventeurs de la photographie est :

- A - ❏ Alexander Graham Bell
- B - ❏ Arthur Stanley Eddington
- C - ❏ Emile Berliner
- D - ❏ Joseph Nicéphore Niepce

N° 11. Combien y a-t-il d'étoiles sur le drapeau européen ?

- A - ❏ Douze étoiles
- B - ❏ Quinze étoiles
- C - ❏ Neuf étoiles
- D - ❏ Six étoiles

N° 12. Le robot *"Sojourner"* a circulé sur :

- A - ❏ Vénus
- B - ❏ Mercure
- C - ❏ Mars
- D - ❏ la Lune

N° 13. Le *Spirit of Saint Louis* était l'avion de :

- A - ❏ Charles Lindbergh
- B - ❏ Clément Ader
- C - ❏ Louis Blériot
- D - ❏ Antoine de Saint-Exupéry

N° 14. Le cap Finisterre est situé :
- A - ❑ En Angleterre
- B - ❑ En Espagne
- C - ❑ En Irlande
- D - ❑ En France

3.2 Questionnaire de français : littérature et grammaire françaises

N° 1. Qui a écrit *Le journal d'une femme de chambre* ?
- A - ❑ Jules Renard
- B - ❑ Pierre Loti
- C - ❑ Maurice Barrès
- D - ❑ Octave Mirbeau

N° 2. L'un de ces auteurs fut surnommé "L'Aigle de Meaux". Lequel ?
- A - ❑ Jacques Bénigne Bossuet
- B - ❑ Jean Calvin
- C - ❑ Louis Saint-Simon
- D - ❑ Jean Racine

N° 3. Dans le mot "centimètre", "mètre" est un :
- A - ❑ pronom
- B - ❑ suffixe
- C - ❑ préfixe
- D - ❑ radical

N° 4. *Les Caractères* est une œuvre de :
- A - ❑ Jean de La Bruyère
- B - ❑ Jean de La Fontaine
- C - ❑ Molière
- D - ❑ Pierre Corneille

N° 5. Qui a écrit *L'art poétique* ?
- A - ❑ Guillaume Apollinaire
- B - ❑ Raymond Queneau
- C - ❑ Nicolas Boileau
- D - ❑ Alphonse de Lamartine

N° 6. Qui a écrit *Les Provinciales* ?
- A - ❑ Jean-Jacques Rousseau
- B - ❑ René Descartes

C - ❑ Pierre de Marivaux
D - ❑ Blaise Pascal

N° 7. Un seul nom est féminin, lequel ?

A - ❑ emblème
B - ❑ ébène
C - ❑ augure
D - ❑ élytre

N° 8. Lequel de ces mots est mal orthographié :

A - ❑ ecchymose
B - ❑ occulaire
C - ❑ occurrence
D - ❑ acoustique

N° 9. Qui a fondé la revue *Les temps modernes* ?

A - ❑ Louis Aragon
B - ❑ Jean-Paul Sartre
C - ❑ Elsa Triolet
D - ❑ Simone de Beauvoir

N° 10. Pourquoi l'expression "Monter en haut" est-elle incorrecte ?

A - ❑ C'est une tautologie
B - ❑ C'est une répétition
C - ❑ C'est un pléonasme
D - ❑ C'est une homonymie

N° 11. Qui a écrit *Knock ou Le triomphe de la médecine* ?

A - ❑ Henri Bordeaux
B - ❑ Georges Bernanos
C - ❑ Alphonse Daudet
D - ❑ Jules Romains

N° 12. Accorder les participes présents dans les deux phrases suivantes :

"La loi contient des principes ...... les relations. Des gens bien .... la dénigrent".

A - ❑ régissant - pensant
B - ❑ régissants - pensants
C - ❑ régissants - pensant
D - ❑ régissant - pensants

N°13. Compléter avec les bonnes tournures la phrase suivante :
" .... riches qu'ils soient et .... soient leurs possessions, je ne les crains pas".

   A - ❑ Quelque .... et quelles que ....
   B - ❑ Quelques .... et quelles que ....
   C - ❑ Quels que .... et quelles que ....
   D - ❑ Quels que .... et quelques ....

N° 14. Quel ouvrage n'est pas de François Mauriac ?

   A - ❑ *Le baiser au lépreux*
   B - ❑ *Sous le soleil de Satan*
   C - ❑ *Thérèse Desqueyroux*
   D - ❑ *Le nœud de vipères*

3.3 Questionnaire de mathématiques

N° 1. Quel est le plus grand diviseur commun de 70, 84, 112, 154 ?

   A ❑ 2
   B ❑ 7
   C ❑ 9
   D ❑ 14

N° 2. Le quotient de deux entiers est égal à 15/7 et leur somme est égale à 66. Quels sont ces deux entiers ?

   A ❑ (42 ; 24)
   B ❑ (56 ; 10)
   C ❑ (45 ; 21)
   D ❑ (44 ; 22)

N° 3. L'opération $\sqrt{98} + \sqrt{32} - \sqrt{8}$ a pour résultat :

   A ❑ 18
   B ❑ $7\sqrt{3}$
   C ❑ 52
   D ❑ $9\sqrt{2}$

N° 4. Un marchand de vaisselle a vendu 1/3 de son stock de verres par correspondance, 1/4 dans sa boutique ; 1/5 a été cassé. Sachant qu'il lui reste 26 verres, son stock au départ était de :

   A ❑ 120
   B ❑ 90
   C ❑ 260
   D ❑ 130

N° 5. Un rectangle de 4,5 m de largeur a une aire triple de celle d'un trapèze dont les bases mesurent respectivement 1,2 m et 4,8 m et la hauteur 5 m.

Quelle est la longueur du rectangle ?

   A ❏ 8 m
   B ❏ 10 m
   C ❏ 12 m
   D ❏ 6 m

N° 6. Une barrique contient 600 litres de vin. Après évaporation de 15 %, 80 % du vin est mis dans des bouteilles de 75 centilitres et le reste dans des bouteilles de 1,5 litre. Combien de bouteilles sont nécessaires pour vider totalement la barrique ?

   A ❏ 408
   B ❏ 510
   C ❏ 600
   D ❏ 612

N° 7. Une carte routière est à l'échelle 1/250 000.

Quelle distance réelle représente 4 cm sur cette carte ?

   A ❏ 25 km
   B ❏ 100 km
   C ❏ 1 km
   D ❏ 10 km

N° 8. Roméo veut offrir un bouquet de fleurs à Juliette. Le fleuriste lui propose : soit un bouquet avec 8 iris et 5 roses pour 142 F ; soit un bouquet de 5 iris et 7 roses pour 143 F.

Quel est le prix de vente à l'unité d'un iris et d'une rose ?

   A ❏ 14 F l'iris et 6 F la rose
   B ❏ 9 F l'iris et 12 F la rose
   C ❏ 14 F l'iris et 9 F la rose
   D ❏ 9 F l'iris et 14 F la rose

N° 9. Une horloge sonne toutes les heures (exemple : elle sonne 8 coups à 8 heures et à 20 heures) et sonne un coup à chaque demi-heure. Combien de coups sonne-t-elle en 24 heures ?

   A ❏ 24
   B ❏ 196
   C ❏ 136
   D ❏ 180

N° 10. Le bassin d'une piscine a la forme d'un parallélépipède rectangle de 25 m de long, 7 m de large et 3,40 m de profondeur. L'eau doit affleurer à 40 cm des bords.

La piscine ayant été vidée et nettoyée, on la remplit à l'aide d'une canalisation qui débite 50 m³ d'eau à l'heure. Quel jour et à quelle heure doit-on commencer le remplissage pour que l'eau atteigne le niveau prévu le samedi matin à 9 h ?

A ❏ le vendredi à 21 h 50 min
B ❏ le vendredi à 22 h 30 min
C ❏ le vendredi à 18 h 30 min
D ❏ le vendredi à 23 h 50 min

N° 11. Une émission de radio a 3 000 000 d'auditeurs le premier jour et 5 000 000 le second. Le taux d'augmentation de l'écoute d'un jour à l'autre est de :

A ❏ 33,33 %
B ❏ 40 %
C ❏ 50 %
D ❏ 66,66 %

N° 12. Le système $\begin{cases} 5x + 3y = 2\,414 \\ x + y = 598 \end{cases}$ a pour résultat :

A ❏ $x = 240$ $y = 358$
B ❏ $x = 155$ $y = 423$
C ❏ $x = 310$ $y = 288$
D ❏ $x = -360$ $y = 958$

N° 13. La factorisation de $25x^2 - 4 - (2x+3)(5x+2)$ est :

A ❏ $(5x-2)(2x+2)$
B ❏ $(5x+2)(2x-4)$
C ❏ $(5x-2)(3x-5)$
D ❏ $(5x+2)(3x-5)$

N° 14. $F(x) = 1/x + 1/(x+1) + 1/(x-1)$ peut aussi s'écrire :

A ❏ $(3x^2 - 1)/(x^3 - x)$
B ❏ $(3x^2 + 1)/(x^2 + x)$
C ❏ $1/(x^3 - x + 1)$
D ❏ $3x^2/(x^3 + x)$

Annales et corrigés de concours récents

3.4 Questionnaire de logique

N° 1. Quel est le nombre manquant ?

5   10   13   26   ?

A ❑ 27
B ❑ 29
C ❑ 37
D ❑ 48
E ❑ 52

N° 2. Quel nombre n'a pas sa place dans la série suivante ?

81 – 145 – 225 – 49 – 169

A ❑ 81
B ❑ 145
C ❑ 225
D ❑ 49
E ❑ 169

N° 3. Compléter la série suivante :

1392 – 285 – 3624 – 456 – 5172 – ?

A ❑ 671
B ❑ 2541
C ❑ 6312
D ❑ 348
E ❑ 4127

N° 4. Compléter la série suivante :

113 – 15 – 98 – 21 – 77 – 9 – ?

A ❑ 8
B ❑ 91
C ❑ 68
D ❑ 112
E ❑ 86

N° 5. Compléter le tableau :

5	20	?
3	12	6
6	24	18

A ❑ 12
B ❑ 13
C ❑ 14
D ❑ 15
E ❑ 16

N° 6. Quel est le nombre manquant ?

169   225   ?   484   729

A ❑ 256
B ❑ 289
C ❑ 324
D ❑ 361
E ❑ 400

N° 7. Quelle figure complète la série ci-dessous ?

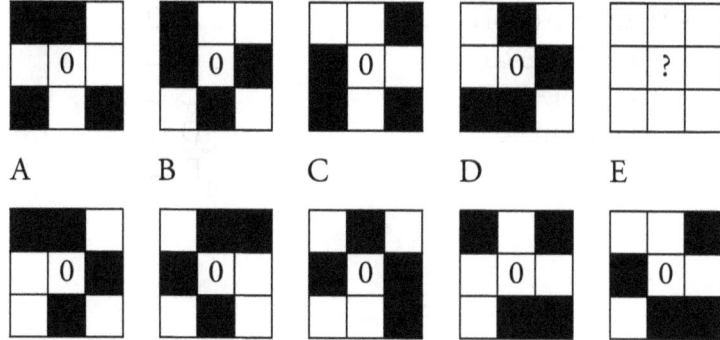

N° 8. Compléter la série suivante :

0 – 0 – 1 – 1 – 4 – 8 – 9 – ?

A ❑ 10
B ❑ 17
C ❑ 21
D ❑ 27
E ❑ 32

N° 9. Compléter le tableau suivant :

21	7	3
42	3	14
84	?	6

A ❑ 11
B ❑ 9

C ❏ 17
D ❏ 14
E ❏ 8

N° 10. Quelles lettres manquent?

A	G	?	K	I
E	C	?	G	M

A	B	C	D	E
I	E	F	J	H
E	I	J	F	L

N° 11.

Quel est le nombre manquant ? alors RECOUVREMENT=?

Si PERCEPTION = 64   A ❏ 66
   TRÉSORERIE = 55   B ❏ 75
   COMPTABLE = 63   C ❏ 57
   RECEVEUR = 44   D ❏ 48
                                   E ❏ 93

4. Réponses et commentaires de l'épreuve de préadmissibilité du concours externe de contrôleur stagiaire du Trésor public

4.1 Questionnaire de culture générale

N° 1 : A.

Capitale fédérale de la confédération helvétique : Berne.

N° 2 : C.

Nom du premier Président des États-Unis d'Amérique : George Washington (1732-1799, Président élu en 1789 et 1792 ; il se retira en 1796 après avoir adressé un message d'adieu à la nation).

Abraham Lincoln, né en 1809 dans le Kentucky, élu en 1861, assassiné en 1865.

Theodore Roosevelt (1858-1919) devint président en 1901 quand MacKinley fut assassiné. Il fut réélu en 1904.

Son cousin Franklin Delano Roosevelt (1882-1945) détient le record avec quatre élections : 1932, 1936, 1940 et 1944.

Thomas Woodrow Wilson (1856-1924) fut président de 1913 à 1921.

N° 3 : D.

Le tombeau de Napoléon Ier se trouve à l'Hôtel des Invalides (retour des cendres depuis l'île de Sainte-Hélène en 1840).

N° 4 : D.

Olivier Messiaen (1908-1992) était un compositeur de musique.

N° 5 : A.

La Petite Ourse est une constellation boréale dont l'étoile alpha est l'Etoile Polaire.

N° 6 : D.

Un entomologiste est un spécialiste des insectes.

Le botaniste est spécialiste des plantes.

L'ornithologue est spécialiste des oiseaux.

Le paléontologue est spécialiste des fossiles.

N° 7 : D.

La durée d'un mandat de sénateur est de neuf ans, comme celle du mandat des membres du Conseil Constitutionnel.

Le Sénat est renouvelé par tiers tous les trois ans.

N° 8 : C.

Le Salaire de la peur est un film réalisé par Henri-Georges Clouzot en 1953, avec Yves Montand et Charles Vanel.

N° 9 : A.

Le stéthoscope a été inventé par le médecin français René Laennec (1781-1826).

N° 10 : D.

L'un des inventeurs de la photographie est Joseph Nicéphore Niepce (1765-1833).

Il s'associa en 1829 avec Jacques Daguerre (1787-1851).

N° 11 : A.
Le drapeau européen comporte 12 étoiles sur fond d'azur.

N° 12 : C.
Le robot "Sojourner" a circulé sur Mars.

N° 13 : A.
Le *Spirit of Saint Louis* était l'avion de Charles Lindbergh (1902-1974). Il traversa l'Atlantique Nord, sans escale, d'Amérique en France les 20-21 mai 1927.

N° 14 : B.
Le cap Finisterre est un promontoire de l'Espagne septentrionale, en Galice, à l'extrémité nord-est de la péninsule ibérique, qui surplombe l'Atlantique.

4.2 Questionnaire de français : littérature et grammaire françaises

N° 1 : D.
Le journal d'une femme de chambre (1900) est une satire sociale d'Octave Mirbeau (1848-1917).

N° 2 : A.
Jacques Bénigne Bossuet (1627-1704) fut nommé évêque de Meaux en 1681. En raison de ses qualités d'orateur et prédicateur, il fut surnommé *L'Aigle de Meaux*.

N° 3 : D.
Dans le mot *centimètre*, le radical est mètre. Centi est le préfixe.
Comme l'indique l'étymologie, le radical correspond à la racine du mot.

N° 4 : A.
Les Caractères (1688) est une œuvre en 16 chapitres de La Bruyère (1645-1696).
Augmenté à chaque réédition, l'ouvrage est une peinture pittoresque à la fois de types humains éternels et d'individus appartenant à la société de la fin du XVIIIe siècle.

N° 5 : C.
L'art poétique est de Nicolas Boileau (1636-1711).

N° 6 : D.

Les Provinciales (1656-1657) est un recueil de lettres polémiques rédigées contre les Jésuites par Blaise Pascal (1623-1662).

N° 7 : B.

Ebène est du genre féminin.

N° 8 : B.

Oculaire.

N° 9 : B.

Les temps modernes, revue littéraire, philosophique et politique fondée en 1945 par Jean-Paul Sartre, avec Raymond Aron, Maurice Merleau-Ponty, Simone de Beauvoir, Michel Leiris, Jean Paulhan, Etiemble.

Louis Aragon avait fondé la revue *Littérature* (1919), puis avec Paul Eluard la *Revue surréaliste*, et avec Jacques Decours le journal *Les lettres françaises*.

N° 10 : C.

"Monter en haut" est un pléonasme.

Le pléonasme est un terme ou une expression qui ne fait qu'ajouter une répétition à ce qui vient d'être énoncé.

Autres exemples : descendre en bas, prévoir à l'avance…

N° 11 : D.

Knock ou Le triomphe de la médecine est une satire de la crédulité humaine, pièce de Jules Romains (1885-1972).

N° 12 : D.

Régissant (participe présent). Pensants (adjectif qui s'accorde au pluriel).

N° 13 : A.

Quelque riches qu'ils soient et quelles que soient leurs possessions, je ne les crains pas.

N° 14 : B.

Sous le soleil de Satan (1926) est de Georges Bernanos (1888-1948).

4.3 Questionnaire de mathématiques

N° 1 : D.

Décomposons les nombres en facteurs premiers :

$70 = 2 \times 5 \times 7$

$84 = 2 \times 2 \times 3 \times 7$

$112 = 2 \times 2 \times 2 \times 2 \times 7$

$154 = 2 \times 7 \times 11$

Le plus grand diviseur commun de 70, 84, 112 et 154 est donc :
$2 \times 7 = 14$.

N° 2 : C.

Soient deux entiers n et p tels que $n/p = 15/7$ et $n+p = 66$.

$n/p = 15/7 \Leftrightarrow n = 15/7 \times p = 15p/7$

$n+p = 66 \Leftrightarrow 15p/7 + p = 66$

$\Leftrightarrow (15p+7p)/7 = 66$

$\Leftrightarrow 22p = 66 \times 7$

$\Leftrightarrow p = 462/22 = 21$

$n = 66 - p = 66 - 21 = 45$

La solution est donc $(n\,;p) = (45\,;21)$.

N° 3 : D.

$98 = 2 \times 7^2$

donc $\sqrt{98} = \sqrt{(2 \times 7^2)} = \sqrt{2} \times \sqrt{7^2} = \sqrt{2} \times 7 = 7\sqrt{2}$.

$32 = 2^5$

donc $\sqrt{32} = \sqrt{2^5} = \sqrt{(2 \times 2^4)} = \sqrt{2} \times \sqrt{2^4} = \sqrt{2} \times 2^2$

$= \sqrt{2} \times 4 = 4\sqrt{2}$.

$8 = 2^3$ donc

$\sqrt{8} = \sqrt{2^3} = \sqrt{(2 \times 2^2)} = \sqrt{2} \times \sqrt{2^2} = \sqrt{2} \times 2 = 2\sqrt{2}$.

$\sqrt{98} + \sqrt{32} - \sqrt{8} = 7\sqrt{2} + 4\sqrt{2} - 2\sqrt{2} = 9\sqrt{2}$.

N° 4 : A.

Soit n le nombre de verres dans le stock au départ.
Nombre de verres vendus par correspondance = $1/3 \times n = n/3$.
Nombre de verres vendus dans la boutique = $1/4 \times n = n/4$.
Nombre de verres cassés = $1/5 \times n = n/5$.
Nombre de verres restant = 26.

Nombre de verres dans le stock au départ
= nombre de verres vendus par correspondance
+ nombre de verres vendus dans la boutique
+ nombre de verres cassés
+ nombre de verres restant

D'où : $n = n/3 + n/4 + n/5 + 26$
Ainsi : $n - n/3 - n/4 - n/5 = 26$
Or : $n - n/3 - n/4 - n/5 = n \times (1 - 1/3 - 1/4 - 1/5)$
Et : $(1 - 1/3 - 1/4 - 1/5) = (3 \times 4 \times 5 - 4 \times 5 - 3 \times 5 - 3 \times 4)/$
$(3 \times 4 \times 5)$
$= (60 - 20 - 15 - 12)/60$
$= 13/60$
Donc : $n \times 13/60 = 26$
$n = 26 : 13/60 = 26 \times 60/13 = 60 \times 26/13 = 60 \times 2 = 120$

N° 5 : B.

Soient L la longueur du rectangle, Ar l'aire du rectangle et At l'aire du trapèze.
Aire du rectangle = longueur × largeur
donc Ar = $4,5 \times L$

Aire du trapèze = (petite base + grande base)/2 × hauteur
donc At = $(1,2 + 4,8)/2 \times 5 = 6/2 \times 5 = 3 \times 5 = 15$ (m^2)

Or Ar = $3 \times$ At
D'où $4,5 \times L = 3 \times 15 = 45$
Ainsi L = $45 : 4,5 = 10$ (m)

N° 6 : D.

Après évaporation, il reste 510 litres de vin :
$600 - 15\% \times 600 = 600 - 15/100 \times 600$
$= 600 - 15 \times 600/100$
$= 600 - 15 \times 6$
$= 600 - 90$
$= 510$

80 % de ces 510 litres est mis dans des bouteilles de 75 cl :

80 % × 510 = 80/100 × 510
            = 80 × 510/100
            = 80 × 5,1
            = 408 (litres)

75 cl = 0,75 l = 3/4 l

408 : 3/4 = 408 × 4/3
          = 4 × 408/3
          = 4 × 136
          = 544

Ainsi, on utilise 544 bouteilles de 75 cl.

Le reste du vin est mis dans des bouteilles de 1,5 litre. Il reste 102 litres de vin :

510 − 408 = 102
1,5 = 3/2
102 : 1,5 = 102 : 3/2
           = 102 × 2/3
           = 2 × 102/3
           = 2 × 34
           = 68

On utilise donc 68 bouteilles de 1,5 litre.

Pour vider la barrique, il faut donc 612 bouteilles : 544 + 68 = 612.

N° 7 : D.

Échelle = distance sur la carte / distance réelle.

Donc distance réelle = distance sur la carte / échelle
                          = 4 /(1/250 000)
                          = 4 × 250 000
                          = 1 000 000 (cm)

distance réelle = 1 000 000 cm
                = 10 000 m
                = 10 km

N° 8 : D.

Soient p_i le prix unitaire d'un iris et p_r le prix unitaire d'une rose.

p_i et p_r sont les solutions du système :
$$\begin{cases} 8p_i + 5p_r = 142 & (E1) \\ 5p_i + 7p_r = 143 & (E2) \end{cases}$$

Méthode de Gauss

1re étape : on annule le coefficient de p_i dans (E2)
$$\begin{cases} 8p_i + 5p_r = 142 & (F1) = (E1) \\ 31p_r = 434 & (F2) = 8\times(E2) - 5\times(E1) \end{cases}$$

2e étape : résolution de (F2)
$p_r = 434 : 31 = 14$

3e étape : résolution de (F1)
$p_i = (142 - 5p_r)/8 = (142 - 5\times 14)/8 = (142 - 70)/8 = 72/8 = 9$
La solution est donc $(p_i ; p_r) = (9 ; 14)$.

N° 9 : D.

Entre 1 heure du matin et midi et demie, l'horloge sonne $n+1$ coups pendant l'heure n, soit en tout 90 coups.

En effet :
$$\sum_{n=1}^{12}(n+1) = \sum_{k=2}^{13} k \text{ avec } k = n+1$$

Or :
$$\sum_{k=0}^{p} k = p\times(p+1)/2$$

Donc :
$$\sum_{k=2}^{p} k = p\times(p+1)/2 - 0 - 1 = p\times(p+1)/2 - 1$$

Ainsi :
$$\sum_{k=2}^{13} k = 13\times(13+1)/2 - 1 = 13\times 14/2 - 1 = 13\times 7 - 1$$
$$= 91 - 1 = 90$$

Ainsi, en 24 heures, l'horloge sonne 180 coups : $90 \times 2 = 180$.

N° 10 : B.

Il faut remplir l'équivalent d'un parallélépipède rectangle de 25 m de long, 7 m de large et 3 m de profondeur :

40 cm = 0,4 m

3,40 − 0,4 = 3 (m)

Volume d'eau à verser = $25 \times 7 \times 3 = 525$ m^3.

Durée du remplissage = volume d'eau à verser/débit
= 52/50
= 10,5 (h)
= 10 h 30 mn

Il faut donc commencer le remplissage le vendredi à 22 h 30 mn.

N° 11 : D.

Taux d'augmentation = (5 000 000 − 3 000 000)/3 000 000 × 100
= (5 − 3)/3 × 100
= 2/3 × 100
≈ 0,6666 × 100
≈ 66,66 %

N° 12 : C.

Soit le système : $\begin{cases} 5x + 3y = 2\ 414 & (E1) \\ x + y = 598 & (E2) \end{cases}$

Résolution par la méthode de Gauss

1re étape : annulation du coefficient de x dans (E2)

$\begin{cases} 5x + 3y = 2\ 414 & (F1) = (E1) \\ 2y = 576 & (F2) = 5 \times (E2) - (E1) \end{cases}$

2e étape : résolution de (E2)

$y = 576/2 = 288$

3e étape : résolution de (E1)

$x = (2\ 414 - 3y)/5 = (2\ 414 - 3 \times 288)/5 = (2\ 414 - 864)/5$
$= 1\ 550/5 = 310$

La solution est donc $(x\ ;\ y) = (310\ ;\ 288)$.

N° 13 : D.

$25x^2 - 4 = (5x)^2 - 2^2 = (5x-2)(5x+2)$

Ainsi :

$$\begin{aligned}
25x^2 - 4 - (2x+3)(5x+2) &= (5x-2)(5x+2) - (2x+3)(5x+2) \\
&= (5x+2)[(5x-2)-(2x+3)] \\
&= (5x+2)(5x-2-2x-3) \\
&= (5x+2)(3x-5)
\end{aligned}$$

N° 14 : A.

$$\begin{aligned}
F(x) &= 1/x + 1/(x+1) + 1/(x-1) \\
&= [(x+1)(x-1) + x(x-1) + x(x+1)]/[x(x+1)(x-1)]
\end{aligned}$$

$(x+1)(x-1) = x^2 - 1$

$x(x-1) = x^2 - x$

$x(x+1) = x^2 + x$

Donc :

$(x+1)(x-1) + x(x-1) + x(x+1)$
$= x^2 - 1 + x^2 - x + x^2 + x$
$= 3x^2 - 1$

Et :

$x(x+1)(x-1)$
$= x(x^2 - 1)$
$= x^3 - x$

D'où :

$F(x) = (3x^2 - 1)/(x^3 - x)$

4.4 Questionnaire de logique

N°1 : B.

C'est une suite qui combine une suite géométrique de raison 2 et une suite arithmétique de raison 3 : $(5) \times 2 = (10) + 3 = (13) \times 2 = (26) + 3 = (29)$ …

N° 2 : B.

Chaque nombre de la suite est égal au carré d'un autre nombre sauf 145 :

$81 = 9^2$
$225 = 15^2$
$49 = 7^2$
$169 = 13^2$
$145 = 5 \times 29$

N° 3 : D.

La somme des chiffres qui composent chaque nombre vaut 15 :
1 + 3 + 9 + 2 = 15
2 + 8 + 5 = 15
3 + 6 + 2 + 4 = 15
4 + 5 + 6 = 15
5 + 1 + 7 + 2 = 15
Or
6 + 7 + 1 = 14
2 + 5 + 4 + 1 = 12
6 + 3 + 1 + 2 = 12
3 + 4 + 8 = 15
4 + 1 + 2 + 7 = 14
Ainsi, seul 348 convient.

N° 4 : C.
113 − 15 = 98
98 − 21 = 77
77 − 9 = 68

N° 5 : C.

La deuxième colonne se déduit de la première en multipliant les nombres par 4.

La troisième colonne se déduit de la deuxième en retranchant 6 à chaque nombre.

Ainsi, 20 − 6 = 14.

N° 6 : C.
$169 = 13^2$
$225 = 15^2$
$484 = 22^2$
$729 = 27^2$

Donc, si on prend les racines carrées, la suite devient :
13   15   ?   22   27

Cette suite se décompose selon le schéma suivant :
(13) + 2 = (15) + 3 = (?) + 4 = (22) + 5 = (27).
D'où ? = 18. Le nombre manquant est donc $18^2 = 324$.

N° 7 : D.

Les cases noires avancent d'une case à chaque fois, dans le sens inverse des aiguilles d'une montre.

N° 8 : D.

La série se décompose en deux suites :
$0 - . - 1 - . - 4 - . - 9 - .$
$. - 0 - . - 1 - . - 8 - . - ?$

La première suite est une suite de carrés : $0^2 - . - 1^2 - . - 2^2 - . - 3^2 - .$

La seconde suite est une suite de nombres élevés à la puissance $3 : . - 0^3 - . - 1^3 - . - 2^3 - . - ?$

Le nombre manquant est donc 3^3 soit 27.

N° 9 : D.

Les nombres de la deuxième colonne s'obtiennent en divisant les nombres de la première colonne par les nombres de la troisième :

$21 : 3 = 7$
$42 : 14 = 3$
$84 : 6 = 14$.

N° 10 : B.

On passe de la case supérieure à la case inférieure du domino suivant en sautant une lettre de l'alphabet. De même, on passe de la case inférieure à la case supérieure du domino suivant en sautant une lettre de l'alphabet.

	A	(B)	C	(D)	?	(F)	G	(H)	I
et	E	(F)	G	(H)	?	(J)	K	(L)	M

Les deux lettres manquantes sont donc E et I.

N° 11 : B.

Le premier chiffre désigne le nombre de consonnes du mot associé et le deuxième chiffre désigne le nombre de voyelles. Dans "recouvrement", il y a 7 consonnes et 5 voyelles. Le nombre recherché est donc 75.

5. Epreuve de préadmissibilité du concours externe de contrôleur stagiaire du Trésor public – Année 1999 (durée : 1 h 30)[3]

5.1 Questionnaires de culture générale

N° 1. Emile Zola fut l'un des défenseurs de :
- A - ❑ Louise Michel
- B - ❑ Alfred Dreyfus
- C - ❑ Jean Calas
- D - ❑ Pierre-François Lacenaire

N° 2. Quel est l'homme politique qui ne fut pas président de la République française ?
- A - ❑ Jules Grévy
- B - ❑ Léon Gambetta
- C - ❑ Emile Loubet
- D - ❑ Armand Fallières

N° 3. Angkor se situe :
- A - ❑ au Vietnam
- B - ❑ au Laos
- C - ❑ au Cambodge
- D - ❑ en Birmanie

N° 4. La capitale de Sierra Leone est :
- A - ❑ Monrovia
- B - ❑ Windhoek
- C - ❑ Funchal
- D - ❑ Freetown

N° 5. Le Consulat fut le régime politique de la France qui succéda :
- A - ❑ à la Convention
- B - ❑ au Directoire
- C - ❑ au Premier Empire
- D - ❑ à la Restauration

N° 6. Qui était le dieu du commerce, des voleurs, des voyageurs et le messager des dieux, dans la mythologie grecque ?
- A - ❑ Arès
- B - ❑ Hermès

---

(3) Les réponses et commentaires sont en page 188.

C - ❏ Héphaïtos
D - ❏ Dionysos

N° 7. En France, pour être élu sénateur, il faut avoir au moins :
   A - ❏ 21 ans
   B - ❏ 25 ans
   C - ❏ 30 ans
   D - ❏ 35 ans

N° 8. *Le Bal des vampires* est un film de :
   A - ❏ Joseph Losey
   B - ❏ Alan Parker
   C - ❏ Oliver Stone
   D - ❏ Roman Polanski

N° 9. L'un des personnages créé par Hugo Pratt est :
   A - ❏ Blueberry
   B - ❏ Buck Rogers
   C - ❏ Corto Maltese
   D - ❏ Mafalda

N° 10. Le peintre surréaliste René Magritte était de nationalité :
   A - ❏ Hollandaise
   B - ❏ Belge
   C - ❏ Luxembourgeoise
   D - ❏ Suisse

N° 11. La première vaccination contre la variole a été réalisée par :
   A - ❏ Robert Koch
   B - ❏ Jules Janssen
   C - ❏ Antoine Laurent de Lavoisier
   D - ❏ Edward Jenner

N° 12. L'ensemble des écosystèmes de la planète comprenant tous les êtres vivants et leurs milieux constitue :
   A - ❏ la litosphère
   B - ❏ l'hydrosphère
   C - ❏ l'atmosphère
   D - ❏ la biosphère

N° 13. Que représentera la face commune des billets en euros qui seront mis en circulation le 1er janvier 2002 ?

- A - ❑ des portraits
- B - ❑ des événements historiques
- C - ❑ des éléments architecturaux
- D - ❑ des tableaux de peintres européens célèbres

N° 14. La *Liberté éclairant le monde* à New York, est l'œuvre de :

- A - ❑ Aristide Maillol
- B - ❑ Auguste Rodin
- C - ❑ Alexander Calder
- D - ❑ Auguste Bartholdi

5.2 Français : littérature et grammaire françaises

N° 1. Compléter la phrase suivante :

Il arrive à travailler .... l'environnement dans lequel il se trouve.

- A - ❑ quelque soit
- B - ❑ quel que soit
- C - ❑ quelle que soit
- D - ❑ quelque soi

N° 2. "Certes" est :

- A - ❑ un pronom relatif
- B - ❑ un adverbe
- C - ❑ un nom commun
- D - ❑ une préposition

N° 3. *Poil de carotte* est un roman de :

- A - ❑ Edmond Rostand
- B - ❑ Jean Giono
- C - ❑ Jules Renard
- D - ❑ Hector Malot

N° 4. Deux mots offrant une certaine ressemblance de forme et d'orthographe sont :

- A - ❑ des homonymes
- B - ❑ polysémiques

C - ❏ des antonymes
D - ❏ des paronymes

N° 5. *La Princesse de Clèves* est une œuvre de :
A - ❏ Madame de Sévigné
B - ❏ Madame de La Fayette
C - ❏ La Comtesse de Ségur
D - ❏ Madame de Staël

N° 6. Quelle est la phrase correctement orthographiée ?
A - ❏ Ces personnes que j'ai entendues réclamer, je les ai faites entrer dans mon bureau.
B - ❏ Ces personnes que j'ai entendu réclamer, je les ai fait entrer dans mon bureau.
C - ❏ Ces personnes que j'ai entendu réclamer, je les ai faites entrer dans mon bureau.
D - ❏ Ces personnes que j'ai entendues réclamer, je les ai fait entrer dans mon bureau.

N° 7. Parmi ces écrivains, un seul n'a pas connu le XVIIe siècle, lequel ?
A - ❏ Michel Eyquem de Montaigne
B - ❏ Jean Racine
C - ❏ Jean de La Bruyère
D - ❏ Jacques Bénigne Bossuet

N° 8. Qui est l'auteur des *Lettres Philosophiques* ?
A - ❏ Jean-Jacques Rousseau
B - ❏ Denis Diderot
C - ❏ René Descartes
D - ❏ Voltaire

N° 9. Complétez la phrase suivante :
Je .... qu'il .... pas ces connaissances.
A - ❏ crains – n'acquière
B - ❏ crainds – n'acquière
C - ❏ crains – n'acquiert
D - ❏ craints – n'acquiert

N° 10. La Rochefoucauld est l'auteur de :
- A - ❑ Fables
- B - ❑ Sermons
- C - ❑ Caractères
- D - ❑ Maximes

N° 11. Quel adverbe est mal orthographié ?
- A - ❑ Ardemment
- B - ❑ Eminemment
- C - ❑ Suffisamment
- D - ❑ Constemment

N° 12. Lequel de ces personnages ne trouve-t-on pas dans les œuvres de Rabelais ?
- A - ❑ Pangloss
- B - ❑ Gargantua
- C - ❑ Pantagruel
- D - ❑ Picrochole

N° 13. Dans la phrase : "J'ai perdu la montre que j'aimais tant", **que** est :
- A - ❑ une conjonction de coordination
- B - ❑ un pronom neutre
- C - ❑ un pronom interrogatif
- D - ❑ un pronom relatif

N° 14. *La Nausée* est une œuvre de :
- A - ❑ Michel Tournier
- B - ❑ Jean-Paul Sartre
- C - ❑ Albert Camus
- D - ❑ Roland Barthes

6. Réponses et commentaires de l'épreuve de préadmissibilité du concours externe de contrôleur stagiaire du Trésor public

6.1 Questionnaire de culture générale - Réponses

N° 1 : A.

Emile Zola (1840-1902) est l'un de nos plus grands écrivains de la seconde moitié du XIXe siècle.

Son intervention dans l'affaire Dreyfus a fait de lui l'un de nos premiers grands "intellectuels engagés".

Il prit parti pour la révision du procès d'Alfred Dreyfus en publiant dans *L'Aurore* (journal dirigé par Georges Clemenceau) un pamphlet retentissant intitulé *J'accuse*.

Ouvrage recommandé, chez le même éditeur, dans la collection *Chronoculture*, la *Chronologie de la France* (les grandes dates, de l'Antiquité à nos jours).

N° 2 : B.

Léon Gambetta (1838-1882) fut une grande figure politique aux débuts de la IIIᵉ République.

Il dirigea un éphémère "Grand Ministère", de novembre 1881 à janvier 1882, mais ne fut jamais Président de la République.

Ont été Présidents de la République :

Jules Grévy (1879-1897)

Emile Loubet (1899-1906)

Armand Fallières (1906-1913)

Pour bien réviser l'histoire institutionnelle de la France, nous vous recommandons le *QCM Institutions françaises* aux éditions d'Organisation, par Jean-François Guédon, ancien élève de l'ENA. Vous y trouverez notamment la liste complète des Présidents de la République.

N° 3 : C.

Angkor est un site monumental et archéologique du Cambodge (qui avait accueilli les capitales successives des rois khmers, du IXᵉ au XVᵉ siècle).

En langue khmère, le mot signifie "résidence royale".

N° 4 : D.

La République de Sierra Leone est un État d'Afrique occidentale. Sa capitale est Freetown.

Monrovia est la capitale du Liberia.

Whindhoek est la capitale de la Namibie.

Funchal est la capitale de la région autonome de Madère (île appartenant au Portugal, située à 1 000 km de Lisbonne et à l'ouest des côtes du Maroc).

N° 5 : B.

Les régimes politiques en France :
Convention   1792-1795
Directoire   1795-1799
Consulat   1799-1804
Ier Empire   1804-1814
Restauration   1814-1815 (et jusqu'à 1830)

N° 6 : B.

Mythologie grecque : Hermès (identifié avec le Mercure des Latins) était le messager des dieux, dieu du commerce et des voyageurs, mais aussi des voleurs, personnification de l'habileté et de la ruse.

Arès (Mars) était le dieu de la guerre.

Dionysos (Bacchus) était le dieu de la vigne et du vin.

Héphaïtos (Vulcain) était le dieu du feu et des métaux.

N° 7 : D.

Age de l'éligibilité pour le Sénat : 35 ans.
Pour l'Assemblée nationale : 23 ans.
Pour les maires, conseillers généraux et conseillers régionaux : 21 ans.

N° 8 : D.

Le Bal des vampires (1967) est un film de Roman Polanski, cinéaste français d'origine polonaise (né à Paris en 1933).

N° 9 : C.

Hugo Pratt (1927-1995) a créé le personnage de Corto Maltese, le marin à la boucle d'oreille dont le destin croise les chemins de l'Histoire.

N° 10 : B.

Le peintre surréaliste René Magritte est né en Belgique en 1898, et mort à Bruxelles en 1967.

N° 11 : D.

La première vaccination contre la variole a été réalisée en 1796 par Edward Jenner, médecin britannique (1749-1823).

N° 12 : D.

La biosphère est l'ensemble des êtres vivants qui se développent sur la Terre.

Le terme désigne aussi la zone occupée par l'ensemble des êtres vivants au contact de la Terre (lithosphère), de l'air (atmosphère), et dans les eaux (hydrosphère).

N° 13 : C.

Les dessins retenus pour les sept coupures de l'Euro sont des éléments architecturaux, ponts, porches et fenêtres évoquant les principaux styles européens (classique, roman, gothique, Renaissance…).

N° 14 : D.

Frédéric Auguste Bartholdi (1834-1904) a réalisé en 1885-1886 *La Liberté éclairant le monde*, statue géante avec une armature d'acier due à Gustave Eiffel, montée à l'entrée du port de New York.

6.2 Questionnaire de français : littérature et grammaire françaises

N° 1 : B.

Il arrive à travailler quel que soit l'environnement dans lequel il se trouve.

N° 2 : B.

"Certes" est un adverbe.

N° 3 : C.

Jules Renard (1864-1910) a écrit *Poil de Carotte* en 1894, et l'a adapté pour le théâtre en 1900.

N° 4 : A.

Deux mots offrant une certaine ressemblance de forme et d'orthographe sont des homonymes.

Les mots qui ont une prononciation identique sont des homophones.

Les mots qui ont la même orthographe sont des homographes.

Les mots presque homonymes qui peuvent être confondus sont des paronymes (exemple de faute fréquente commise par des candidats aux concours : confondre conjecture et conjoncture).

Les antonymes sont des mots de sens contraire.

Un mot qui possède plusieurs sens est polysémique.

N° 5 : B.

La Comtesse Marie-Madeleine de La Fayette (1634-1693) a publié *La Princesse de Clèves*, roman psychologique admirable par la finesse de l'analyse et la densité du style.

N° 6 : D.

Ces personnes que j'ai entendues réclamer, je les ai fait entrer dans mon bureau.

NB : Accord pour la première proposition, mais non pour la seconde.

Le participe *fait* suivi immédiatement d'un infinitif est toujours invariable, parce qu'il fait corps avec cet infinitif, constituant avec lui une périphrase factitive.

N° 7 : A.

Nos grands écrivains :
Michel Eyquem de Montaigne	(1533-1592)
Jean Racine	(1639-1699)
Jean de La Bruyère	(1645-1696)
Jacques Bénigne Bossuet	(1627-1704)

N° 8 : D.

Voltaire (1694-1778) publia ses *Lettres Philosophiques* de 1734 à 1737.

N° 9 : A.

Je crains qu'il n'acquière pas ces connaissances.
Indicatif présent : qu'il acquiert.
Subjonctif présent : qu'il acquière.

N° 10 : D.

François de La Rochefoucauld (1613-1680) publia ses *Maximes* en 1664, et les réédita jusqu'en 1678.

N° 11 : D.

Orthographe correct : constant, constamment.

N° 12 : A.

Pangloss est un personnage de *Candide*, conte philosophique de Voltaire publié en 1759. Il se caractérise par son optimisme inébranlable.

N° 13 : D.

Pronom relatif.

N° 14 : B.

Jean-Paul Sartre.

CHAPITRE 12 Composition sur un sujet d'ordre général

Nous avons choisi ce sujet parce qu'il est intéressant à un double titre :

– son thème général :
un grand sujet d'actualité, qui est récurrent, sur un grand problème de société ;
– dans sa formulation :
il invite à une réflexion sur des mots-clés et sur les cadres spatio-temporels.

> **1. 1er sujet :** "L'égalité entre hommes et femmes aujourd'hui en France : principe ou réalité ?"

1.1 Les mots-clés

Une réflexion sur les mots-clés vous permettra de dégager des premiers faisceaux d'idées pour traiter votre sujet.

1.2 Réflexion sur l'égalité

C'est l'un des mots-clés qui figure dans la devise de la République française : Liberté, Egalité, Fraternité.
C'était aussi le premier principe proclamé par la Déclaration des Droits de l'Homme et du Citoyen du 26 août 1789 : "Les hommes naissent et demeurent libres et égaux en droits. Les

distinctions sociales ne peuvent être fondées que sur l'utilité commune".

Ce fut aussi le premier principe proclamé dans le Préambule de la Constitution de 1946 : "La loi garantit à la femme, dans tous les domaines, des droits égaux à ceux de l'homme".

Il vous faudra donc examiner les applications du principe d'égalité dans les divers domaines : égalité civile, politique, économique et sociale. Ou encore : égalité formelle ou réelle, égalité matérielle, égalité de fait.

Il sera intéressant de raisonner également sur les antonymes, notamment les problèmes d'inégalité ou infériorité.

1.3 Hommes et femmes

Il sera intéressant de réfléchir sur les caractéristiques des deux sexes. Mais il ne faudra pas en tirer trop de pages : dans l'esprit des concours administratifs, il faut traiter les grands problèmes économiques et sociaux, mais ce n'est pas un devoir de philosophie ou de morale.

1.4 Principe ou réalité

Voilà des termes qui reviennent souvent dans les énoncés des sujets de dissertation.

Un principe est une proposition première, une règle s'appuyant sur un jugement de valeur, théorique, mais à portée absolue.

La clé de votre sujet réside dans l'analyse du décalage entre les principes et la réalité.

1.5 Prise en compte de la dimension européenne des problèmes

Depuis sa création, la Communauté, puis l'Union européenne, a reconnu le principe d'égalité des femmes et des hommes, d'abord pour les rémunérations, puis pour la protection sociale, pour les conditions de travail et pour l'accès à la formation professionnelle et à l'emploi.

La Cour de Justice européenne a rendu (... y compris contre la France) de nombreuses décisions qui précisent la notion de discrimination à l'encontre des femmes.

Il existe des "lois européennes" sur l'égalité de traitement et de rémunération entre hommes et femmes, et des programmes d'action européens pour l'égalité des chances. Exemple : le programme européen Now, New Opportunities for Women.

2. Exemple de copie commentée

"L'égalité entre hommes et femmes aujourd'hui en France : principe ou réalité ?"

COPIE	*COMMENTAIRE DES PROFESSEURS*
Les controverses sur la féminisation des titres ou des métiers exercés par les femmes témoignent de la persistance de la "question féminine" dans la société française. Plus précisément, elles mettent l'accent sur le retard pris par la France en matière d'égalité, malgré des proclamations de principe déjà anciennes.	**La phrase d'attaque** C'est une référence opportune à l'actualité. L'enchaînement qui suit est convenable.
La reconnaissance du droit de vote aux femmes a été vraiment tardive dans notre pays : il a fallu attendre 1944. Il a fallu attendre encore plus pour voir des femmes admises au concours d'entrée à Polytechnique, reçues à l'Académie française... ou encore accéder aux fonctions de Premier ministre. Les femmes ont maintenant aussi accès aux postes jusque-là réservés aux hommes dans l'armée ou dans la police.	*Alinéa 2* Référence justifiée : c'est une ordonnance prise à Alger par le Gouvernement provisoire de la République française, présidé par le Général de Gaulle. Entrée des femmes à Polytechnique : 1972 (Mlle Anne Chopinet a été reçue major). L'ENA avait été, dès sa création en 1945-1946, ouverte aux femmes. La première major fut Françoise Chandernagor en 1969. Premier ministre : Edith Cresson en 1991. Premières femmes élues à l'Académie française : Marguerite Yourcenar en 1981, Jacqueline de Romilly en 1988, Hélène Carrère d'Encausse en 1990.
L'égalité entre hommes et femmes a progressé au cours du XXe siècle. Mais des écarts importants subsistent entre le principe et la réalité.	*Annonce du plan* La candidate a formulé une annonce en deux phrases qui est claire, convenable. Autre formule de "balancement" entre les deux idées : …/…

COPIE	COMMENTAIRE DES PROFESSEURS
	"Si l'égalité entre hommes et femmes a manifestement progressé au cours du XXᵉ siècle, des écarts importants subsistent cependant entre les principes et la réalité".
* * *	* * *
I. Les progrès de l'égalité entre hommes et femmes	*I. Première partie et annonce des sous-parties*
L'égalité des sexes est un domaine dans lequel la France était manifestement très en retard. Mais les droits des femmes ont progressé parallèlement à l'augmentation de leur poids dans la vie active.	Là encore, la candidate a employé des formules convenables.
A. Le retard constaté en France	*A. Critique de la première sous-partie*
La France s'est montrée en retard dans le domaine politique comme dans le domaine social. En Grande-Bretagne ou aux Etats-Unis, les femmes ont acquis le droit de vote au lendemain de la Première Guerre mondiale (cf. le mouvement des "suffragettes"). Les femmes françaises ont dû attendre 1944. La société française avait une tradition culturelle très défavorable aux femmes. C'est ce que Simone de Beauvoir a dénoncé dans le *Deuxième Sexe*. Ce retard de la France a souvent été expliqué, comme celui de l'Italie ou de l'Espagne, par l'influence latine, tant sur le plan des mœurs que sur le plan juridique. Par opposition au droit coutumier, le droit romain avait imposé une conception inégalitaire.	Les comparaisons internationales sont, en principe, toujours les bienvenues. Pour beaucoup de sujets sociaux, culturels et politiques, les références seront utiles, soit avec les pays anglo-saxons, Grande-Bretagne, Allemagne, Etats-Unis, soit avec nos "sœurs latines", Italie ou Espagne. De même, les références historiques sont utiles. Attention toutefois : le jury a bien précisé "aujourd'hui, en France". Il ne faut donc pas transformer votre copie en devoir d'Histoire. Les références littéraires sont également utiles, valorisantes, puisqu'il s'agit d'une épreuve de culture générale. Le livre de Simone de Beauvoir, publié en 1949, a eu un grand retentissement.
	…/…

COPIE	COMMENTAIRE DES PROFESSEURS
La femme est restée une "mineure" au regard de la loi jusqu'à la fin du XIXe siècle. Le régime matrimonial était resté longtemps marqué par la "puissance paternelle".	Voici quelques autres références historiques intéressantes : – le mot *féminisme* est apparu dans la première moitié du XIXe siècle, – les premières femmes ministres sont apparues en juin 1936 (3 femmes sous-secrétaires d'Etat dans le Gouvernement du Front populaire), – un Secrétariat d'Etat à la Condition féminine a été créé en 1974 (première titulaire : Françoise Giroud).
B. L'évolution des dernières décennies Les dernières décennies ont été marquées à la fois par l'affirmation des droits des femmes et par une évolution socio-professionnelle considérable. Les droits des femmes ont été affirmés grâce à de grandes conquêtes qui se sont traduites par des lois importantes : modification des régimes patrimoniaux et réforme de l'autorité parentale, accès à la contraception, légalisation de l'interruption volontaire de grossesse. Il faut citer aussi le développement de la politique familiale (aides aux familles, allocations familiales, action sanitaire et sociale). Dès le début du siècle, le taux d'activité des femmes françaises est devenu supérieur à celui de beaucoup de pays européens. Au cours des années 1960, l'activité féminine rémunérée s'est généralisée. L'emploi des femmes est désormais une composante structurelle importante de la population active.	*B. Commentaire sur la deuxième sous-partie* A juste titre, la candidate a bien pensé à l'annonce des deux points principaux. *Point 1* : il faut effectivement citer les lois les plus importantes. Il aurait été bon de commencer par rappeler le Préambule de la Constitution du 27 octobre 1946, dont le premier alinéa proclame : "La loi garantit à la femme, dans tous les domaines, des droits égaux à ceux de l'homme". Il aurait été bon de mentionner plus précisément les principaux éléments de la politique familiale (les diverses catégories de prestations). *Point 2* : l'évolution socio-professionnelle. Autre point important à signaler : pendant longtemps, une chute de l'activité féminine avait été marquée de 25 à 40 ans, car les femmes pour élever leurs enfants, choisissaient de s'arrêter de travailler à l'extérieur, et reprenaient vers les 40 ans. .../...

COPIE	COMMENTAIRE DES PROFESSEURS
Sous l'effet des difficultés économiques, le "deuxième salaire" est devenu indispensable. En outre, la généralisation de l'enseignement a permis aux femmes de prétendre à des emplois plus qualifiés. Il faut donc constater une marche considérable vers l'égalité. Mais des écarts importants subsistent cependant. * * *	Ce phénomène est maintenant plus rare : une forte proportion des femmes réussit à continuer à travailler. *Remarque formelle* : il faut effectivement penser à une phrase de conclusion de la première partie, et à une transition vers la deuxième. * * *
II. Les écarts importants entre le principe et la réalité Deux principaux facteurs d'inégalité entre hommes et femmes sont aujourd'hui en question.	*II. Deuxième partie et annonce des sous-parties* Il aurait fallu préciser dès le début les deux domaines étudiés : les problèmes d'activité professionnelle et les problèmes d'ordre politique.
A. Les problèmes d'activité professionnelle Deux points sont à signaler particulièrement : les écarts dans l'accès aux emplois les plus qualifiés, et les écarts salariaux. Les femmes occupent en majorité des emplois classés dans les catégories professionnelles les moins bien rémunérées : près de 40 % des femmes sont ouvrières, et près de 50 % sont employées. Moins de 10 % des femmes actives sont cadres. Le taux de chômage des femmes est de près de moitié supérieur à celui des hommes. L'écart s'accroît en fonction inverse de la qualification, mais il est sensible pour toutes les catégories professionnelles.	*A. Première sous-partie* *Point 1* : l'inégalité des chances. C'est le problème le plus grave dans le domaine professionnel ou social. Il aurait pu être davantage souligné. Les chances pour les femmes d'accéder aux emplois les plus élevés sont très réduites. La proportion des femmes aux plus hauts niveaux hiérarchiques (emplois de direction) est de l'ordre de 5 à 6 % seulement. En ce qui concerne le taux de chômage, il est effectivement de l'ordre de 10 % pour les hommes et de 14 ou 15 % pour les femmes. …/…

COPIE	COMMENTAIRE DES PROFESSEURS
Les écarts salariaux sont aussi liés à des phénomènes de discrimination. A poste égal, les femmes sont moins bien rémunérées que les hommes. L'écart s'accroît dans les secteurs où la main-d'œuvre est moins qualifiée, moins bien protégée. Il s'accroît aussi pour les postes très qualifiés, où les femmes, paradoxalement, sont aussi maltraitées. Le principe "à travail égal, salaire égal" est donc loin d'être respecté.	*Point 2* : le domaine des salaires. Le problème de l'égalité dans le domaine des salaires peut être traité de façon encore plus approfondie. Malgré l'existence d'un ensemble de "lois européennes" sur l'égalité de traitement et de rémunérations, les disparités restent énormes. En outre, les différences de situation entre les femmes elles-mêmes ont tendance à s'accroître. En moyenne, les femmes gagnent moins de 20 % que les hommes. Selon les domaines, entre 20 % et 40 % des femmes travaillant à temps plein ont des bas salaires. Et plus de 80 % des travailleurs à temps partiel sont des femmes.
B. Les problèmes d'ordre politique La faiblesse de la représentation politique des femmes est assez flagrante en France. Cela se marque depuis la base jusqu'au sommet. Les statistiques font apparaître de graves distorsions, depuis les Conseils municipaux jusqu'à l'Assemblée nationale. Et, malgré les efforts accomplis par certains des derniers Gouvernements, la proportion des femmes ministres reste mineure (elle n'a jamais dépassé le tiers, et les femmes n'ont encore jamais eu accès à des postes-clés comme l'Intérieur, la Défense ou les Affaires étrangères).	*B. Critique de la dernière sous-partie* Il aurait fallu la construire en deux points, comme les précédentes. Notre suggestion : ajouter un point sur la parité (réforme constitutionnelle effectuée en 1999). Voici quelques chiffres qui auraient pu être cités : – moins de 3 000 femmes maires pour 36 000 à 37 000 communes, – dans les conseils généraux, guère plus de 200 femmes pour près de 4 000 élus, – à l'Assemblée nationale, moins de 60 femmes pour 577 députés, – dans le Gouvernement actuel (32 membres), 5 femmes ministres, 1 ministre déléguée et 4 secrétaires d'Etat, soit 10 femmes au total. …/…

COPIE	COMMENTAIRE DES PROFESSEURS
Les mesures destinées à promouvoir l'égalité hommes-femmes ont eu un impact non négligeable, mais qui reste limité. Il faut poursuivre les efforts pour corriger les mécanismes discriminants.	*Eléments pour la conclusion* En principe, il est recommandé de formuler une conclusion prospective. Vous pouvez vous demander si la société française est vraiment prête à accepter des modèles sociaux et politiques permettant d'assurer l'égalité des chances. Et recommander un travail d'implication professionnelle et politique tendant à mieux assurer l'égalité.

3. 2ᵉ sujet : "Est-il possible, selon vous, de développer l'exercice de la citoyenneté dans la France d'aujourd'hui ?"

Le corrigé type vous permet de prendre la mesure des connaissances qui sont nécessaires pour traiter de la question posée et propose deux exemples d'organisation de ces connaissances pour produire une copie très substantielle.

3.1 Premier plan possible

Introduction

Les institutions démocratiques n'ont pas de sens sans une participation effective des électeurs. L'abstentionnisme, même s'il n'est pas le plus violent, est l'un des pires ennemis de la démocratie.

Mais le problème ne se pose pas seulement sur le plan politique. Dans une République moderne, il faut développer la démocratie dans tous les domaines, l'administratif, l'économique et le social.

Les démocraties reposent en effet sur le postulat d'une très large participation du peuple dans tous les domaines. C'est à la fois la définition, la signification étymologique et la devise de la démocratie : "gouvernement du peuple, par le peuple et pour le peuple".

Voici deux exemples de formules pour l'annonce du plan
1° Formule de type "scolaire"
Il convient donc d'étudier les conditions du développement de la participation des citoyens dans le domaine politique d'abord, puis dans les autres domaines de la vie sociale.

2° Formule de "balancement des idées".

"S'il importe d'établir les conditions d'une meilleure participation sur le plan électoral, il convient de développer aussi la participation des citoyens dans le domaine administratif, économique et social".

I. Il faut assurer une meilleure participation des citoyens dans le domaine politique

A) Les élections politiques fondamentales et leur signification

– Elections présidentielles, législatives et sénatoriales. Elections locales : régionales, cantonales, municipales. Elections européennes. Le jury vérifiera que le candidat a bien fait mention de ces sept élections (... auxquelles il participe directement, à l'exception des sénatoriales).

– La participation directe des citoyens, par la voie du référendum (qui permet au peuple de trancher directement une question fondamentale). A cette occasion, la mention de quelques-uns des référendums de la Ve République peut se révéler utile.

B) Les défaillances de la vie politique

– Celles du système (exemple : les scrutins peu clairs, la multiplicité parfois excessive des partis et des candidats).

– Celles des partis et des hommes politiques (la corruption, les "affaires"...).

– Celles des citoyens eux-mêmes : le développement de l'abstentionnisme, ou encore la tentation de l'extrémisme.

C) Les remèdes nécessaires

– Les perfectionnements institutionnels et juridiques. L'organisation des campagnes.

– La lutte contre la corruption.

– L'information et l'éducation civique.

Citer les débats en cours sur la limitation du cumul des mandats.

Conclusion et transition vers II

La démocratie politique reste perfectible, c'est aussi une question de volonté quotidienne.

La France, qui a été pionnière en ce domaine depuis la Révolution de 1789, doit l'être aussi dans tous les autres.

II. Il faut développer la participation des citoyens dans tous les domaines de la vie sociale

Les structures et les procédures démocratiques se sont étendues, et doivent continuer à s'accroître dans tous les domaines de la vie administrative, économique et sociale.

A) Le domaine administratif

– L'extension de la décentralisation est l'un des aspects nouveaux de la démocratie. Elle s'effectue aussi bien au niveau des institutions administratives locales qu'à celui des établissements publics.

– Il faut souligner l'extension des attributions et de l'autonomie des collectivités territoriales, parallèlement à l'élection directe de leurs conseils (citer notamment la loi du 2 mars 1982 relative aux droits et libertés des communes, des départements et des régions).

– En ce qui concerne les établissements publics, il faut signaler la formule du tripartisme : représentation de l'Etat, des salariés et des usagers en parts égales au sein des conseils d'administration.

Certaines catégories d'établissements vont beaucoup plus loin : élections générales des conseils des établissements et des unités internes. C'est le cas pour les universités depuis la loi d'orientation du 12 novembre 1968 et pour tous les établissements publics à caractère scientifique, culturel et professionnel depuis la loi du 26 janvier 1984 sur l'enseignement supérieur.

Elément d'actualité : l'extension de la démocratie au niveau des lycées.

B) Le domaine économique et la vie professionnelle

Les mécanismes de représentation se sont développés dans les entreprises comme dans l'administration : participation aux conseils d'administration (déjà ancienne dans le secteur public), comités d'entreprises, comités techniques et commissions paritaires, comités d'hygiène et de sécurité, délégués du personnel.

Au plus haut niveau, il faut mentionner le Conseil économique et social, ainsi que les comités économiques et sociaux dans les régions.

Au niveau de l'entreprise, après les réformes du Front populaire et de la Libération, il faut mentionner la doctrine gaulliste d'association du capital et du travail (ordonnances relatives à l'intéressement et à la participation), puis les "lois Auroux", qui tendent à faire du salarié un citoyen dans l'entreprise.

Outre les procédures électorales internes, il faut citer notamment les élections aux Conseils de Prud'hommes et celles des organismes de la Sécurité sociale.

Vous pouvez évoquer les difficultés actuelles :

– difficultés économiques depuis 1973 ;

– difficultés de la contractualisation et de la négociation dans le domaine social.

Vous pourrez indiquer quelques pistes pour développer la participation… et signaler que celle des consommateurs est aussi un critère de la démocratie dans le domaine économique.

C) *Le domaine social et culturel*

Il faut souligner le développement des associations, fondations, mutuelles et coopératives.

Vous pouvez choisir quelques illustrations :

– au niveau national : le rôle des grandes associations et leur impact sur les pouvoirs publics ;

– au niveau local : les associations de quartiers et la pratique de la "micro-démocratie".

Examinez de façon plus précise le rôle des associations dans quelques domaines intéressants :

– l'environnement et la protection de la nature ;

– l'action humanitaire, les associations caritatives ;

– l'animation socio-culturelle ;

– les associations sportives.

Il faut, bien entendu, que le fonctionnement de ces associations soit lui-même parfaitement démocratique, et qu'elles se consacrent exclusivement à leurs missions sociales ou culturelles.

Conclusion générale

- Appréciations sur les rôles respectifs des structures administratives et juridiques, d'une part, et sur les facteurs humains, de l'autre.
- La nécessaire transcendance de la vie démocratique sur le plan européen (remède contre les "déviations technocratiques").
- Le rôle exemplaire attendu de la France pour rester fidèle à sa tradition.

3.2 Deuxième plan possible

Elément d'introduction

1° Une référence historique : des institutions très anciennes dans les démocraties occidentales. Les cités grecques, la République romaine. Mais tous les habitants n'avaient pas la qualité de citoyen…

2° L'évolution depuis deux siècles : la généralisation des institutions démocratiques dans le domaine de la vie politique, et leur extension dans tous les domaines de la vie sociale.

3° La problématique.

Elle est double :

- comment assurer une totale participation des électeurs (combattre l'abstentionnisme) ;
- comment étendre pleinement les principes démocratiques dans le domaine administratif, économique et social.

L'annonce de votre plan

Voici une formule d'annonce complète, qui vous permet de présenter à la fois les deux parties et leurs sous-parties :

I. En France, la citoyenneté est au cœur des réformes des années 1980, dans le domaine politique et administratif (A) comme dans le domaine économique et social (B).

II. Son plein exercice rencontre cependant des difficultés nombreuses et variées (A), auxquelles il importe de remédier par des méthodes appropriées (B).

I. La citoyenneté est au cœur des réformes dans tous les domaines

A) Le domaine politique et administratif

1° Les implications du cadre politique européen.

2° Les implications des nouvelles lois de décentralisation.

3° La démocratisation des services publics.

B) Le domaine économique et social

1° La participation aux instances de la vie économique et sociale.

2° Le développement des droits des travailleurs dans les entreprises.

3° La démocratie dans le domaine culturel et dans les établissements d'enseignement.

Conclusion I et transition vers II

Le cadre institutionnel et juridique offre maintenant un panorama très complet, favorable au développement de la vie démocratique dans tous les domaines. Cependant l'exercice effectif de la participation se heurte encore à de nombreux obstacles, qu'il importe d'étudier de façon approfondie afin de mieux y remédier.

II. Mais son exercice se heurte à de nombreuses difficultés, auxquelles il faut remédier

A) Un contexte peu propice à la participation

1° Les difficultés traditionnelles sur le plan politique.

Elles subsistent, voire s'aggravent (problème des partis et des hommes politiques, les "affaires"…).

2° Les difficultés du contexte économique et social (la crise, le chômage, les phénomènes d'exclusion…).

B) Les remèdes souhaitables

1° Pour un renouveau du civisme dans le domaine politique.

2° Pour l'exercice d'une nouvelle citoyenneté dans le domaine économique, social et culturel.

Idée de conclusion

Une nouvelle déclaration des droits et des devoirs de l'homme et du citoyen.

Observations

L'important, sur un tel sujet, sera de présenter un ensemble vivant et intéressant, prouvant au jury que le candidat est un citoyen et un fonctionnaire actif, soucieux de participer pleinement à vie de l'Administration et des Services publics comme à celle de la Cité.

CHAPITRE 13 — Analyse d'un texte à caractère économique et/ou social et réponse à une ou plusieurs questions

Texte : "L'économie cachée de la parenté"
(Contrôleur stagiaire externe des impôts – Année 1997 – Durée : 2 h 30 – Coefficient : 4)

1. 1ᵉʳ sujet sur le texte "L'économie cachée de la parenté"

1.1 Sujet

Travail à faire par le candidat :

I. Analyser le texte reproduit aux pages ci-après.

II. Répondre aux questions suivantes :

1. Expliquer les mots ou expressions :
– état spontané ;
– exhaustivité ;
– archaïsme.

2. Expliquer la phrase :
"les effets des échanges économiques entre parents peuvent donc être protecteurs et insérants".

3. A votre avis, quelle place la famille occupe-t-elle dans la société ?

1.2 Texte

Pour une raison politique, la question des "solidarités familiales" est à l'ordre du jour : la crise de l'Etat-providence, le coût croissant des systèmes d'assurances et d'assistance, l'émergence de nouveaux risques sociaux ont réactivé le thème de la solidarité mais selon une problématique qui tranche avec son acception classique.

Cherchant à dépasser les insuffisances du système de protection sociale, les pouvoirs publics appellent à une "solidarité active, diffuse dans le corps social, proche des hommes". Or, pour promouvoir ces "nouvelles solidarités", il faut d'abord rendre vigueur à celles qui existent à l'état spontané dans la société civile. Beaucoup souhaitent que la famille, perçue comme l'unité de base de la vie sociale, ait là un rôle moteur ; mais il s'agit moins de la famille conjugale, elle-même soumise aux risques de ruptures, que de la famille au sens large, c'est-à-dire la parenté.

Dans ce contexte politique s'est imposée et banalisée l'expression "solidarités familiales". Elle véhicule une représentation de l'entraide familiale volontiers simplificatrice (la famille serait par essence solidaire), irénique (la solidarité serait la traduction matérielle de la concorde) et globalisante (la solidarité serait le fait de la famille et non de tel ou tel en son sein) ; nous lui préférons donc un terme plus neutre : économie de la parenté.

A l'intérieur d'un réseau de parenté, biens et services circulent, tantôt sous la forme de dons ou de transmissions, tantôt sous celle de trocs ou d'échanges. Pour l'analyste, cette diversité recouvre différentes modalités d'un même modèle d'échanges, définis par deux critères : ils s'établissent entre parents non cohabitants (on laisse donc de côté la production domestique destinée aux membres du ménage) et consistent en prestations productives (ne sont donc retenus que les échanges satisfaisant des besoins de nature économique). Le premier critère, purement conventionnel, repose sur la distinction entre ménage et parenté. Le second est beaucoup plus complexe car on ne peut définir sans arbitraire ce qui relève de l'économique. Concrètement, cela signifie que nous n'intégrons pas les prestations qui concernent le "capital culturel" et le procès de socialisation, dont l'utilité économique est moins immédiate. Bien que productives, la plupart de ces prestations ne sont ni comptabilisées, ni perçues comme économiques par ceux qui les échangent : double raison de les qualifier d'économie "cachée", de la parenté.

Même entendus strictement, les échanges économiques entre parents sont très divers. L'analyse typologique les range en trois domaines d'intervention, selon la nature des ressources mobilisées et le rôle de la parenté.

Le premier type recouvre les prestations se rapportant à l'univers domestique : garde des enfants, aide ménagère, confection des repas, courses, soins aux plantes et animaux, bricolage, etc. Elles mobilisent des ressources matérielles, le temps nécessaire pour accomplir une action ou un service et le savoir-faire (peu reconnu socialement) requis pour cette action. Elles supposent donc disponibilité et polyvalence, ce qui explique qu'elles soient surtout échangées entre femmes (mères et filles).

Le second type concerne l'accès à autrui, par exemple pour trouver un travail, un logement, ou pour s'introduire dans un réseau de troc ou d'autoproduction. Cette fois, les ressources mobilisées sont sociales – relations, connaissances, informations. Ces prestations exigent une organisation souple, dite "en réseau", de la parenté.

Les transferts financiers correspondent au troisième type. Les ressources échangées sont économiques : aides pécuniaires (dons ou prêts d'argent) ou de nature patrimoniale (équipement ménager, voiture, maison). Ces flux financiers s'établissent le plus souvent en ligne directe, des ascendants aux descendants.

Les deux premiers types d'échanges sont purement informels, parce que souterrains ou soustraits aux statistiques officielles. Le dernier relève à la fois de la transmission patrimoniale déclarée (héritage et donations) et des relations financières officieuses, de la main à la main. La périodicité des échanges n'est pas la même selon les domaines : en matière domestique, elle est beaucoup plus soutenue, mais chaque prestation est plus ténue. Dans tous les cas, il s'agit d'échanges économiques *stricto sensu,* dont la valeur dérive de l'utilité et pour lesquels il existe un équivalent marchand ou dispensé par les services collectifs.

Nous dissocions ces prestations économiques des autres éléments constitutifs du lien de parenté. Mais c'est seulement à des fins d'analyse, car elles dépendent en réalité d'un processus global qui fait intervenir liens affectifs et normes relationnelles. La raison des échanges n'est pas strictement contractuelle et utilitaire. Donner et recevoir, c'est aussi exprimer son affection et se conformer à des attentes normatives. L'économie cachée de la parenté est une fraction d'un système plus vaste de "prestations totales".

La parenté peut ainsi assumer trois rôles économiques distincts : soutien domestique, mise en réseau, redistribution de revenu. Discrète, sa fonction s'avère tout à fait centrale ; en matière domestique, la parenté s'insinue au cœur de la vie économique quotidienne, alors qu'à travers ses interventions réticulaires et financières, elle assure une présence lors des phases-clés de la vie : passage à l'âge adulte, parentalité, retrait d'activité. Peut-on aller plus loin et évaluer le poids économique de chacune de ces composantes ?

Cette évaluation économique se heurte à quelques obstacles. D'abord elle supposerait qu'on dispose, pour chaque type d'échanges, d'un recensement détaillé des prestations. Or nous n'avons pour l'instant que des indicateurs ponctuels. Les travaux entrepris permettent de les multiplier, mais notre comptabilisation des échanges reste sommaire. L'*exhaustivité* en ce domaine est illusoire, chaque composante étant constituée de "petits riens", par nature difficiles à dénombrer. Toute évaluation, même fondée sur un bon matériau, est conventionnelle. Ensuite, la mesure du non-marchand est périlleuse : que faut-il mesurer et comment ? Chaque composante soulève des problèmes spécifiques.

On retrouve pour le premier type d'échanges, les difficultés propres à toute tentative d'évaluation de la production domestique : on commence par mesurer le temps consacré aux activités, puis on estime sa valeur en se référant aux substituts marchands (le manque à dépenser) ou au "coût d'opportunité" (le manque à gagner). Les évaluations, contrastées vont de 31 à 44 % du PNB pour l'ensemble de la production domestique du ménage. Aucun calcul ne distingue la part destinée aux parents non membres du ménage. On estime grossièrement qu'elle ne dépasse pas 10 % du total.

La valeur des échanges réticulaires est encore plus délicate à approcher. En admettant qu'elle soit réalisable, la mesure du temps qui leur est consacré n'a pas grand sens, car ces prestations concernent des ressources sociales dont la valeur n'est guère liée au temps qu'on leur consacre. On pourrait les comparer aux prix de leurs substituts marchands ; mais lesquels retenir ? Les équivalents existent, mais ne sont pas toujours marchands. Si l'on peut attribuer une valeur au service qui permet de trouver un logement en se fondant sur l'équivalent dispensé par une agence immobilière, quelle valeur reconnaître à la recommandation familiale qui permet de trouver un emploi sans recourir aux ANPE ou aux petites annonces ? Lorsque les substituts relèvent de l'économie publique ou de petits services, dont le coût d'obtention est nul ou peu en rapport avec leur utilité, la valeur du service est évidemment difficile à établir.

Les échanges financiers devraient mieux se prêter à la mesure. En réalité, leur évaluation est très complexe. D'une part, les prestations n'ont pas toujours une valeur économique reconnue. D'autre part, estimer la valeur actualisée de biens patrimoniaux reçus dans le passé pose de sérieux problèmes techniques. En outre s'ajoutent les difficultés de recensement : déjà réelles pour les héritages et donations, elles sont décuplées quand on aborde les flux financiers informels.

Toutes ces raisons rendent pour le moment impossible toute mesure globale de l'économie cachée de la parenté. Il faut alors se contenter de quelques ordres de grandeur. Nous citerons les plus significatifs pour chaque composante.

C'est le cas des enfants de moins de trois ans dont les parents travaillent et qui sont sous la garde régulière de leurs grands-parents. Il faut y adjoindre la garde occasionnelle : lorsque le ménage fait appel à quelqu'un pour accompagner un enfant ou le garder le soir ou la journée, c'est une fois sur deux à un membre de la parenté. Par rapport au voisin ou à l'ami, le parent occupe ainsi une place prépondérante. Sur l'ensemble des prestations s'échangeant entre ménages sur une année, la part des parents oscille entre 58 % pour les courses et 82 % pour la couture. En facilitant l'accès à un réseau de relations, la parenté permet de contourner les obstacles à l'insertion sociale et profession-nelle : un jeune sur cinq trouve son emploi, grâce à un parent ; proportion similaire pour l'accès au premier logement. Les flux financiers entre générations tendent à s'établir tout au long de la vie et se multiplient lorsque les donateurs sont à la retraite. Après 60 ans, une personne sur trois aide financièrement son entourage familial. Les transferts informels (dons et prêts d'argent, gros achats) complètent la transmission déclarée du patrimoine, dont un cinquième est aujourd'hui cédé entre vifs.

Difficilement quantifiables, ces échanges ont cependant une importance économique fondamentale : très variés, ils permettent d'améliorer le cours de l'existence et concernent surtout des moments de transition dans la vie. Pas uniquement destinés à protéger contre les risques et aléas du destin, ils servent aussi à mieux insérer leurs bénéficiaires dans la société, soit directement en créant du lien social, soit en les libérant de certains besoins pour qu'ils se consacrent à d'autres activités sociales : les services réticulaires illustrent le premier cas de figure, la garde des enfants, le second. *Les effets des échanges économiques entre parents peuvent donc être protecteurs et insérants.* Cette double fonction de protection et d'insertion découle de la position charnière de la parenté, située à la médiation de l'individu et du social. La parenté est bien un groupe intermédiaire et sans doute l'un des plus actifs qui soit. Il semble curieux que l'on s'en rende compte si tard.

L'économie de la parenté est restée secrète pendant très longtemps. Les raisons en sont pour l'essentiel idéologiques. L'individualisme libéral et le modèle républicain de la citoyenneté, qui constituent les références philosophiques de notre société, admettent mal l'idée d'une autorégulation familiale. Depuis la Révolution, les pouvoirs publics se méfient de la famille et s'efforcent d'en neutraliser l'influence en la dessaisissant de certaines de ses prérogatives. En un siècle et demi, l'Etat républicain, devenu ensuite "providence", s'est substitué dans bien des domaines au père, et même à la parenté : les orientations des politiques sociales (allocations familiales, retraite, Sécurité sociale), scolaire (généralisation du logement social) témoignent de cette évolution. On en vint à penser que la famille se privatiserait de plus en plus et que ses fonctions scolaires ne seraient plus qu'affectives et relationnelles. Cette opinion, pressentie avec inquiétude par Emile Durkheim, domina longtemps : la famille relève du "privé", sphère d'accomplissement d'un individu aspirant à l'autonomie. En dehors de l'unité nucléaire, les rapports de parenté ne comptent plus. Lorsqu'ils se maintiennent, seulement par survivance, car ils sont un *archaïsme* qui ne tardera pas à disparaître tout à fait.

Cette conception ne fait plus l'unanimité. Depuis une à deux décennies, sociologues et pouvoirs publics redécouvrent l'importance du soutien et de l'entraide dans la parenté. On prend conscience de la capacité des parentés à résister ou s'adapter aux changements, à traiter des problèmes (perte d'emploi, soutien aux personnes âgées, etc.). Dans les milieux populaires, la parenté fait même figure de "contre-société". Le terme de "solidarités familiales" s'impose, laissant entendre que toute famille est par nature solidaire. En fait, ce "retour de la parenté" est lourd d'enjeux : il intervient précisément au moment où l'Etat-providence s'essouffle. La problématique des "solidarités familiales" est contemporaine de la résurgence du thème de la solidarité. La reconnaissance du soutien dispensé par la parenté se transforme vite en appel aux "solidarités familiales". La représentation essentialiste et simpliste de l'entraide entre parents, qu'illustre bien l'expression servant à la qualifier, conduit les gouvernements à penser qu'elle pourrait se substituer aux solidarités institutionnelles défaillantes, retrouvant là sa vraie vocation. Un tel point de vue est très contestable, car il fait l'impasse sur des points essentiels.

En premier lieu, ces prétendues "solidarités" sont inégalitaires. Conditionnées par la démographie et la géographie familiales, elles créent des différences de traitement selon les familles. A âge et condition sociale identiques, un couple sans descendance (ou dont les enfants résident loin) ne dispose pas des mêmes ressources familiales qu'un couple entouré de ses enfants : le fait que les solidarités familiales soient actives et efficaces met *a contrario* en évidence les conséquences dramatiques de leur absence pour les personnes isolées. Les échanges économiques dans la parenté sont aussi marqués par de profonds clivages selon les catégories sociales, le sexe et les générations. Dans l'ensemble, ils profitent aux plus riches, notamment lorsqu'il s'agit d'échanges financiers, et reposent avant tout sur les femmes (exclusivement pour les échanges domestiques). Les bénéficiaires en sont surtout les enfants – à l'exception du soutien domestique, plus réciproque entre générations – mais ils perdent en pouvoir ce qu'ils gagnent sur un plan matériel : l'absence de réciprocité sur ce point autorise les parents à exercer un pouvoir sur leurs enfants, voire à contrôler en partie leur destinée sociale. Tant vantées depuis quelques années, car présumées conviviales et harmonieuses, les "solidarités familiales" ne sont donc pas neutres socialement. Accroître leur rôle renforcerait les inégalités.

En second lieu, elles ne sont pas de même nature que les solidarités collectives, avec lesquelles elles ont toujours coexisté. Elles peuvent en combler les imperfections, non s'y substituer. Au cours de l'histoire, un grand nombre de tâches de l'entraide familiale ont été déléguées à l'Etat ; elle s'est pourtant maintenue parce que ses services sont spécifiques : la personnalisation du soutien s'oppose aux critères bureaucratiques d'attribution des aides ; l'intimité familiale permet de rester à l'abri du contrôle étatique. Tantôt complémentaires, tantôt opposées, ces deux sphères sont aussi solidaires – les rapports de parenté se transformant en même temps qu'évolue l'intervention de l'Etat – et s'influencent mutuellement. La parenté est régulée par l'Etat (à travers les droits civil et social) et les politiques sociales familiales servent bien souvent à protéger les individus contre les risques liés à la rupture d'un lien familial. L'appel aux "solidarités familiales" ne peut faire comme si parenté et Etat étaient parfaitement substituables parce que non liés l'un à l'autre.

En dernier lieu, si les relations de parenté constituent un groupe intermédiaire très actif, elles se sont modifiées dans la durée : les échanges économiques entre parents ne marquent pas une solidarité naturelle et intemporelle. Ces "solidarités familiales" ne sont pas, comme la famille, immémoriales. Au contraire, à l'échelle de l'histoire, elles sont sans doute inédites. Les rapports entre générations ne sont plus autant que par le passé gouvernés par l'allégeance et la fidélité. Le modèle du lignage, groupe de descendance uni, fondé sur des droits et devoirs partagés, est remplacé par un autre aux contours plus flous, où les rapports entre générations combinent autonomie et dépendance. Du point de vue du soutien dispensé à ses membres, ce second modèle est moins sûr que le premier. S'il veut transférer à la famille une partie de ses charges, l'Etat aurait alors intérêt à éviter tout risque de blocage. Deux orientations sont d'ores et déjà explorées. L'une consiste à créer ce que F. de Singly appelle des "simili-familles", l'Etat incitant les familles à accepter ces charges nouvelles en les rémunérant. Localement, des expériences de "placement familial" sont tentées pour la prise en charge des personnes âgées dépendantes. L'autre vise, à partir du discours sur les "solidarités familiales", à légitimer l'idée de ce transfert, éventuellement en culpabilisant les premières concernées, les femmes. Le débat sur le salaire maternel s'inscrit dans ce dispositif.

L'économie de la parenté n'a pas vocation à remplacer les solidarités institutionnelles. Si quelques interventions de l'Etat devaient être transférées aux "solidarités familiales", comme le recommandent de nombreux rapports officiels, cela se traduirait par un recul de la solidarité. Soutien institutionnel et soutien familial ne sont équivalents ni dans leur principe, ni dans leurs conséquences. Il est illusoire de penser que les problèmes auxquels s'efforcent de répondre les politiques sociales pourraient être spontanément traités par les familles, ne serait-ce qu'en partie, sans dommage pour la cohésion sociale. La dualisation de la société en serait renforcée.

Les pouvoirs publics pourraient tout au plus faire en sorte que l'économie de la parenté ne se disloque pas, en veillant par exemple à ce que les parents ne soient pas trop isolés les uns des autres. Mais cela s'opposerait à l'exigence économique de la mobilité de la main-d'œuvre. Les "nouvelles solidarités" qu'appellent de leurs vœux les responsables politiques ne viendront pas beaucoup plus qu'aujourd'hui de la parenté. Celle-ci est déjà sollicitée et il n'est sans doute pas bon de lui en demander davantage. Si la crise de l'Etat-providence est vraiment profonde et durable, il faudra trouver ailleurs les ressorts d'une solidarité nouvelle.

Jean-Hugues DECHAUX, *Projet*, 1994.

2. Corrigé

L'économie cachée de la parenté

2.1 Corrigé de l'analyse de texte

La question des "solidarités familiales" est à l'ordre du jour selon une nouvelle problématique : le thème de la solidarité, avec la crise de l'Etat-providence, le coût croissant des systèmes d'assurances et d'assistance, l'émergence de nouveaux risques sociaux.

Les pouvoirs publics appellent à une solidarité active, diffuse dans la corps social, proche des hommes, en dépassant les insuffisances du système de protection sociale.

Pour promouvoir ces "nouvelles solidarités", il faut revigorer celles qui existent spontanément dans la société civile. La famille, perçue comme l'unité de base, aura là un rôle moteur (famille conçue au sens large, la parenté).

L'expression "solidarités familiales" véhicule une vocation de l'entraide volontiers simplificatrice, irénique et globalisante. Un terme plus neutre est préférable : économie de la parenté.

Les biens et services circulent à l'intérieur d'un réseau de parenté sous forme de dons ou transmissions, ou encore de trocs ou d'échanges. Ces prestations productives n'étant pas comptabilisées, ni même perçues comme économiques, peuvent être qualifiées d'économie "cachée" de la parenté.

Trois domaines d'intervention des échanges économiques entre parents peuvent être distingués :

– les prestations de l'univers domestique (garde des enfants, soins, repas, courses, bricolage...), mobilisant ressources matérielles, temps et savoir-faire, et supposant disponibilité et polyvalence,

– les prestations sociales grâce au réseau de la parenté (travail, logement...),

– les transferts financiers, aide pécuniaire ou patrimoniale (équipement ménager, maison, voiture).

La parenté assume ainsi trois rôles économiques distincts : soutien domestique, mise en réseau, redistribution de revenu. Mais leur évaluation économique est difficile, faute de recensement détaillé.

La production domestique du ménage serait de l'ordre de 31 à 44 % du PIB. La valeur des services ou échanges réticulaires (aides pour l'emploi ou le logement) est difficilement évaluable. L'évaluation des échanges financiers est très complexe.

Toute mesure globale de l'économie cachée de la parenté est donc impossible. Voici cependant des éléments significatifs.

La naissance des enfants stimule les échanges domestiques (garde régulière ou occasionnelle). A signaler aussi : les courses, la couture, l'aide à l'obtention d'un emploi ou d'un logement, les flux financiers entre générations.

Surtout aux moments de transition dans la vie, les effets des échanges économiques entre parents sont protecteurs et insérants.

L'économie de la parenté est longtemps restée secrète pour des raisons idéologiques (contradiction avec l'individualisme libéral, méfiance à l'encontre de la famille, et plus tard rôle de l'Etat-providence). La famille a été considérée comme un archaïsme. Mais on redécouvre son importance avec l'affirmation des solidarités familiales.

Mais ces solidarités sont inégalitaires. Leur absence est souvent dramatique pour les personnes isolées. Les solidarités profitent aux plus riches (notamment pour les échanges financiers), et reposent surtout sur les femmes (échanges domestiques). Les enfants sont bénéficiaires, mais soumis au pouvoir des parents.

Les solidarités familiales peuvent combler des imperfections des solidarités collectives, mais non s'y substituer. Les deux sphères sont tantôt complémentaires, tantôt opposées, et s'influencent mutuellement.

Les solidarités familiales se transforment. A l'ancien "lignage" se substituent des rapports plus flous entre générations, combinant autonomie et dépendance.

Des éléments nouveaux apparaissent : l'idée de "placement familial" pour les personnes âgées dépendantes, le débat sur le "salaire maternel".

La parenté est déjà assez sollicitée, les formes voisines sont incertaines. Si la crise de l'Etat-providence se poursuit, il faudra trouver ailleurs les ressorts d'une solidarité nouvelle.

(Article de Jean-Hugues DECHAUX, Revue *Projet*, 1994.)

2.2 Corrigé des réponses aux questions

1. Explication de mots ou expressions

– *état spontané* :

L'état spontané est celui qui existe de lui-même, naturellement, sans que la volonté humaine intervienne.

Cette expression peut s'employer dans le domaine scientifique (physique, chimie, sciences naturelles), comme dans le domaine social.

– *exhaustivité* :

C'est le caractère de ce qui est exhaustif, entièrement traité. Le sujet doit être considéré comme traité à fond, et même épuisé.

Dans le domaine universitaire, ou scientifique, l'exhaustivité va de pair avec la rigueur.

– *archaïsme* :

C'est le caractère de ce qui est ancien, antique, ou pire encore, périmé.

Dans les débats politiques, le mot s'emploie avec une nuance péjorative.

2. Explication de la phrase :

"Les effets des échanges économiques entre parents peuvent donc être protecteurs et insérants".

L'auteur a donné de nombreuses illustrations de ce propos :

– effets protecteurs : à tous les âges de la vie. La famille assure la protection de ses membres, depuis l'enfance jusqu'à la vieillesse, notamment par la prise en charge dans les périodes difficiles ;

– effets insérants : notamment pour les jeunes et aux périodes de transition. L'auteur a donné comme exemples principaux l'obtention d'un emploi ou d'un logement.

3. A votre avis, quelle place la famille occupe-t-elle dans la société ?

Vous pouvez répondre en deux temps :
– la place de la famille s'est transformée,
– mais son rôle reste essentiel.

La principale transformation de la famille, c'est son resserrement sur le noyau essentiel : les parents et les enfants.

Le rôle de la famille reste essentiel, y compris pour les pouvoirs publics. C'est pourquoi il est périodiquement question, au Parlement et dans l'exposé des projets du Gouvernement, de "renforcer la politique familiale".

*
*   *

Coïncidence dans les sujets de concours : voici le sujet du concours externe (épreuve n° 1) du concours de contrôleur des Impôts en 1996 :

Composition française : "A votre avis, et compte tenu de son évolution, la famille reste-t-elle une valeur d'avenir dans les sociétés occidentales ?"

Texte : "L'avenir des marques"
(Contrôleur stagiaire externe des impôts – Année 1998 – Durée : 2 h 30 – Coefficient : 4)

> 3. 2ᵉ sujet sur le texte : "L'avenir des marques"

3.1 Sujet

Travail à faire par le candidat

I. Analyser le texte reproduit aux pages ci-après.

II. Répondre aux questions suivantes :

1. Expliquer les mots ou expressions :
– impérialisme ;
– micro-société ;
– potentiel.

2. Expliquer la phrase :
"La composante la plus délicate à définir, et pourtant plus que les autres indispensable à l'épanouissement d'une marque référence, est la dimension charismatique".

3. A votre avis, quelle pourrait être l'influence des marques sur le consommateur du troisième millénaire ?

3.2 Texte

On ne peut évoquer le devenir de la marque sans s'interroger sur celui à qui elle est destinée : le consommateur. A-t-il toujours besoin de ces marques ?

Observons d'abord que la relation qu'un consommateur a sociologiquement avec la marque, peut être de deux ordres. Soit la marque s'adresse à ce consommateur en tant qu'individu, et la communication sera personnalisée, fera référence, à des souvenirs d'enfance, à un événement heureux, etc. (exemples : *Yves Rocher, Renault, FNAC, Apple*), soit elle s'adresse au consommateur par une relation de masse : l'appartenance au groupe est le principal levier. Cette technique est utilisée par les marques dites *impérialistes* (exemples : *Coca-Cola, Hollywood*, les lessives). Ce sont deux formes d'une même école, celle du marketing intentionnel, c'est-à-dire qui se plie aux attentes du consommateur tout en préservant les valeurs de la marque.

Reconnaissons pourtant, qu'aujourd'hui, il faut flexibilité et énergie pour suivre le consommateur dans sa mutation. L'époque est bien loin (avant 1992 !) où la consommatrice de type socioprofessionnel A, achetait dans les produits de type A, dans les magasins de type A dont elle avait lu la publicité dans les médias de type A... Nombre de marques ont disparu pour ne pas avoir compris qu'aujourd'hui cette consommatrice privilégiée peut acheter les "basiques" chez *Leader Price*, le foie gras chez *Monoprix*, la pâtisserie chez *Fauchon*, les chaussettes chez *Tati* et les bas chez *Christian Dior* ! Une drôle de cliente ! Quel plan média faut-il lui préparer pour espérer la sensibiliser aux marques ? La réponse est dans moins d'actions générales pour plus d'actions terrain : design, promotion des ventes, merchandising, catalogue et bientôt Internet.

L'arrivée des nouveaux modes de communication et donc de nouveaux modes d'achat va dans les prochaines années encore compliquer le schéma de développement des marques. La distribution numérique (téléachat, CD-Rom, réseaux on-line) associée aux nouveaux types de comportements que prédisent les sociologues – micro-sociétés, tribus, castes de consommateurs, chapelles, groupements, sectes – va amener une explosion de l'offre : nouveaux circuits de distribution, nouveaux services, nouveaux produits... et apparition de nouvelles marques.

Il est révélateur d'observer que l'homme le plus riche de la planète est l'inventeur d'une marque qui date d'une vingtaine d'années ! On aura reconnu Bill Gates et sa marque fétiche *Microsoft* ; chacun s'accorde à reconnaître à Bill des talents de marketeur génial plus que de génial informaticien. Son coup de maître a plus été dans le choix de la marque *Windows* qui fermait la porte si j'ose dire, aux autres programmes à fenêtre, y compris à *Apple*, inventeur du système !

Entre les marques impérialistes et les marques destinées aux *micro-sociétés* (mais les croisements ne sont pas à exclure) nous allons vers un monde élargi des marques : des méga-marques au statut universel aux micro-marques au statut hyperspécialisé. Parions que dans dix ans, près des deux tiers des marques proposées aux marchés seront nouvelles.

Alors, qui parle de la disparition des marques, au moment où un feu d'artifice de nouvelles identités commerciales surgit ? Ne vaut-il pas mieux parler de mutation profonde, de bouleversements dus aux nouvelles donnes socio-économiques ? Là aussi, le phénomène n'est pas récent, même s'il s'est brutalement accéléré aujourd'hui. Certains gardent en mémoire des marques qui se sont désintégrées, alors que la menace de la distribution moderne était pourtant inexistante : *Lion Noir, Crio, Boldoflorine, Cadoricin, Delahaye, Panhard...*

La vie d'une marque ne ressemble en rien à un long fleuve tranquille ; si l'on tient à conserver la parabole du fleuve, imaginons-le avec des rapides, des bras morts, des îles, des cascades, des marécages, un delta, des crues et... la sécheresse sans oublier la pollution.

Bien que toute schématisation soit exclue, tant la notion de marque recouvre de diversités d'offres, l'étude menée par Carré Noir auprès d'un millier de cas de stratégies de marques, permet pourtant d'observer que le déroulé de la vie d'une marque comporte cinq phases lorsqu'elle va jusqu'à son terme. Sinon, on parlera d'une vie ne comportant que deux ou quatre phases, ce qui est le cas de plus de 85 % des produits lancés.

Plus d'un million de marques sont déposées chaque année dans le monde auprès des établissements de protection des marques. En France, le chiffre s'élève à 61 583 dépôts nationaux et internationaux. Chiffre qui a tendance à baisser, puisqu'à titre de comparaison, il était de 69 470 en 1990, 65 151 en 1991… Quant au plan mondial, les chiffres sont en perpétuelle augmentation et ceci de façon très sensible. L'avenir des marques est assuré, mais cet avenir suit les fluctuations de l'économie mondiale : les marques se développent là où l'économie est en progression.

Pendant cette phase de lancement, la jeune marque consacre ses efforts à affirmer son positionnement avec tous les moyens et atouts dont elle dispose : à tout prix, afficher haut et fort une différence pendant les premiers mois du lancement est vital. Ainsi en a-t-il été en 1994 de *La Banque Directe*, en 1995 des boissons au thé *Colorado* (McCain), de *Ace* (Procter).

Passé l'effet de mode, la marque traverse une deuxième période à hauts risques. "Stop ou encore" pour parodier une émission de RTL. Le produit convainc-t-il peu, la publicité a-t-elle raté sa cible, le design est-il inadapté, que les ventes chutent, les centrales d'achat déréférencent immédiatement. *Krony, Talbot* pour des raisons diverses, ont connu ce sort : marques *sans potentiel*, elles disparaissent. A l'opposé *Coup de Cœur* et ses caleçons, *Naf-Naf* et ses cochons passent le cap difficile, se révèlent être des marques à potentialité qui investissent un véritable territoire de marque, en attendant la prochaine phase.

Les marques sans potentialité ont disparu, reste à celles qui ont un potentiel à confirmer leur ambition nationale ou internationale, à clamer leur spécificité pour maintenir la concurrence à distance, à améliorer la distribution, etc. Dans cette période, les changements de cap sont à proscrire : la marque, par la conquête des parts de marché, est en période de consolidation. Toutes ses "énergies" sont focalisées vers un seul but : "tenir".

La vie d'une marque échappe difficilement aux cycles de la vie biologique. Elle connaît les heures de gloires, les doutes, les traversées du désert, – la résurrection (mais là on entre dans un cycle divin !) –. Les histoires des grandes marques sont à ce titre passionnantes à lire : les biographies d'André Citroën, de Henry Ford, la dynastie Daum, valent les plus beaux romans d'aventure.

Cette phase de déploiement peut s'étaler sur plusieurs décennies. Trois cas se présentent ici : grâce à un renouvellement sans relâche du "mix marketing" (ensemble de tous les outils de production, de communication, de vente mis à la disposition de la marque) pour anticiper les mouvements de consommation, la marque se déploie, conquiert de nouvelles générations de consommateurs. Citons pour exemple de marques en expansion : *Findus, Lafarge, Honda, Yves Rocher, FNAC...* et des centaines de milliers d'autres.

Certaines marques déclinantes, ne trouvent pas le souffle régénérateur qui permet l'expansion. Les raisons en sont multiples, mais elles sont toujours dues à la faiblesse imaginative, créative de ses tuteurs à un instant donné : la marque n'a pas su se "réinventer" au bon moment. Le déclin est inéluctable, mais pas systématiquement définitif. Citons pour exemple de marques en déclin : *Chevignon, Bénédictine, Rivoire & Carret, La Vie Claire...* Le temps est l'ennemi à combattre.

Le dernier cas est la marque accidentée ; son évolution a des ratés dus à des coupures brutales ; des choix stratégiques erronés, des absorptions multiples, une concurrence imprévue, etc. La marque accidentée peut mourir... ou resurgir avec de nouvelles ambitions. Auquel cas, tous les moyens pour redorer l'image ternie sont à orchestrer, avant qu'il ne soit trop tard : *Oasis, Bull, Skip, Crédit Lyonnais...* par exemple. Quant à celles qui ont jeté l'éponge, elles se comptent par dizaine de milliers : *L'Alsacienne, La Voix de son Maître, Goupil, Euromarché*. D'autres marques accidentées se débattent : *K-Way, Testut...*

La marque est en possession de tous ses moyens : recherche et développement, commercialisation, communication, conquête territoriale... Riche de son expérience, consolidée par les réussites d'une reconnaissance et d'un statut auprès de sa clientèle : elle a atteint l'orbite haute. Pour se maintenir sur orbite, elle utilisera et réutilisera en permanence les composantes de sa potentialité pour générer un style, un langage qui lui sera propre et que ses clients s'approprieront : *Bic, Mercedes, Heineken, Levi's, Louis Vuitton, Dom Pérignon...*

Gardons-nous de décrire le paradis terrestre : cette phase est aussi celle de tous les dangers. Plus rares qu'en phase 4, ils sont redoutables par leur dimension planétaire. Rappelons-nous *IBM, Chrysler.*

Même en cette phase finale, la marque reste menacée. Le chemin peu tranquille des cinq phases de développement de la marque ressemble à un véritable parcours du combattant.

Une marque, dans son développement, est inexorablement attirée vers le bas (absence de potentialité, accident, déclin) comme le tableau des cinq phases l'illustre. La mise en orbite finale ne peut s'effectuer sans propulsion d'étages successifs. Une fois l'orbite atteinte, l'accompagnement de la marque ne s'arrête pas puisque des corrections sont à apporter en permanence.

Pour autant, il existe des marques plus douées pour le succès que d'autres : celles qui atteignent le statut de marque référence. L'analyse de ces marques menée par Carré Noir avec l'aide d'un cabinet américain, Zand & Associates, et d'un cabinet japonais, Communication Science Institute, à Tokyo, a conduit à la conclusion qu'il y a huit composantes indispensables au succès d'une marque. Les marques peuvent être placées, par définition, dans chacune des huit composantes. Elles figurent dans la composante qui la caractérise le plus.

Une marque devant "s'engendrer" en permanence en travaillant en permanence son propre territoire, celui-ci doit être riche, varié, humain, original pour permettre un ensemencement continual. Sinon les actions de diversification, les opérations promotionnelles, les accidents, auront pour conséquence d'épuiser le fond même de la marque, littéralement de l'assécher. La marque tient alors un discours qui l'éloigne de son axe fondamental, celui gravé inconsciemment et consciemment dans l'esprit de son public. Il s'agit de lancer la marque en avant de plus en plus loin dans le respect de l'axe invisible initié au départ. *Ferrari, Chanel, l'Institut Pasteur*, peuvent à l'infini s'appuyer sur l'esprit maison : ici les gènes sont humains *(Enzo, Coco, Louis)* donc inépuisables ; *Evian, Marlboro* ont dans leurs codes une source géographique (Alpes, Texas) décors de rêve, où l'action de communication peut se dérouler à l'infini. Ces valeurs constituent une sorte de contrat de fidélité et de confiance avec les clients.

On retrouve ici brevets, recettes, secrets de fabrication, avancée conceptuelle, bond technologique, positionnement original, etc., autant de signes d'un esprit pionnier. Cette composante est celle qui donne sa raison d'être à la marque, qui représente sa réelle contribution au monde commercial et donc, finalement, au bien-être du consommateur. Ce dernier adopte un comportement chaque jour plus contestataire vis-à-vis des "marques-communes" pour ne s'intéresser qu'aux marques références. *Michelin* repousse les limites de la sécurité automobile, *Swatch* transforme la montre en objet de mode accessible à tous, *Moulinex* libère les femmes, *Yves Rocher* promet la beauté par la nature. Quels programmes !

Une marque référence possède des "signes distinctifs" qui la détachent des marques communes. Etablir un parallèle avec les hommes publics est tentant. Tous possèdent des signes distinctifs qui trouvent souvent leur origine dans des traits physiques ou dans des accessoires : Cléopâtre, Vercingétorix, Henri IV, Jeanne d'Arc, Napoléon, Roosevelt, Clemenceau, Hitler, Pétain, de Gaulle, Churchill, Charlie Chaplin, Marylin Monroe... Le public a besoin de ces signes qui vont parfois jusqu'à la caricature, pour adopter un personnage ou... une marque. Pour cette dernière, les signes particuliers peuvent être de multiples origines : nom, logotype, design, produit fétiche. *Lacoste* et le crocodile, *Sony* et le walkman, *Absolut* et sa bouteille, *Le Bon Marché* et son identité visuelle révolutionnaire. Autant de signes qui favorisent la mémorisation des marques.

Une marque qui se tait est une marque qui s'éteint. Elle doit entretenir un dialogue permanent avec les collaborateurs de l'entreprise, le réseau de distribution et le consommateur. Si la publicité est le moyen le plus spectaculaire, elle n'est pas l'unique canal d'expression de la marque. Les relations publiques, promotions commerciales, le mécénat et les réseaux informatiques (Internet) sont autant de moyens de combattre l'indifférence, l'infidélité et l'oubli qui guettent en permanence la marque. *Heineken, Fun Radio, La Redoute, Body Shop* cultivent, sur leur propre territoire, les opportunités de communication avec leurs cibles : *Heineken* pilonne, *Fun Radio* mobilise les jeunes, *La Redoute* écrit, téléphone et *Body Shop* utilise ses magasins comme des lieux de contestation, de vote et... de vente.

Vérité de La Palisse... la marque doit veiller à rester sur des courants de marchés porteurs, c'est-à-dire coller aux besoins des consommateurs pour satisfaire leurs besoins. Quelles sont aujourd'hui les grandes marques de vêtements de fourrure, de vélomoteurs ou de machines à écrire ? *Microsoft* et *Compaq* ont su se positionner sur des marchés en développement, *Nintendo* a mis l'informatique dans la poche des enfants et *Hachette* glisse de l'information imprimée à la communication numérique. Combien de marques ont disparu à cause d'un management sans vision ?

Dans une économie de surabondance de l'offre, cette composante est capitale ; le consommateur n'est pas prêt à faire un effort pour trouver sa marque (encore que cela doit être modulé en fonction de la nature du produit). Le téléachat ou tout autre forme d'achat par réseau informatique révolutionne le rapport acheteur/marque. La marque court-circuite les espaces de ventes traditionnels pour frapper à la porte du consommateur. La marque référence est celle qui s'adapte aux évolutions du consommateur. L'*Oréal* est implanté sur tous les réseaux : parfumeries, salons, super-marchés. Son concurrent japonais *Kanebo* s'installe dans les convenience stores, *Tupperware* se fait inviter dans les tea-parties et la *Banque Directe* téléphone. Nous sommes loin du temps où les marques attendaient que le client veuille bien pousser la porte du magasin. La révolution de la diffusion des marques ne fait que commencer.

L'esprit de conquête se traduit dans l'entreprise par une recherche de la performance. Leitmotiv des années 1990, la compétitivité signifie pour le consommateur qu'il en "veut pour son argent" et aujourd'hui plus que jamais ; le poids seul de la marque ne lui suffit plus. Le sacro-saint rapport "qualité/prix" est entré dans le langage public… A ce prix seul, l'entreprise pourra générer des profits qui permettent de nouveaux développements, qui eux-mêmes assureront les profits futurs. *Bic* a introduit le jetable à bas prix, *British Airways* par une politique de regroupement de réseaux, a réduit ses tarifs, *Ikea* a lancé le kit pour économiser le prix du montage des meubles. L'esprit de conquête à l'intérieur de l'entreprise se concrétise par une lutte avec la concurrence et la recherche de l'expansion territoriale.

La composante la plus délicate à définir, et pourtant plus que les autres, indispensable à l'épanouissement d'une marque référence, est la dimension charismatique. Carré Noir la qualifie de "dimension utopique". Notion subjective, faite d'une part de mystère, de personnages exceptionnels, de légendes, de sites célèbres (Paris), de rencontres avec l'histoire, etc. Cette composante omniprésente dans les marques de prestige, peut s'appuyer sur la tradition d'une famille (les banques *Rothschild*), le mythe des pionniers (*Levi's*), le sens de la communication d'un homme (Luciano *Benetton*), le génie d'un fondateur (*Virgin*). Par sa dimension émotionnelle, ce dernier critère placé ici comme la cerise sur le gâteau, est universel, intemporel et… fragile ! Mais être une marque référence est à ce prix.

L'évolution du nouveau consommateur ne s'oriente pas vers un marché de "non-marques" ; c'est la tendance inverse qui s'observe. Des secteurs alors anonymes s'identifient commercialement. Dans une étude publiée par le Crédoc en 1994 ; seules 13 % des personnes interrogées déclaraient ne pas être du tout influencées par la marque dans le choix d'un produit et 10 % seulement ne recherchent pas le label de qualité. Pour les autres, la marque, le label, sont les éléments de choix d'un produit. Aujourd'hui, existent des marques de salades toutes prêtes, de viande préemballée, de réseaux numériques, de sociétés de développement rapide de photo, d'organisation de vacances... à nouveaux besoins, nouveaux signes d'identification et donc nouveaux territoires pour les marques.

Gérard CARON
Futuribles, n° 206, février 1996.

4. Corrigé

Article de la revue *Futuribles* sur l'avenir des marques

4.1 Corrigé de l'analyse de texte

Pour évoquer le devenir des marques, il faut s'interroger aussi sur leur destinataire : le consommateur.

Première observation : la relation entre un consommateur et une marque peut être de deux ordres.

Soit elle s'adresse au consommateur en tant qu'individu, avec une relation personnalisée, en référence avec des images heureuses (exemples : Yves Rocher, Renault, Fnac, Apple).

Soit elle utilise une relation de masse, l'appartenance au groupe étant le principal levier, technique utilisée par les marques dominantes comme Coca-Cola, Hollywood ou les lessives.

Ce sont deux formes d'une même école, le marketing intentionnel, qui se plie aux attentes du consommateur tout en préservant les valeurs de la marque.

Le comportement du consommateur a changé. Avant, il était fixe et déterminé : les produits, les magasins et la publicité correspondaient au profil d'une consommatrice donnée. Aujourd'hui le comportement est erratique : la consommatrice peut acheter les basiques dans un magasin bon marché et d'autres articles dans plusieurs magasins plus ou moins spécialisés. Pour la sensibiliser aux marques, il faut moins d'actions générales et plus d'actions de terrain : design, promotion des ventes, merchandising, catalogue et bientôt Internet.

Les nouveaux modes de communication (donc nouveaux modes d'achat) vont compliquer le schéma de développement des marques. La distribution numérique (téléachat, CD-Rom, réseaux on-line) provoquera une explosion de l'offre : circuits de distribution, services et produits nouveaux... et apparition de nouvelles marques.

L'homme le plus riche du monde, Bill Gates, a inventé les marques Microsoft et Windows, et elles sont toujours présentes.

Nous allons vers un monde élargi des marques : méga-marques au statut universel, micro-marques au statut hyper-spécialisé. Dans dix ans, près des deux tiers des marques proposées aux marchés seront nouvelles.

Des vieilles marques disparaissent, des nouvelles surgissent, le phénomène s'accélère. Plus d'un million de marques sont déposées chaque année dans le monde, plus de 60 000 en France.

La vie d'une marque peut comporter jusqu'à cinq phases : lancement, croissance ou disparition immédiate, confirmation du potentiel, déploiement, épanouissement en orbite haute – véritable parcours du combattant, avec propulsion d'étages successifs.

Les marques les plus performantes atteignent le statut de marque référence. Il faut un territoire riche, permettant une diversification, des opérations promotionnelles, la confirmation des valeurs avec fidélisation de la clientèle (exemples variés : Ferrari, Chanel, Institut Pasteur).

Il faut savoir maintenir l'esprit pionnier (exemples : Michelin, Swatch, Yves Rocher). Les signes particuliers sont utiles (Lacoste et son crocodile). Le dialogue doit être maintenu avec le public, en combattant l'indifférence ou l'oubli, avec un management visionnaire.

Une révolution de la diffusion des marques a commencé : esprit de conquête, recherche de la performance, culture du rapport "qualité-prix", voire dimension charismatique (exemple : le mythe des pionniers chez Levi's).

La marque, le label sont pour la très grande majorité des consommateurs les éléments de choix d'un produit.

A nouveaux besoins, nouveaux signes d'identification et donc nouveaux territoires pour les marques.

(Article de M. Gérard CARON, février 1996.)

4.2 Corrigé des réponses aux questions

1. Explication de mots ou expressions

Les mots choisis sont faciles à trouver dans le texte, puisque le jury les a soulignés.

A défaut, il faudrait penser à noter (cocher) leur place ou leur contexte dès votre première lecture du texte de base.

- *Impérialiste :*

Cet adjectif qualifie une conduite tendant à la domination.

La marque impérialiste est celle qui cherche à dominer totalement le marché ; exemple connu : Coca-Cola.

- *Micro-société :*

Micro est un préfixe qui indique le petit, ou l'infiniment petit. En mathématiques, c'est la division par un million.

Les micro-sociétés sont donc toutes les petites sociétés.

N.B. : Le mot société est polysémique (c'est-à-dire qu'il a plusieurs sens). Il peut désigner notamment la communauté humaine, le milieu humain, ou bien une entreprise industrielle et commerciale.

- *Potentiel :*

L'adjectif *potentiel* qualifie ce qui existe en puissance, exprime une possibilité.

Le substantif désigne une capacité d'action ou de production.

Une marque sans potentiel est dénuée de puissance, vouée à la stagnation, au déclin, à la disparition.

Les marques à potentiel sont appelées à se développer.

2. Phrase à expliquer

"La composante la plus délicate à définir, et pourtant plus que les autres indispensable à l'épanouissement d'une marque référence, est la dimension charismatique".

A l'origine (en théologie), le charisme est un don particulier conféré par grâce divine, pour le bien commun.

Plus couramment, c'est la qualité qui permet à son possesseur d'exercer un ascendant, une autorité sur un groupe. Exemple : le charisme du Général de Gaulle, un leader charismatique.

La dimension charismatique est celle qui donne du prestige, permet de prendre de l'ascendant.

Cette dimension de prestige est souvent délicate à définir, mais elle est plus que les autres indispensable à l'épanouissement d'une marque.

Vous pouvez reprendre les exemples cités à titre de référence, ou en ajouter d'autres, comme Ariane ou Airbus.

3. A votre avis, quelle pourrait être l'influence des marques sur le consommateur du troisième millénaire ?

La question va sans doute trop loin : il ne semble pas possible de donner des prévisions pour tout le IIIe millénaire. La réponse se bornera donc au XXIe siècle.

La réponse peut être en deux temps : les marques vont certainement chercher à accroître encore leur influence, mais le consommateur peut être de mieux en mieux défendu.

Les marques vont chercher à accroître leur influence en utilisant les nouveaux modes de communication et les nouveaux modes d'achat.

Vous pouvez reprendre les exemples cités dans l'article : télé-achat, CD-Rom, réseaux on-line.

Elles vont aussi chercher à utiliser les nouvelles structures sociales ou les nouveaux types de comportement, les nouveaux circuits de distribution.

Leur puissance peut s'accroître proportionnellement à la libéralisation des marchés et à la mondialisation de l'économie.

Cependant le consommateur peut être de mieux en mieux défendu. C'est le rôle des pouvoirs publics : vous pouvez citer à la fois des exemples spécifiquement français et le rôle des services de l'Union européenne.

C'est aussi, bien entendu, le rôle des associations de consommateurs. Ce rôle est certainement appelé à se développer en France, autant qu'aux Etats-Unis.

Vous pouvez terminer par une appréciation sur le plan individuel : le consommateur sera certainement de plus en plus averti et actif. Cf. la notion de consommateur-citoyen.

CHAPITRE 14 — Résumé de texte suivi de réponses à des questions

Texte : "Qu'avons-nous fait de leurs vingt ans ?"
(Contrôleur des douanes et droits indirects – Branche de la surveillance – Année 1999 – Durée : 3 h – Coefficient : 4)

> 1. 1er sujet sur le texte "Qu'avons-nous fait de leurs vingt ans ?"

1.1 Sujet

Travail à faire par le candidat

I. Résumez le texte ci-après en 110 mots (un écart de plus ou moins 10 % est toléré). Vous indiquerez à la fin de votre résumé le nombre exact de mots qu'il comporte.

II. a) Expliquez les mots suivants :
– acuité,
– écueils.

   b) Expliquez les expressions suivantes :
– comme des apprentis ethnologues,
– vieux schémas en faillite.

235

III. Selon l'auteur, la génération des 18-25 ans aspire à une "approche plus humaniste des grands problèmes de la planète". Partagez-vous cette opinion ?

IV. Quels semblent être à votre avis les principaux problèmes de la jeunesse actuelle ?

1.2 Texte

Qu'avons-nous fait de leurs vingt ans ?

Lancinante, parfois insupportable, la question se pose et s'impose à nous avec chaque jour plus d'acuité. Elle obsède les meilleures consciences, culpabilise nombre de parents, trouble les enseignants et les éducateurs et déroute les politiques. En imposant le silence aux intéressés.

Ils sont nés dans des familles éclatées, parfois atomisées, ont été plongés dans un système éducatif en perpétuelle mutation, abordent le chemin tortueux des petits boulots et de l'Agence nationale pour l'emploi.

Ils désertent les mouvements associatifs, fuient les formations politiques classiques et tournent le dos aux syndicats pour planter le nez dans les étoiles et rêver d'une société plus solidaire, d'une terre mieux protégée, d'une approche plus humaniste des grands problèmes de la planète.

Ils savent que l'amour peut être mortel, la crise durable et la guerre toujours possible à deux pas des frontières. Qu'avons-nous fait de leurs vingt ans ?

Acteurs directs ou indirects, nous observons à bonne distance, comme des apprentis ethnologues, cette génération pas comme les autres. Ne sachant trop que dire ni que faire. Refusant d'y reconnaître le fruit de nos amours.

Ils ne forment pas vraiment une population homogène mais expliquent sans haine ni complexe leurs différences sociales, culturelles ou géographiques.

Ils font taire leurs divergences pour faire cause commune face aux mêmes "galères", aux mêmes écueils sur lesquels – drogue ou sida – leur jeune vie peut s'échouer.

Ils refusent nos références pour parler d'une même voix d'un monde bien à eux, sans vouloir des vieux schémas en faillite ni savoir par quoi les remplacer.

Leurs doutes puisent leurs racines plus dans leurs interrogations intérieures que dans un quelconque rejet de la société qui les entoure. Bien incapables, souvent, de contester des règles qu'ils ont beaucoup de difficulté à comprendre.

Ils forment, entre dix-huit et vingt-cinq ans, une génération en mal d'héritage, à qui rien de solide, rien de crédible, rien d'enthousiasmant ne semble avoir été légué. Une génération en manque d'histoire et de racines pour inventer son avenir. Une génération en quête de repères, qui cherche des bornes et des balises pour tracer son itinéraire. Une génération qui, pour l'heure au moins, n'aspire ni à bousculer ni à combattre, mais qui réclame un peu d'écoute, un minimum de dialogue, des clés pour comprendre et espérer, des cartes moins brouillées pour choisir son chemin et peser sur son propre destin.

Ce parcours au cœur d'une génération désenchantée est plus ambitieux qu'un constat et moins catégorique qu'un réquisitoire : il se veut un cri, où l'amertume le dispute à l'espérance.

1.3 Organisation de votre travail et aménagement du temps

Vous disposez de trois heures, il faut les répartir de façon rationnelle.

1) Une heure pour le résumé.

Bien entendu, il faut en profiter pour préparer la suite : repérer les éléments à expliquer, noter les idées qui vous viennent à l'esprit pour répondre aux questions suivantes.

2) Une heure pour les questions 2 et 3.

Si possible moins, cela vous fera plus de marge pour la rédaction terminale.

3) Une heure pour la rédaction sur les principaux problèmes de la jeunesse actuelle.

Il vous faut réserver une marge de sécurité et garder le temps de bien relire l'ensemble.

Première partie : Résumé de texte

Le texte comporte entre 400 et 440 mots, il faut donc le résumer au quart.

Le jury vous accorde 110 mots, avec un écart de plus ou moins 10 %. Vous pouvez donc aller jusqu'à 120 ou 121 mots (limite stricte, à ne pas dépasser).

Ce texte est difficile à résumer, car il est très dense, riche en idées et en mots-clés. Il n'en faut pas moins commencer par les cocher, souligner ou surligner.

Voici un relevé rapide des principales idées à reprendre :

– la difficulté de la question, pour tous les partenaires concernés,

– les problèmes qui accablent les jeunes : familles éclatées, système éducatif en perpétuelle mutation, difficulté à trouver un emploi,

– désengagement des jeunes, qui désertent les mouvements associatifs, les formations politiques ou les syndicats,

– rêve d'une société plus solidaire, d'une terre mieux protégée, d'une approche plus humaniste des grands problèmes de la planète,

– les craintes des jeunes (la crise, la guerre…),

– complexité du problème, hétérogénéité des groupes de jeunes,

– faillite des vieux systèmes, interrogations intérieures des jeunes, génération en mal d'héritage, désenchantée, amère, qui cependant réclame un peu d'écoute, un minimum de dialogue, des clés pour comprendre et espérer.

Ce simple relevé pose un problème : même sans phrases composées, il comporte 110 mots c'est-à-dire déjà le total autorisé. Il faut donc élaguer encore.

Voici maintenant un exemple auquel vous pourriez parvenir.

*
* *

1.4 Corrigé

Corrigé du résumé du texte
Qu'avons-nous fait de leurs vingt ans ?

Question troublante pour tous les partenaires concernés, car les jeunes sont accablés de problèmes : familles éclatées, système éducatif en perpétuelle mutation, difficulté à trouver un emploi.

Désertant les associations, formations politiques ou syndicats, redoutant la crise ou la guerre, ils souhaitent une approche plus humaniste des problèmes planétaires, rêvent d'une société plus solidaire, d'une terre mieux protégée.

Les adultes, parents, enseignants, politiques les observent, mais sont eux-mêmes désemparés, ne sachant quoi répondre.

Groupes hétérogènes, mais unis face aux "galères", refusant les vieux schémas en faillite, génération en mal d'héritage, désenchantée, amère, ils réclament un minimum d'écoute et de dialogue, des clés pour comprendre et espérer, mieux choisir leur destin.

Décompte des mots : total 120.

Corrigé de l'explication de mots et d'expressions

- *Acuité :*

Ce mot s'emploie pour caractériser un problème grave, qui se pose de façon aiguë, intense. Comme c'est le cas ici pour le problème des jeunes.

Le mot peut avoir deux autres sens :

– le degré de sensibilité, la finesse de sensibilité (pour un sens : par exemple, l'acuité auditive ou l'acuité visuelle),
– la finesse, la perspicacité, la pénétration intellectuelle (l'acuité d'esprit).

- *Ecueils :*

Au sens premier, il s'agit d'un rocher, récif, ou d'un banc de sable à fleur d'eau, contre lequel un navire risque de se briser ou de s'échouer.

Au sens figuré, il s'agit d'un danger, piège, obstacle dangereux, cause d'échec.

En l'espèce, il s'agit de ceux qui menacent la vie des jeunes (par exemple la drogue ou le sida).

- *"Comme des apprentis ethnologues"* :

L'ethnologie est l'étude des faits ou des documents, concernant les divers groupes humains.

Les adultes, lorsqu'ils observent les jeunes générations, se trouvent dans la situation d'apprentis ethnologues.

- *"Vieux schémas en faillite"* :

Au sens premier, un schéma est une figure donnant une représentation simplifiée, fonctionnelle, d'un objet, d'un mouvement ou d'un processus.

Le terme s'applique aussi à toute représentation mentale réduite aux traits essentiels.

En l'espèce, il s'agit des systèmes intellectuels, moraux et politiques, ou sociaux. Et notamment des systèmes de valeurs des générations précédentes.

Ces systèmes ou schémas sont en faillite : ils ont échoué, ou s'avèrent inopérants, face aux problèmes du monde moderne, notamment ceux de la jeunesse.

Corrigé de la réponse à la question 3 : Selon l'auteur, la génération des 18-25 ans aspire à une "approche plus humaniste des grands problèmes de la planète". Partagez-vous cette opinion ?

Il nous semble que la réponse doit être plutôt positive... mais vous avez le droit de soutenir le contraire.

Les jeunes générations aspirent effectivement à une approche plus humaniste des grands problèmes de la planète. Toutes les enquêtes, tous les sondages le montrent.

Vous pouvez prendre des exemples, dans les domaines les plus importants :

– économique et social, conception de la production et des rapports de travail,

– éducatif et culturel,

– environnement (les jeunes sont particulièrement attachés à la protection de la nature),

— international, et notamment humanitaire (signaler beaucoup de vocations chez les jeunes pour les associations caritatives).

Vous pouvez développer notamment les deux thèmes cités dans la même phrase :

— une société plus solidaire,
— une terre mieux protégée.

Les jeunes sont effectivement bien engagés dans les associations sociales et les mouvements écologistes.

L'auteur affirme que "les jeunes désertent les mouvements associatifs", mais les statistiques à cet égard sont contradictoires. Certaines associations subissent une grave crise de recrutement, mais d'autres heureusement reçoivent le renfort de beaucoup de jeunes (exemple : les associations d'aide aux handicapés).

Vous pouvez aussi effectuer quelques comparaisons historiques, et chercher des références. Par exemple, vous pouvez affirmer qu'en 1968 les jeunes ont été à la pointe du combat pour un nouvel humanisme.

En un sens, l'aspiration à l'humanisme et à la solidarité est une tradition chez les jeunes.

Les jeunes sont souvent en révolte contre la société d'aujourd'hui. Cette révolte a malheureusement des aspects gravement négatifs. Mais vous pouvez, pour terminer, souligner l'aspect le plus positif : les jeunes rêvent d'une société plus juste et plus fraternelle, et beaucoup sont prêts à œuvrer pour elle.

Corrigé de la réponse à la question 4 : Quels semblent être à votre avis les principaux problèmes de la jeunesse actuelle ?

Arrivé à ce dernier point, vous devez effectuer une opération stratégique : calculer combien de temps il vous reste, et combien de pages vous pouvez rédiger.

S'il vous reste une heure, vous pouvez prévoir de rédiger deux bonnes pages (ou trois pages aérées).

S'il vous reste plus, tant mieux : vous pourrez alors envisager de rédiger une véritable composition.

Mais bien entendu, il faudra faire attention : la quantité ne devra pas être produite au détriment de la qualité.

Si vous ne l'avez pas déjà fait, nous vous invitons à rédiger maintenant quelques pages. Vous comparerez ensuite avec les pages suivantes.

Les principaux problèmes de la jeunesse actuelle

En introduction, vous pouvez vous interroger sur la place de la jeunesse dans notre société.

Si rien n'est plus important pour l'avenir d'un pays que sa jeunesse, rien n'évolue plus vite. Tous les pays du monde connaissent ce phénomène, et partout se pose le problème de la place des jeunes dans la société. Mais celui-ci revêt en France une acuité particulière. Certes, la France a vieilli, mais, grâce à une montée des jeunes sans précédent au cours de notre histoire, la France est maintenant l'un des pays les plus jeunes d'Europe.

Un fait fondamental pour la société française, qui fut si longtemps marquée par le malthusianisme, a été l'augmentation de la natalité à partir de 1945.

Le nombre des naissances a été de l'ordre de 800 000 par an, et est resté de l'ordre de 700 000, ce qui représente un progrès de l'ordre de 50 % par rapport à la première partie du siècle.

Quinze à seize millions de Français, soit plus du quart de la population, n'ont pas encore vingt ans. Les jeunes de 18 à 25 ans sont environ 5 millions. C'est dire le "poids" des jeunes dans notre société.

Aussi importe-t-il de bien comprendre la complexité des problèmes que posent les jeunes dans un Etat moderne et démocratique.

Vous pouvez distinguer deux ou trois séries de problèmes concernant les jeunes :

a) les problèmes traditionnels
- la formation, la culture et les loisirs,
- l'emploi (c'est devenu le plus grave de tous).

b) les problèmes nouveaux dans notre société urbaine
- la drogue, le sida,
- la violence et la délinquance juvénile.

c) le problème général de l'adaptation au monde moderne (en faire soit une troisième partie, soit votre conclusion).

Vous pouvez consacrer un paragraphe à chacun des problèmes évoqués ci-dessus.

Voici un développement sur le dernier point, qui est le plus complexe.

L'adaptation au monde moderne soulève des séries de problèmes psychologiques et sociologiques, largement abordés dans notre texte : ceux qui sont propres aux jeunes, et ceux que les jeunes posent aux adultes.

Les jeunes sont particulièrement sensibles aux mutations de la société. Ils subissent de nombreux conditionnements, notamment ceux de la civilisation de consommation. Sur le plan social comme sur le plan moral, ils sont à la recherche de valeurs nouvelles.

Voici une question que nous avons gardée pour la fin, mais qui aurait pu aussi logiquement être posée en introduction : existe-t-il vraiment, sur le plan national, des problèmes propres aux jeunes ? C'est en effet une question controversée.

On a souvent dit ou écrit que les problèmes des jeunes ne différaient en rien de ceux de la nation. Et l'on peut avancer quelques arguments en ce sens avec bonne foi, et donner des exemples justifiés.

Mais cette position est, à vrai dire, trop facile, et semble n'être dans bien des cas que le reflet d'une mentalité conservatrice. Car admettre qu'il existe des problèmes propres aux jeunes implique pour les adultes l'obligation de consentir des efforts, et même des sacrifices, pour contribuer à les résoudre.

Et ce sera une tâche ingrate, mais nécessaire et sans cesse à renouveler, que de détruire le mur des privilèges ou des préjugés que le monde dresse en face des jeunes.

2. 2ᵉ sujet sur le texte "La nouvelle géographie industrielle"

Texte : "La nouvelle géographie industrielle"
(Contrôleur externe du Trésor public – Année 1998. Durée 3 h – Coefficient 4)

2.1 Sujet

Résumé au quart de sa longueur d'un texte de caractère général ou administratif pouvant comporter des tableaux, graphes, etc.

(6 pages ; 3 078 mots)

Le texte proposé n'est pas à commenter. Il doit être simplement résumé au quart de sa longueur.

Le nombre de mots est communiqué à titre indicatif.

LA NOUVELLE GEOGRAPHIE INDUSTRIELLE

L'histoire économique montre à quel point la localisation géographique des hommes est liée aux contraintes d'implantation des activités économiques. C'est en fonction de l'évolution des produits et des technologies de production, des marchés et des avantages concurrentiels que se succèdent, dans le temps long, les pôles de prospérité, les investissements et les flux des populations : migration des campagnes vers les villes, poches de chômage des régions en reconversion, attraction démographique des zones de croissance, construction de logements, édification des réseaux de transport et de communication.

Au XIXᵉ siècle, la révolution de l'industrialisation et du chemin de fer a ainsi rompu le lien traditionnel qui unissait l'habitat aux terres cultivables, l'industrie locale aux ressources en bois et en eau et au transport fluvial, amorçant la désertification des campagnes et des montagnes. En ouvrant les marchés, en intégrant l'espace concurrentiel national, le chemin de fer a alors précipité le déclin des économies industrielles et artisanales régionales au profit des grandes manufactures spécialisées des bassins industriels, souvent localisés autour des mines de charbon pourvoyeuses d'énergie (le Nord, la Lorraine, Saint-Etienne, Le Creusot) puis des ressources hydroélectriques (Rhône et Alpes). Les grandes villes tertiaires viennent compléter cette cartographie des pôles d'activités de la géographie traditionnelle. Certaines, comme Paris, Lyon, Toulouse, sont les pôles historiques du commerce national et du trafic fluvial ; d'autres, comme Marseille et les grands ports de l'Atlantique et de la Manche, sont des centres de commerce international et du trafic maritime ; d'autres encore sont des capitales administratives régionales et départementales.

L'industrie s'inscrit sur le territoire. Sa localisation, qui est mobile, induit largement celle des autres activités économiques : les services à l'industrie en premier lieu, mais aussi les services aux particuliers, les services sociaux, les services publics qui suivent la localisation des emplois industriels.

Les unités de production petites et moyennes doivent pour la plupart leur existence aux entrepreneurs locaux. Leur dynamisme reflète l'esprit d'entreprise et les métiers traditionnels d'une région ou d'une localité, mais aussi la disponibilité des matières premières (production agricole pour l'agroalimentaire, élevage pour le lait et le cuir ; eau ; forêt, etc.). La localisation des grandes entreprises, quant à elle, dépend de facteurs multiples : la présence des matières premières minières (charbon, fer) et de l'énergie (hydroélectricité, aluminium), la qualité de la main-d'œuvre et des centres universitaires et de recherche (industries de pointe), le coût du foncier, la proximité des infrastructures de transport.

La géographie économique française résulte de la superposition de ces strates accumulées par le temps et par la succession des révolutions industrielles.

Les évolutions récentes témoignent d'une mutation dans le poids relatif de ces facteurs de localisation. La baisse des coûts du transport et de l'énergie libère partiellement des contraintes géographiques. Les ressources naturelles perdent de leur importance. En revanche, les ressources de main-d'œuvre, les synergies des savoir-faire locaux et l'esprit d'entreprise des entrepreneurs locaux deviennent les principaux motifs du dynamisme industriel et des implantations d'entreprises.

Désindustrialisation ?

Au cours des deux dernières décennies, le tissu industriel français a connu une profonde mutation, qui s'est traduite par une non moins profonde restructuration géographique des pôles d'activités et de croissance.

La rupture dans les lignes de croissance apparaît clairement. Le choc pétrolier de 1973 marque la fin de la grande période d'expansion de l'après-guerre (qu'on appellera rétrospectivement les Trente Glorieuses). Mais c'est seulement une décennie plus tard, à partir du tournant de la politique économique dite de rigueur et du choix déterminé de l'intégration économique européenne (le Marché unique de 1993, l'euro de 1999), que la prise de conscience du changement d'époque a conduit aux adaptations nécessaires, tant au sein des entreprises, grandes et petites, que des administrations et des forces politiques et sociales. Aux réactions, dans un premier temps, d'incompréhension et de freinage des changements, aux politiques systématiques d'aide aux entreprises et secteurs en difficulté succèdent, dans une seconde phase l'accompagnement et l'accélération des restructurations. C'est de ce double mouvement (les contraintes de l'environnement économique d'une part, le redéploiement des stratégies des acteurs économiques d'autre part) qu'est issue la géographie industrielle française de cette fin de XXe siècle.

La principale tendance observée est la diminution du poids de l'industrie manufacturière. La croissance de la production industrielle s'est ralentie : 1 % en moyenne annuelle avec des phases de croissance négative en 1982-1984 et en 1992-1994, contre 5 à 7 % tout au long des décennies 1950 et 1960. Deux millions d'emplois, soit près du tiers des effectifs, ont été supprimés. De nombreuses usines, voire des sites industriels entiers ont été fermés, alors même que les nouvelles implantations se réduisaient sensiblement.

Les chocs pétroliers et les grandes restructurations du tournant de la rigueur paraissent déjà éloignés. Mais la baisse de l'emploi industriel s'est confirmée ces dernières années : – 11 % entre 1990 et 1995, dont – 4,5 % au cours de la seule "année noire" de 1993 ; – 25 % dans la seule branche textile-habillement-cuir-chaussures ; – 20 % dans les minerais et métaux.

La part dans le PNB, de l'industrie au sens large (en y incluant les industries agroalimentaires et l'énergie, etc.) a décru de 35 % en 1973 à 24 %. Aujourd'hui, l'industrie manufacturière, au sens strict ne représente plus que 16 % du PNB contre 27 % en 1973, soit 3,4 millions d'emplois, dont 32 % dans les biens intermédiaires (ou industries de base), 30 % dans les biens d'équipement professionnel, 28 % dans les biens de consommation, 10 % dans l'automobile et les biens d'équipement des ménages.

Ce phénomène, le secteur agricole l'avait connu de longue date. Alors qu'à l'orée de la révolution industrielle, il représentait 80 % de la population active et encore 35 % au lendemain de le Seconde Guerre mondiale, il n'en compte plus aujourd'hui que 2 %, mais avec une productivité bien supérieure, grâce à la mécanisation et aux technologies modernes, et un développement important des agro-industries en amont comme en aval du secteur agricole.

On a pu à propos de la restructuration actuelle parler de désindustrialisation, pour marquer le contraste avec la période précédente d'industrialisation rapide. Pourtant, la progression du secteur des services, qui regroupe désormais les deux tiers de la population active, ne doit pas faire conclure hâtivement à une tendance à la disparition de la base productive matérielle. L'industrie produit mieux et plus, avec moins de facteur travail et plus de facteur capital et technologie. La montée des services correspond certes à un accroissement de leur part dans la consommation des ménages (santé, loisirs, etc.) mais pas seulement. Elle correspond aussi à la logistique associée à la production industrielle (services aux entreprises tels que transport et distribution ; marketing, conseils et ingénierie ; communication et informatique ; intérim, etc.) qui n'est qu'une forme d'externalisation de fonctions antérieurement assurées au sein des entreprises industrielles.

C'est en fait la typologie traditionnelle des activités en secteur primaire, secondaire et tertiaire, qui, désormais, n'apparaît plus pertinente. Conçue à une époque où ils se répartissaient à peu près également le volume de l'activité, ils représentent aujourd'hui respectivement 3 %, 25 % et 70 %.

Le redéploiement industriel

Surtout, c'est le contraste entre les évolutions des branches industrielles et des entreprises qui frappe. Alors que l'emploi s'effondre dans la sidérurgie, les mines, la métallurgie, le textile-habillement, le cuir-chaussures, il reste stable dans l'agro-alimentaire et la chimie fine, et s'accroît dans l'informatique et les services à l'industrie. Plus généralement, la part, dans le PNB et dans l'emploi, des industries de biens d'équipement a diminué davantage que celle de l'automobile et des biens de consommation.

C'est donc de redéploiement qu'il faut parler plutôt que de déclin industriel. Les chocs pétroliers de 1973 et 1979 ont engendré une crise de récession économique accompagnée d'hyper-inflation. Mais au-delà de leur impact conjoncturel, ils ont coïncidé avec une profonde mutation de l'environnement économique qui, à son tour, a engendré une puissante restructuration industrielle. Quelles sont les principales tendances du contexte ?

Après avoir été confrontée, depuis le traité de Rome, au choc du Marché commun, l'industrie française fait désormais face à la globalisation. Les marchés sont mondiaux. La concurrence est mondiale. L'exportation n'est plus le privilège des seules grandes entreprises. L'investissement à l'étranger, la délocalisation concernent tous les secteurs. La concurrence des pays à bas salaires puis, plus récemment, des économies d'Europe de l'Est en transition, ont affecté tout particulièrement les industries de main-d'œuvre et de biens de consommation, tels que le textile-habillement, le cuir-chaussures, l'ameublement, etc., mais aussi certaines industries lourdes, telles que la construction navale (…), les minerais, la sidérurgie, la métallurgie et la chimie de base (…).

Mais l'avantage concurrentiel ne provient pas seulement des coûts. Il repose aussi sur la capacité de différenciation, à travers l'innovation et la qualité des produits. Aussi, nos secteurs de biens de consommation n'ont-ils pas été touchés seulement par la concurrence de l'Asie du Sud-Est. Ils l'ont été également par celle de l'Italie voire de la RFA, parfois plus innovantes. La concurrence à l'échelle globale a aussi contribué à exacerber les phénomènes de spécialisation liés aux effets de grande série et de maîtrise des technologies et à la courbe d'expérience. Dans de nombreuses branches, pour être compétitif, il faut désormais détenir une part significative du marché mondial, voire se situer dans les tout premiers.

La compétitivité internationale est donc devenue la notion-clef de toute stratégie industrielle. Elle a engendré une augmentation de la part des importations et des exportations dans l'industrie, principal secteur exposé, et une accentuation des spécialisations sectorielles nationales. Déjà historiquement faible, l'industrie française de la machine-outil et des biens d'équipement mécanique a encore régressé face à la concurrence des industries allemande, suisse, italienne ou japonaise. De même, à de rares exceptions, la France n'a pas encore réussi à prendre la place qui devrait être la sienne dans le grand secteur d'avenir des technologies de l'information : informatique, micro-ordinateurs, équipements audio-vidéo, semi-conducteurs. Sur ce point, l'industrie européenne en général n'a d'ailleurs pas mieux réussi.

En revanche, la vocation française s'est affirmée dans des secteurs d'excellence où elle dispose d'une position compétitive anciennement enracinée (automobile, industries de biens de consommation de luxe, agroalimentaire) ou encore dans des "industries colbertistes" édifiées par la politique industrielle de l'Etat, tels que les biens d'équipement de haute technologie liés aux marchés publics : armement, électronique professionnelle, aéronautique et spatial, nucléaire, ingénierie des travaux publics, etc.

L'industrie a aussi été confrontée à une profonde mutation des technologies et du management. La mécanisation et l'automatisation des usines ont encore progressé à pas de géant. Elles ont généré des gains de productivité tout aussi spectaculaires que ceux engendrés par le taylorisme un demi-siècle plus tôt. Avec la robotique, l'informatique et les ateliers flexibles, on peut envisager les usines sans hommes (...). Plus encore que la pression de la concurrence internationale et la délocalisation, c'est la modernisation des usines qui a été la principale cause de restructuration de la géographie industrielle. C'est elle par exemple qui a fait disparaître les cheminées qui fument au profit des usines propres, les grands ateliers textiles ou automobiles employant des milliers d'ouvriers au profit des chaînes automatisées, etc.

L'impact régional des redéploiements

L'impact géographique de ces redéploiements a particulièrement touché les régions mono-industrielles traditionnelles, caractérisées par la prépondérance d'une industrie dominante (…).

Dans le cas de la sidérurgie, c'est moins l'impact de la concurrence internationale que la modernisation technologique dans un contexte de demande stagnante qui est à l'origine de la restructuration (…).

Que reste-t-il des spécialisations industrielles régionales ?

En raison de leur poids démographique, l'Ile-de-France et Rhône-Alpes restent évidemment les régions les plus importantes par leur poids respectif dans l'industrie nationale avec respectivement 20 % et 15 % d'emplois industriels nationaux ; elles sont aussi les plus diversifiées, avec une proportion importante d'activités de services.

La présence des secteurs industriels est très variable selon les régions. Avec la fermeture des charbonnages, la crise de la sidérurgie, de la construction navale et des textiles, la mono-industrie des grandes régions industrielles traditionnelles s'est affaiblie au profit d'une diversification sectorielle (…).

La qualité de l'industrialisation

Le poids quantitatif de l'industrie n'est qu'un élément d'analyse (…).

Le degré d'autonomie décisionnelle des régions (mesuré par exemple par l'implantation des sièges sociaux des entreprises) constitue un élément majeur de la géographie industrielle (…).

L'Ile-de-France, la "région capitale" est évidemment le pôle central du pouvoir de décision. La plupart des établissements et effectifs industriels y ont leur siège social. 60 % des effectifs dont le siège social est en région parisienne travaillent dans d'autres régions. 98 % des sièges sociaux des groupes employant plus de 2 000 salariés sont concentrés à Paris et dans les Hauts-de-Seine (...).

Grands établissements et PMI dans la géographie industrielle

Les grandes entreprises de plus de 500 salariés sont au nombre de 800, et occupent 45 % des emplois industriels (1,3 million). En raison du recul des industries lourdes (...), des restructurations et des investissements de productivité (...), le nombre des grandes usines employant plus de 500 salariés a nettement diminué : il est aujourd'hui de 900.

La petite et moyenne industrie regroupe les entreprises employant entre 20 et 500 salariés. Elle a connu depuis vingt ans un spectaculaire renouveau, alors que l'industrialisation était toujours allée de pair avec une concentration accrue des entreprises. Elle rassemble 21 000 entreprises et occupe aujourd'hui 55 % des effectifs industriels (1,5 million d'emplois) contre 40 % en 1973. Toutefois, elle ne représente encore que 40 % du chiffre d'affaires et des investissements, 30 % des exportations. Les PMI se concentrent dans les secteurs de biens de consommation et de l'agroalimentaire, mais aussi de l'industrie mécanique. Elles prédominent dans l'industrie des régions de l'Ouest et du Sud-Ouest, où elles représentent les trois quarts des effectifs industriels (...).

La souplesse des structures des PME industrielles autorise une adaptation rapide aux évolutions du marché et de la concurrence (...). Intensifs en main-d'œuvre, les PME et l'artisanat industriels apportent une contribution majeure à la géographie industrielle de la France, tout particulièrement dans les régions moins industrialisées du Sud et de montagne (...).

La géographie industrielle française dans l'espace des géo-régions

(...) Un nouvel espace de référence pertinent se fait jour : la région, sa cohérence industrielle, sa connexion sur l'économie globale (...). Une région est la rencontre d'un espace géographique et d'un espace économique, façonné par l'organisation des entreprises et des emplois et leurs inter relations. Avec la globalisation, le Marché unique européen et l'euro, la période contemporaine est marquée par un affaiblissement du lien entre les Etats souverains et l'économie. Le lien Etat-nation/industrie caractérise l'ère de l'industrialisation depuis deux siècles, notamment tout au long de la phase protectionniste et néomercantiliste qui a prévalu de 1880 jusque vers 1960.

Au cours des Trente Glorieuses, l'ouverture des frontières et la croissance du commerce international n'ont pas empêché les économies de continuer d'être structurées sur une base nationale de production de masse de type fordiste. La mutation industrielle en cours depuis un quart de siècle se traduit par un affaiblissement de la production de masse au profit de productions diversifiées, des structures de taille moyenne et spécialisées, de la haute technologie et des services à l'industrie. Cette mutation est en train de transformer les économies nationales en confédérations plus ou moins lâches d'économies régionales (…).

La construction du marché européen et l'intégration monétaire ne sont-elles pas en train de produire des effets similaires ? Ainsi, avec la reprise économique européenne de ces dernières années, une nouvelle supra-région est apparue nettement dans les statistiques, captant les investissements et les emplois nouveaux : "la banane bleue", qui s'étire de Londres à Milan en passant par Bruxelles, Amsterdam, Cologne, Francfort et Zurich. Ouverte aux flux du commerce et des investissements internationaux, la logique économique de cette supra-région se joue des frontières des Etats-nations qui l'avaient déchirée depuis des siècles. La monnaie unique va encore accroître l'intégration économique européenne. Elle va favoriser tout particulièrement les fusions-restructurations d'entreprises aboutissant à de véritables entités européennes et à des stratégies transfrontières.

L'économie du XXIe siècle sera-t-elle constituée d'un vaste réseau économique inter régional qui ne pourra pas être sans conséquence sur l'ordre géopolitique ? L'ordre mondial sera-t-il inter régional, structuré autour de régions géo-économiques à rayonnement mondial ?

Une géo-région est un ensemble cohérent et dense d'activités économiques, d'habitat et d'infrastructures à vocation globale rassemblés sur un espace géographique restreint. Les activités productives localisées dans la géo-région regroupent un tissu d'industries diversifiées et de services à l'industrie (…).

La production de la zone est de quelques centaines de milliards de dollars, soit le PNB d'un Etat européen de taille moyenne. Les populations rassemblées dans la zone comptent de 5 à 25 millions d'habitants formant un méga-bassin d'emplois. La superficie couverte est de l'ordre de quelques dizaines de milliers de kilomètres carrés, représentant une densité de plusieurs centaines d'habitants au kilomètre carré, desservis par un réseau très dense d'infrastructures, de services marchands aux particuliers et de services sociaux et culturels.

On observe actuellement dans l'économie mondiale une quinzaine de géo-régions déjà formées dans les pays industrialisés et une dizaine en cours de formation dans les économies émergentes. Elles rassemblent au total environ 500 millions d'habitants et produisent 10 000 milliards de dollars de PNB : soit près du dixième de la population mondiale et le tiers du PNB global.

Les deux premières géo-régions mondiales sont aujourd'hui la mégapole Boston-Washington et Tokyo, qui regroupent chacune, une trentaine de millions d'habitants et génèrent un PNB de 1 000 milliards de dollars. Si l'on regroupe dans une même unité les 50 millions d'habitants des trois géo-régions voisines du Nord-Ouest européen, dans un ensemble géographique qui va de Londres à Francfort, c'est elle qui se situe au premier rang mondial. L'enjeu de l'euro est là, en termes de prééminence géo-industrielle au XXIe siècle. De même pour la géo-région circum-alpine de l'Allemagne du Sud-Suisse-Italie du Nord-Rhône-Alpes.

Quelles en seront les conséquences sur la géographie industrielle française ? Avec la région parisienne, la France dispose d'un atout essentiel dans la carte des géo-régions européennes. Rhône-Alpes peut y prendre sa place, en liaison avec les régions voisines de Lombardie et de Suisse ; l'Alsace, région industrielle dynamique, se rattache aux pôles rhénan et d'Allemagne du sud ; le Nord-Pas-de-Calais se trouve au confluent du Benelux, du sud-est Britannique et de l'Ile-de-France.

Ces perspectives ne peuvent pas être ignorées dans les débats économiques, sociaux et politiques d'aujourd'hui.

Extrait d'un article de Christian STOFFAES
(*Science et vie* – juin 1998)

2.2 Corrigé du résumé de texte

Calcul du nombre de mots

Vous devez trouver le quart de 3 078, c'est-à-dire 770.

Il est permis de penser que le jury acceptera un total se situant entre 750 et 800.

Votre texte comporte six pages imprimées. Vous devez trouver, en moyenne, près de 130 mots par page. Pratiquement, vous allez pouvoir viser une fourchette de 100 ou 120 à 140 ou 150 mots par page (texte initial du Ministère).

Etude du fond de l'article

Le thème général vous est donné par le titre : il s'agit de la nouvelle géographie industrielle.

L'auteur est un économiste connu, spécialiste de politique industrielle. Mais vous ne devez pas en faire état dans votre devoir : ce n'est pas un commentaire de texte !

Le texte comporte des sous-titres qui vont vous faciliter la tâche.

Vous pouvez considérer que la première page constitue une introduction générale.

L'auteur se réfère à l'histoire économique : elle montre à quel point la localisation géographique des hommes est liée aux contraintes d'implantation des activités économiques. La localisation de l'industrie, qui est mobile, induit largement celle des autres activités économiques.

La géographie économique française résulte de la superposition des strates accumulées par le temps et par la succession des révolutions industrielles.

Les évolutions récentes témoignent d'une mutation dans le poids relatif des facteurs de localisation :

– la baisse des coûts du transport et de l'énergie libère partiellement des contraintes géographiques,
– les ressources naturelles perdent de leur importance,
– en revanche, les ressources de main-d'œuvre, les synergies des savoir-faire locaux et l'esprit d'entreprise deviennent les principaux motifs du dynamisme industriel et des implantations d'entreprise.

Telles sont les idées essentielles de l'introduction que vous devez retenir pour votre résumé.

Il n'est pas possible de retenir les grands paragraphes : cela consommerait trop de mots.

A noter : l'auteur n'a pas rédigé d'annonce de plan à proprement parler. Cela ne vous empêchera pas d'en composer une vous-même, si vous le jugez opportun.

L'auteur s'interroge successivement sur :
– la désindustrialisation,
– le redéploiement industriel, et son impact régional,
– le destin des implantations et spécialisations industrielles régionales,
– les aspects qualitatifs de l'industrialisation,
– le rôle respectif des grands établissements et des PMI dans la géographie industrielle,
– la géographie industrielle française dans l'espace des géo-régions européennes et mondiales.

Interrogation sur la désindustrialisation

L'auteur analyse la mutation du tissu industriel français au cours des dernières décennies, et la profonde restructuration géographique des pôles d'activités et de croissance.

Les dates importantes sont celles du choc pétrolier (1973), du Marché unique (1993) et de l'Euro (1999). La France a pris conscience des adaptations nécessaires, tant au sein des entreprises que des administrations et des forces politiques et sociales. Les pouvoirs publics ont décidé d'accompagner et accélérer les restructurations.

La principale tendance observée est la diminution du poids de l'industrie manufacturière. La croissance de la production industrielle s'est beaucoup ralentie, et deux millions d'emplois ont été supprimés. Certaines branches sont gravement touchées (minerais et métallurgie ; textile-habillement-cuir-chaussures).

La part de l'industrie dans le PNB a décru de 35 % à 24 % de 1973 à nos jours. L'industrie manufacturière ne représente plus que 16 % du PNB et 3,4 millions d'emplois.

C'est le même déclin que le secteur agricole avait connu de plus longue date. Il représentait 80 % de la population active à l'orée de la révolution industrielle, 35 % au lendemain de la Seconde Guerre mondiale, et 2 % seulement aujourd'hui (mais avec une productivité très supérieure).

C'est le secteur tertiaire qui est devenu prépondérant. La répartition est maintenant 3 % pour le primaire, 25 % pour le secondaire et plus de 70 % pour le tertiaire.

Tels sont les éléments les plus intéressants… mais vous ne pourrez même pas tous les reprendre, la consommation des mots étant trop grande. Il faudra donc résumer en un seul paragraphe l'analyse de l'évolution et de la part respective des différents secteurs. Soit au total quatre paragraphes d'une trentaine ou une quarantaine de mots.

Le redéploiement industriel

Le contraste entre les évolutions des branches industrielles et des entreprises est frappant.

Il faut désormais faire face à la mondialisation et à la délocalisation. La concurrence exacerbe les phénomènes de spécialisation. La France dispose de secteurs d'excellence, mais beaucoup d'autres sont affaiblis.

L'impact géographique des redéploiements a particulièrement touché les régions mono-industrielles traditionnelles (exemple : la sidérurgie).

Les quatre points suivants pourront être résumés chacun en un seul paragraphe. Il restera la dernière page sur "l'espace des géo-régions".

Vous veillerez à bien calibrer à la fin pour trouver facilement le total de 770 mots.

Notre corrigé

LA NOUVELLE GEOGRAPHIE INDUSTRIELLE

L'histoire économique montre la liaison entre localisation géographique des hommes et contraintes d'implantation des activités économiques.

Au XIXe siècle, la révolution de l'industrialisation et du chemin de fer a rompu le lien unissant habitat et terres cultivables, amorçant la désertification des campagnes.

L'industrie marque le territoire : sa localisation induit largement celle des autres activités (services).

La géographie économique française résulte de la superposition des strates accumulées par le temps et les révolutions industrielles.

Les évolutions récentes confirment une mutation dans le poids relatif des facteurs de localisation. La baisse des coûts du transport et de l'énergie libère partiellement des contraintes géographiques, les ressources naturelles importent moins. Les ressources de main-d'œuvre, les synergies des savoir-faire locaux et l'esprit d'entreprise deviennent les principaux motifs du dynamisme et des implantations d'entreprises.

Il convient d'étudier le phénomène de désindustrialisation, le redéploiement industriel, l'évolution des spécialisations régionales et les nouvelles perspectives des géo-régions.

Le tissu industriel français a connu une profonde mutation au cours des dernières décennies, avec une profonde restructuration géographique des pôles d'activités et de croissance.

Le premier choc pétrolier (1973) a mis fin à la grande période d'expansion (les "Trente Glorieuses"). Puis vinrent le tournant de la politique de rigueur et les grandes étapes européennes : Marché unique 1993, Euro 1999.

La France a pris conscience des adaptations nécessaires, tant au sein des entreprises que des administrations et des forces politiques et sociales. Les pouvoirs publics ont décidé d'accompagner et accélérer les restructurations.

La principale tendance observée est la diminution du poids de l'industrie manufacturière. Le secteur tertiaire est devenu prépondérant. La répartition est maintenant 3 % pour le primaire, 25 % pour le secondaire et plus de 70 % pour le tertiaire.

Le contraste entre les évolutions des branches industrielles et des entreprises est frappant : effondrement de l'emploi dans la sidérurgie, les mines, la métallurgie, le textile-habillement, le cuir-chaussure ; stabilité dans l'agroalimentaire et la chimie fine ; croissance dans l'informatique et les services à l'industrie.

Il faut affronter désormais la mondialisation et les délocalisations (concurrence des pays à bas salaires, ou encore de nos voisins européens).

La concurrence exacerbe les phénomènes de spécialisation. La France dispose de secteurs d'excellence, anciens (industries de luxe ou agroalimentaire, automobile…) ou édifiés grâce à la politique industrielle de l'Etat (armements, travaux publics, nucléaire, électronique, aéronautique et spatial). Mais beaucoup d'autres secteurs sont affaiblis. L'impact géographique des redéploiements a particulièrement touché les régions mono-industrielles traditionnelles (exemple : la sidérurgie).

Ile-de-France et Rhône-Alpes restent les régions les plus importantes (20 % et 15 % des emplois industriels nationaux). La mono-industrie des régions traditionnelles a décliné.

L'Ile-de-France, "région capitale", reste le pôle central des pouvoirs de décision. Paris et les Hauts-de-Seine concentrent 98 % des sièges sociaux des groupes employant plus de 200 salariés.

La France compte 800 entreprises de plus de 500 salariés, qui occupent 45 % des emplois industriels. La petite et moyenne industrie (20 à 500 salariés), en plein renouveau, compte 21 000 entreprises et occupe 55 % des effectifs industriels.

Les PME et l'artisanat industriel permettent une adaptation rapide aux évolutions du marché et de la concurrence.

La région constitue un nouvel espace de référence, en connexion sur l'économie globale. Les économies nationales se transforment en confédérations d'économies régionales, avec des productions diversifiées, une haute technologie et le développement des services à l'industrie.

En Europe, une supra-région va de Londres à Milan, avec de grandes entités aux stratégies transfrontières.

L'ordre mondial au XXIe siècle pourrait être structuré autour de grandes régions géo-économiques, ensembles cohérents d'activités, d'habitat et d'infrastructures, avec un tissu d'industries diversifiées et de services.

On observe actuellement une quinzaine de géo-régions, couvrant chacune quelques dizaines de milliers de kilomètres carrés, avec 5 à 25 millions d'habitants, formant un méga-bassin d'emploi.

Il faut citer la mégalopole Boston-Washington et Tokyo, et l'ensemble du nord-ouest européen (de Londres à Francfort), qui se situe au premier rang mondial, ou encore la région circum-alpine Allemagne du Sud-Suisse-Italie du Nord-Rhône-Alpes.

Notre pays dispose d'atouts avec l'Ile-de-France, Rhône-Alpes, le Nord-Pas-de-Calais et l'Alsace, en liaison avec nos partenaires frontaliers du Marché unique européen.

Ces perspectives ne peuvent pas être ignorées dans les débats économiques, sociaux et politiques d'aujourd'hui.

Extrait d'un article de Christian STOFFAES
(*Science et vie* – juin 1998)

Décompte des mots : total 770 mots.

CHAPITRE 15 | Exercices de questions-réponses pour l'écrit et pour l'oral

Nous avons sélectionné pour vous des questions posées lors de concours récents, soit à l'écrit, soit à l'oral.

Nous avons choisi celles qui ont le plus grand intérêt général et prospectif.

Nous vous recommandons de vous exercer à :

– y répondre en 2 ou 3 pages, dans les conditions d'un écrit,

– les traiter ensuite oralement en 2 ou 3 minutes, de préférence en utilisant un magnétophone.

Voici d'abord trois questions sur le thème de la démocratie :

– quels sont selon vous, les grands principes, les valeurs essentielles de la démocratie ?

– quelles sont, selon vous, les plus graves menaces pesant sur la démocratie ?

– quel est selon vous, l'avenir de la démocratie ?

Les questions posées sont très vastes et ouvertes. Les réponses peuvent donc être très variées – et plus ou moins développées en fonction du temps dont vous disposez. Nous vous indiquons donc ici seulement quelques esquisses et thèmes de réflexion… A vous de comparer avec vos propres réponses – et de poursuivre vos réflexions.

1. Première série de questions-réponses

1.1 Exemple 1.

Quels sont, selon vous, les grands principes, les valeurs essentielles de la démocratie ?

Les valeurs essentielles de la démocratie sont affirmées dans nos textes constitutionnels. Ils en fixent les principes.

La Constitution de la Ve République veut promouvoir notre idéal commun de liberté, d'égalité et de fraternité, conformément aux principes affirmés en 1789 et en 1946.

La déclaration des Droits de l'Homme et du Citoyen du 26 août 1789 a proclamé **les droits politiques** :

– les hommes naissent et demeurent libres et égaux en droits ; les distinctions sociales ne peuvent être fondées que sur l'utilité commune ;

– le but de toute association politique est la conservation des droits naturels et imprescriptibles de l'homme ; ces droits sont la liberté, la propriété, la sûreté et la résistance à l'oppression ;

– le principe de toute souveraineté réside essentiellement dans la nation ; nul corps, nul individu ne peut exercer d'autorité qui n'en émane expressément ;

– la liberté consiste à pouvoir faire tout ce qui ne nuit pas à autrui ; ainsi l'exercice des droits naturels de chaque homme n'a de bornes que celles qui assurent aux autres membres de la société la jouissance de ces mêmes droits ; ces bornes ne peuvent être déterminées que par la loi ;

- la loi est l'expression de la volonté générale ; tous les citoyens ont droit de concourir, personnellement ou par leurs représentants, à sa formation ; elle doit être la même pour tous, soit qu'elle protège, soit qu'elle punisse. Tous les citoyens étant égaux à ses yeux sont également admissibles à toutes dignités, places et emplois publics, selon leur capacité, et sans autre distinction que celle de leurs vertus et de leurs talents.

La Déclaration affirme aussi **la liberté d'opinion**, rouage essentiel de la démocratie :

- nul ne doit être inquiété pour ses opinions, même religieuses, pourvu que leur manifestation ne trouble pas l'ordre public établi par la loi ;
- la libre communication des pensées et des opinions est un des droits les plus précieux de l'homme : tout citoyen peut donc parler, écrire, imprimer librement, sauf à répondre de l'abus de cette liberté dans les cas établis par la loi.

Dans son Préambule, toujours en vigueur, la Constitution de 1946 a proclamé **les principes politiques, économiques et sociaux** particulièrement nécessaires à notre temps :

- la loi garantit à la femme, dans tous les domaines, des droits égaux à ceux de l'homme ;
- tout homme persécuté en raison de son action en faveur de la liberté a droit d'asile sur les territoires de la République ;
- chacun a le devoir de travailler et le droit d'obtenir un emploi ; nul ne peut être lésé, dans son travail ou dans son emploi, en raison de ses origines, de ses opinions ou de ses croyances ;
- tout homme peut défendre ses droits et ses intérêts par l'action syndicale, et adhérer au syndicat de son choix ;
- le droit de grève s'exerce dans le cadre des lois qui le réglementent.

Le Préambule pose aussi **les principes de la démocratie économique et sociale** :

- tout bien, toute entreprise dont l'exploitation a ou acquiert les caractères d'un service public national ou d'un monopole doit devenir la propriété de la collectivité ;

- tout travailleur participe, par l'intermédiaire de ses délégués, à la détermination collective des conditions de travail ainsi qu'à la gestion des entreprises.

Les droits sociaux et culturels sont désormais partie intégrante des valeurs démocratiques :
- la nation assure à l'individu et à la famille les conditions nécessaires à leur développement ;
- elle garantit à tous, notamment à l'enfant, à la mère et aux vieux travailleurs, la protection de la santé, la sécurité matérielle, le repos et les loisirs ; tout être humain qui, en raison de son âge, de son état physique ou mental, de la situation économique, se trouve dans l'incapacité de travailler a le droit d'obtenir de la collectivité des moyens convenables d'existence ;
- la nation proclame la solidarité et l'égalité de tous les Français devant les charges qui résultent des calamités nationales ;
- la nation garantit l'égal accès de l'enfant et de l'adulte à l'instruction, à la formation professionnelle et à la culture. L'organisation de l'enseignement public, gratuit et laïque à tous les degrés, est un devoir de l'Etat.

Il vous faut retenir ces grands principes : il sera souvent utile de les citer, sur toute question portant sur les grands problèmes de notre société.

1.2 Exemple 2.

Quelles sont, selon vous, les plus graves menaces pesant sur la démocratie ?

Vous pouvez, en introduction, signaler que les plus graves menaces du XXe siècle sont passées. Celles des totalitarismes : le fascisme (Mussolini), le nazisme (Hitler), le régime soviétique (de Lénine et Staline jusqu'à Brejnev). Après la chute du mur de Berlin en 1989, la démocratie a pu renaître dans les pays de l'Europe centrale et orientale.

Voici les principales menaces qui s'accumulent sur la démocratie :

- le chômage et la montée de l'exclusion,
- la fragilisation du lien social,
- les tentatives du populisme médiatique,
- les risques de repli identitaire,
- les risques ethniques ou nationalistes,
- la corruption des institutions,
- la perte de légitimité des partis politiques et des grandes institutions représentatives.

Vous pouvez reprendre ces éléments en les développant et en les illustrant.

Vous pouvez apporter un élément de réflexion sur l'individualisme :

- partout semble triompher le même individualisme,
- il peut sembler paradoxal d'associer l'idée même de démocratie à cet individualisme triomphant.

Vous pouvez ajouter aussi un jugement sur le rôle des groupes de pression : rien n'est plus contraire à l'intérêt général que leur caractère d'intérêts particuliers, et rien n'est plus contraire à la démocratie que leur caractère de féodalités.

Il faut donc que la démocratie réussisse à surmonter ces menaces venant à la fois de l'individualisme et des groupes de pression.

Vous pouvez souligner aussi la gravité des menaces internes :

Ce sont non seulement les mécanismes de délibération, de représentation et de décision démocratiques qui se trouvent atteints, mais c'est la légitimité même de la démocratie qui est menacée. Critiquée dans son fonctionnement, elle est contestée en raison de son impuissance à relever tous les défis de cette fin de siècle.

Mais, tout au cours de l'histoire, la démocratie a su faire la preuve de sa capacité à survivre, à renaître et même à triompher. Un regain de la citoyenneté devrait lui permettre de se rénover à l'aube du XXIe siècle.

1.3 Exemple 3.

Quel est, selon vous, l'avenir de la démocratie ?

En fait, nous avons déjà largement abordé cette question en traitant d'abord des grands principes et des valeurs essentielles de la démocratie, puis des menaces qui pèsent sur elle.

Vous pouvez mettre l'accent maintenant sur l'appel à un sursaut civique : l'on attend de la citoyenneté qu'elle permette un retour aux sources de la démocratie.

Nous vous proposons, pour y trouver beaucoup d'idées, de lire le corrigé (déjà reproduit précédemment) de la dissertation sur le sujet : **"Est-il possible de développer l'exercice de la citoyenneté ?"**

2. Deuxième série de questions-réponses

Il est bon de vous entraîner à traiter de grandes questions d'actualité, de façon synthétique.

En voici trois pour vous exercer :

1) Quels sont, selon vous, les grands problèmes de la France ?
2) Quelles sont, selon vous, les principales aspirations des Français ?
3) Quels sont, à votre avis, la place et le rôle de la France dans le monde actuel ?

Vous pouvez vous exercer à traiter chacune d'elles en une demi-heure, en rédigeant une bonne page dense (ou deux pages aérées).

Vous pourrez lire ensuite les corrigés ci-après, qui sont plus substantiels. Vous y trouverez beaucoup d'idées générales, des thèmes de réflexion, et des schémas de raisonnement et de présentation qui vous seront très utiles pour votre préparation aux épreuves écrites ou orales de culture générale.

2.1 Exemple 1.

Quels sont, selon vous, les grands problèmes actuels de la France ?

Vous devez d'abord recenser rapidement les grands problèmes de notre pays.

Vous devez ensuite chercher un plan personnel, efficace pour la présentation.

INTRODUCTION

Plusieurs types d'introduction sont concevables pour un tel sujet à l'épreuve de dissertation ou composition générale :

– présenter un historique (mais il ne doit pas être trop long),
– partir d'exemples concrets (mais il faut éviter de tomber dans le "journalisme"),
– analyser quelques mots-clefs (exemples : "exclusion", "société bloquée", "paix sociale", "sécurité", "indépendance", "changement", "progrès" ou encore "carences de notre société", "aspirations des Français").

CONCEPTION ET ANNONCE DU PLAN

Le programme des concours porte, en principe, sur les grands problèmes administratifs, économiques, sociaux et culturels. Mais vous pouvez aussi aborder les problèmes internationaux.

Il vous faut grouper les problèmes que vous avez recensés en deux ou trois grandes catégories :

Exemple A :
– problèmes économiques,
– problèmes sociaux,
– problèmes culturels.

Exemple B :
– problèmes politiques et administratifs,
– problèmes économiques et sociaux.

Exemple C :
– politique économique et sociale,
– équipement, logement et aménagement du territoire,
– problèmes culturels ou problèmes de civilisation.

***

Au fur et à mesure que vous détaillerez votre plan, vous vous apercevrez que toutes les classifications sont, en fait, assez arbitraires. A titre d'exemple, des problèmes essentiels tels que la pollution, le gaspillage et la hausse des prix ont à la fois des aspects économiques et des aspects sociaux, ainsi que des implications politiques. Il vous revient évidemment de bien analyser dans vos copies l'ensemble des aspects d'un même problème.

On peut aussi effectuer une analyse en fonction des catégories socio-professionnelles intéressées :

a) Classes d'âges et grands problèmes sociaux :
– l'enfance et la jeunesse,
– la condition féminine,
– les personnes âgées,
– les problèmes familiaux.

b) Les catégories professionnelles :
– agriculteurs,
– secteur secondaire,
– secteur tertiaire

***

D'autres types de classification peuvent être envisagés, soit pour servir d'articulation générale à vos développements, soit comme élément de discussion pour tel ou tel grand problème.

Exemples :

– dans l'espace
- le monde rural,
- la vie urbaine.

– dans le temps :
- problèmes immédiats,
- problèmes d'avenir,
  ou
- court terme,
- moyen terme,
- long terme.

– dans la population concernée :
- problèmes généraux,
- problèmes catégoriels.

Certains élèves ont voulu présenter des plans plus originaux ou subtils, mais parfois avec un risque de classification artificielle.

Exemples :

– problèmes psychologiques,
  problèmes sociologiques.

– problèmes apparents,
  problèmes réels.

– problèmes plus ou moins ressentis,
ou plus ou moins dénoncés.

***

Note particulière

En analysant les problèmes économiques et sociaux, vous devez évidemment faire une place particulière à ceux dont vous estimez qu'ils sont cruciaux actuellement. Vous y consacrerez un ou plusieurs paragraphes, mais non l'essentiel de vos développements, car ce serait déséquilibrer votre copie. Ce que le jury attend de vous, c'est surtout un effort de synthèse et une présentation claire et homogène.

Conclusion

Il vous appartient de présenter en conclusion des réflexions générales, en faisant une synthèse des problèmes et en esquissant des perspectives d'avenir.

Vous pouvez aussi (mais c'est un "truc" de rédaction dont il ne faut pas abuser) signaler telle ou telle grande catégorie de problèmes non abordés dans le corps du devoir, par exemple :

– les problèmes politiques ;

Vous pouvez déplorer le phénomène de dépolitisation ou, au contraire, déplorer le temps et l'énergie gaspillés dans des luttes politiques stériles.

Vous pouvez aussi affirmer, ce qui est toujours vrai, que les problèmes administratifs, économiques et sociaux sont, au fond, des problèmes politiques.

– les problèmes internationaux ;

Vous pouvez déplorer que les Français ne s'y intéressent pas assez.

Vous pouvez affirmer que les principaux problèmes de notre société ne peuvent être résolus que par la voie de la coopération européenne et internationale.

Remarque générale

Il vous revient également, bien entendu, de réfléchir sur les *solutions à mettre en œuvre* face à chacun de ces problèmes, aux responsabilités des pouvoirs publics et au rôle possible de chaque citoyen.

Prolongement de votre travail

Exercez-vous de temps en temps à rédiger une ou deux pages sur les grands problèmes d'actualité.

2.2 Exemple 2.

Quelles sont, selon vous, les principales aspirations actuelles des Français ?

Plan détaillé et indications méthodologiques

ELEMENTS D'INTRODUCTION

Définition des termes du sujet

Aspirations :

Dans son sens le plus noble, *l'aspiration* est un mouvement vers un idéal.

Mais ce sujet exige certainement que vous examiniez aussi les diverses revendications des Français.

Les Français :

Le sujet vous invite directement à exposer les aspirations unanimes de nos concitoyens.

Mais il faut certainement aussi analyser celles des principales catégories socio-professionnelles.

Il peut être également bon d'effectuer quelques comparaisons avec divers autres peuples ou divers autres pays. (*Situation du sujet dans l'espace*).

L'année en cours :

Il faut bien situer le sujet dans le temps.

On vous demande expressément de parler des préoccupations actuelles, c'est-à-dire de l'année en cours. Vous éviterez donc soigneusement toute digression. Mais il faudra aussi bien situer cette année par rapport au passé, d'une part, et dans la perspective de l'avenir, de l'autre. Cela implique notamment que vous distinguiez les phénomènes permanents et les phénomènes purement conjoncturels (ou, si vous préférez, les problèmes qui se sont posés et qui vont continuer à se poser, d'une part, et de l'autre les problèmes ponctuels ou transitoires).

CONCEPTION DU PLAN GENERAL

Votre plan général doit s'articuler autour de deux ou trois idées principales.

Voici quelques schémas possibles.

Articulation dans le temps

Critères : permanence et actualité

1. Les aspirations permanentes.
2. Les aspirations actuelles.

ou

1. Les aspirations actuelles.
2. Les aspirations permanentes.

Critères : ancienneté et nouveauté

1. Les aspirations anciennes.
2. Les aspirations nouvelles.

ou

1. Les aspirations nouvelles.
2. Les aspirations anciennes.

Critères présentant de grandes analogies avec les précédents :

– Problèmes de structures (permanents).
– Problèmes conjoncturels (propres à l'année en cours).

N.B. : Vous pouvez adopter l'un ou l'autre plan en fonction du fil conducteur choisi.

Exemples :

1. Aux aspirations anciennes, caractérisées par... (énoncez la ou les caractéristiques essentielles).

2. ... s'ajoutent maintenant les aspirations nouvelles, provoquées par ... (... les mutations économiques et sociales).

ou

1. Si les mutations économiques et sociales ont provoqué des aspirations nouvelles chez les Français...

2. ... nos concitoyens n'en éprouvent pas moins en permanence certaines aspirations traditionnelles.

Articulation dans l'espace

1. Les problèmes communs à tous les Français.

2. Les problèmes catégoriels :

2.1 Citadins et ruraux.

ou

Parisiens et provinciaux.

2.2 Problèmes des principales catégories socio-professionnelles.

3. Comparaison dans l'espace.

Principaux éléments de référence :
– nos voisins européens,
– les Etats-Unis d'Amérique,
– les pays de l'Est,
– les pays en voie de développement.

Articulation fondée sur un effort d'analyse logique

Exemple de plan très classique :

1. Les causes (pourquoi ?).

2. Les manifestations (comment ?).

3. Les perspectives.

Exemples de plans fondés sur des analyses sectorielles :

1. Les aspirations politiques.

2. Les aspirations sociales.

ou

1. Le domaine économique.

2. Le domaine socioculturel.

3. Le domaine politique.

Exemples de plans subtils ou originaux

Plans fondés sur des analyses sociologiques ou des jugements de valeur :

1. Les aspirations apparentes.

2. Les aspirations profondes.

ou

1. Les aspirations idéales.

2. Les simples revendications.

ou

1. Les aspirations individuelles.
2. Les aspirations collectives.

ou

1. Les revendications matérielles.
2. Les besoins spirituels.

ou

1. Les aspirations quantitatives.
2. Les aspirations qualitatives.

ou

1. Le niveau de vie.
2. Le genre de vie.

ou

1. Le désir de stabilité.
2. Les aspirations au changement.

ou

1. Les aspirations statiques.
2. Les aspirations dynamiques.

Les copies les plus originales ont des chances d'être mieux notées. Encore faut-il que leur qualité générale corresponde bien aux intentions de l'auteur.

(Certains candidats croient partir sur des idées brillantes... apparemment... mais celles-ci ne les conduisent qu'à des impasses ou à des développements artificiels).

Il ne faut donc pas chercher l'originalité à tout prix. Votre professeur a vu quelques copies fondées sur les thèmes suivants :

a. 1) Les aspirations générales.
   2) Les aspirations spécifiquement françaises.

     (Le candidat avait construit sa deuxième partie sur le thème "bien boire, bien manger, etc.").

b. 1) Les aspirations masculines.
   2) Les aspirations féminines.

ou

   1) Les aspirations des Français.
   2) Les aspirations des Françaises.

(Il est vrai que c'était en 1975, "l'année de la femme". Cela remonte vraiment loin !).

c. 1) Liberté.
   2) Egalité.
   3) Fraternité.

(Le candidat n'avait fait qu'un mauvais pastiche de la devise républicaine. C'était dommage, car on peut certainement bâtir un bon devoir sur ces trois thèmes).

Elément de conclusion

Vous pouvez porter un jugement de valeur sur les principales aspirations analysées.

Vous pouvez vous demander si celles-ci sont bien le reflet d'une crise profonde, crise de société ou crise de civilisation.

Vous pouvez enfin esquisser les actions prioritaires qui vous semblent nécessaires.

Ultime exercice personnel

Les principales aspirations des Français

Vous pouvez préparer un tableau, et vous exercer à remplir les cases.

Domaines	*Causes*	*Manifestations*	*Perspectives*
Economique			
Social			
Culturel			
Politique			
Moral			

2.3 Exemple 3.

Quels sont, à votre avis, la place et le rôle de la France dans le monde actuel ?

C'est une question fondamentale, à laquelle il importe de bien réfléchir en début de préparation.

Si vous avez beaucoup de temps, vous pourrez composer une introduction historique, en rappelant le vers du poète qui s'adressait à la France : "Mère des arts, des armes et des Lois".

La France a connu des périodes de grand rayonnement, voire de tentatives d'hégémonie, mais aussi des périodes de désastre et de déclin.

Elle n'est plus aujourd'hui qu'une puissance moyenne, ce qui lui interdit désormais de jouer un rôle prépondérant sur la scène internationale, mais ne l'empêche pas de jouer un rôle original.

Voilà donc un bon exemple d'introduction.

Vous pouvez aussi, pour répondre à ce type de questions, introduire des éléments de comparaison internationale, tout en soulignant la complexité de la situation et la difficulté de juger.

Voici un exemple de paragraphe :

"Le poids respectif des inégalités de nature et de sens différents qui partagent les nations paraît difficile à apprécier. La difficulté devient majeure dans le cas de la France, qui occupe une position intermédiaire."

Et vous le ferez suivre de l'annonce d'un plan avec une formule de "balancement circonspect" :

"Il est permis de penser en effet que, si notre pays connaît un déclin relatif, il s'efforce de sauvegarder son originalité et de diffuser ses valeurs".

Voici le plan que vous pourriez développer :

1. La France connaît un déclin relatif

1.1 Le déclin français est incontestable. Les causes en sont multiples, mais les manifestations les plus évidentes se situent sur le plan démographique et sur le plan politique.

1.1.1 Sur le plan démographique
Donner les chiffres-clés bien connus à l'INSEE.

1.1.2 Sur le plan politique
Les conséquences du désastre de 1940 et de la décolonisation.

1.2 Mais ce déclin est relatif

En effet, le potentiel économique de notre pays n'est pas négligeable. En outre, son rayonnement lui conserve une place très supérieure à celle que pourrait lui laisser espérer le simple jeu du rapport des forces.

1.2.1 Le potentiel économique français
Donner quelques chiffres-clés.

1.2.2 Le rayonnement français
Vous pouvez citer trois éléments significatifs :
- la langue française, la francophonie,
- le prestige de notre culture,
- l'originalité de notre exemple.

2. La France s'efforce de sauvegarder son originalité et de diffuser ses valeurs

2.1 La France s'efforce de sauvegarder son originalité

Elle y tend en se dressant contre les hégémonies et en recherchant un certain équilibre.

2.1.1 La lutte contre les hégémonies
(soviétique, puis américaine).

2.1.2. La recherche de l'équilibre
- en Europe,
- dans le monde.

2.2 La France s'efforce de diffuser ses valeurs

Nos valeurs sont les fruits d'une longue tradition où se mêlent les préceptes du christianisme et les principes de la Révolution française, débouchant sur une certaine conception de l'homme et de la société.

Cet humanisme français, qui se veut universaliste, mais qui est cependant lié à la langue et au mode de vie nationaux, voit dans sa diffusion un des buts majeurs de notre politique extérieure. Cette assertion se vérifie à la fois en Europe et dans le Tiers-Monde.

2.2.1 La politique européenne de la France

2.2.2 Le rôle de la France dans le Tiers-Monde

Idées pour la conclusion

Vos professeurs vous ont sans doute toujours dit que, pour toute épreuve de dissertation ou exposé, une bonne conclusion fait gagner un, deux ou trois points.

Même dans une épreuve plus modeste, comme celle de questions-réponses aux concours de contrôleur, il faudra vous efforcer de rédiger un bon petit paragraphe de conclusion.

En voici un exemple

La France a maintenant un long retard à rattraper pour ne pas retomber à un rang indigne de son passé. A l'ère des géants (Chine, Etats-Unis…), elle ne peut cependant espérer plus que rester une des principales puissances secondaires. Même si son influence morale est plus grande que sa force matérielle, il ne faut pas croire que le phénomène soit entièrement spontané. Un constant effort de volonté est nécessaire. Comme nous l'a toujours enseigné le général de Gaulle, l'histoire appartient à ceux qui ne se résignent pas. Pour mieux défendre les valeurs démocratiques, la France a besoin de ses voisins européens. Notre avenir est dans la construction de l'Europe.

Observations complémentaires

Retenez bien ce thème du rôle exemplaire de la France dans le monde. Il pourra vous être utile en conclusion à beaucoup de sujets.

EN GUISE DE CONCLUSION

Voici trois séries de conseils que nous vous donnons ou règles que vous devez vous fixer pour vous-même.

Pour réussir votre concours, puis votre carrière, il vous faudra toujours veiller à bien préparer votre action, vous efforcer d'agir efficacement, et périodiquement, évaluer les résultats pour les améliorer encore.

1. Votre action à long terme

1.1 Préparer l'action

- Se fixer des objectifs
- à long terme,
- à moyen terme,
- à court terme,
- immédiats.
- Recenser les tâches
- par ordre d'urgence,
- par ordre d'importance,
- par périodicité.
- Se donner les moyens
- pour recenser les moyens nécessaires,
- pour préparer sa bibliographie,
- pour constituer sa documentation.

- Fixer un programme précis
  - pour l'année,
  - le trimestre,
  - le mois,
  - la semaine,
  - la journée.

> *"Le plus important de tout, c'est le commencement.*
> *Et le commencement de tout, c'est le courage."*
> Vladimir JANKELEVITCH

1.2 Agir efficacement en rationalisant son activité

- Se mettre dans de bonnes conditions pour travailler
  - conditions physiques,
  - morales ou psychologiques,
  - matérielles.
- Respecter son programme
  - vérifier sa bonne exécution,
  - l'adapter si besoin est,
  - effectuer rapidement les "rattrapages nécessaires".

1.3 Evaluer l'action, les résultats

- Evaluer l'action
  - faire le diagnostic de l'organisation de son activité,
  - comparer les temps passés et les temps estimés,
  - analyser les causes de pertes de temps,
  - analyser ses résultats par rapport aux objectifs (et le cas échéant par rapport aux résultats des autres membres de l'équipe, ou des concurrents).
- Réagir
  - proposer de nouvelles méthodes,
  - proposer une nouvelle organisation de son activité,
  - intégrer le recours à... de nouvelles techniques,
  - intégrer le recours à... de nouveaux matériels,
  - intégrer le recours à... de nouveaux ouvrages.

2.1 Que dois-je faire dans le mois précédant le concours ?

2. Votre action à court terme : J – 30

Voici trois impératifs principaux :

- établir un programme de révisions,
- réduire mes activités diverses pour me consacrer à ma préparation,
- me maintenir en forme sur tous les plans.

1. Mon programme de révisions

Il vous faut préparer :

- un programme précis pour chaque matière,
- un programme général conciliant bien l'ensemble.

A mettre ensuite à jour chaque semaine, en adaptant si besoin est. (N.B. : attention à ne pas reporter trop de choses sur la dernière semaine).

2. Mes activités diverses

Attention :

- je dois les limiter au strict minimum pour me consacrer à ma préparation,
- il me faut liquider le plus rapidement possible ce qui est indispensable, éviter ou reporter ce qui ne l'est pas.

L'impératif :

- économiser son temps, économiser ses forces, pour me consacrer à l'essentiel.

3. Mon programme de mise en forme, physique, morale et intellectuelle

A. La mise en forme physique

- mon régime alimentaire, les précautions à prendre,
- mon programme d'activités,
- le minimum quotidien.

B. La mise en forme morale

- mon équipe de travail,
- mes relations avec parents et amis,
- les livres et distractions qui vont me remonter le moral,
- les précautions à prendre, les choses à éviter.

C. La mise en forme intellectuelle

Les exercices à pratiquer notamment :
- étude de dossiers,
- exercices de rédaction,
- exercices de mémoire.

Au fur et à mesure que le concours approche, je dois effectuer de plus en plus d'exercices dans les conditions de ce concours notamment ;
- préparation de plans détaillés (rapide pour l'écrit, et très rapide pour l'oral),
- entraînement au magnétophone en vue des épreuves orales.

ANNEXES

1. Nomination et formation

Les lauréats du concours de contrôleur sont nommés dans le grade de *contrôleur stagiaire*. A ce titre, ils effectuent un stage d'une durée d'un an qui se décompose en général en deux périodes distinctes :

– un cycle d'enseignement dans une structure de formation spécialisée. La durée de cette formation est variable selon les directions du ministère : (ex. : 6 mois pour les contrôleurs stagiaires des douanes ; 5 mois pour ceux du Trésor public) ;
– une période de formation pratique dans les services déconcentrés de la direction concernée.

A l'issue de leur année de stage, et sous réserve qu'ils aient satisfaits aux divers contrôles des connaissances effectuées durant cette période, les contrôleurs stagiaires sont titularisés et affectés dans les services.

2. Rémunération

La rémunération mensuelle nette d'un contrôleur stagiaire est d'environ 7 400 F (au 1er janvier 2000).

En qualité de titulaire, ce traitement s'élève à environ 7 600 F.

S'ajoutent à ces rémunérations :

– diverses primes ;

- sous certaines conditions, une indemnité de stage ;
- éventuellement une indemnité de résidence, le supplément familial de traitement et des prestations familiales.

3. Avancement

Les voies d'accès, par la promotion interne, aux concours des grades supérieurs (contrôleur principal, inspecteur) sont décrites dans la première partie de ce livre – chapitre 2.

Toutefois, les contrôleurs progressent au sein même de leur grade en fonction de leur ancienneté. L'avancement de carrière se déroule sur 13 échelons. L'avancement d'échelon est automatique. Il intervient lorsque l'agent justifie de la durée de service requise pour accéder à l'échelon suivant. La durée moyenne fixée pour chaque échelon pourra éventuellement être réduite en fonction des appréciations portées sur la manière de servir.

A titre indicatif, la progression dans le grade de contrôleur est la suivante :

Echelon	Durée moyenne	Indices nouveaux majorés	Traitement net (Au 1/01/2000)
1er échelon	1 an	288	7 400 F
2e échelon	1 an 6 mois	296	7 600 F
3e échelon	1 an 6 mois	304	7 800 F
4e échelon	1 an 6 mois	315	8 100 F
5e échelon	1 an 6 mois	323	8 300 F
9e échelon	Après 15 ans de service	377	9 700 F
12e échelon	Après 24 ans de service	438	11 250 F
13e échelon		462	11 870 F

Bibliographie utile et commentée

Vous trouverez aux Editions d'Organisation une série de livres qui vous permettrons de préparer très efficacement vos concours de niveau B.

Pour des conseils généraux de méthode

Nous vous recommandons :

– *Guide de préparation des concours administratifs*, par André Barilari, Inspecteur général des Finances, Ancien Directeur général des Impôts, Maître de Conférences à l'Institut d'études politiques de Paris.

Pour travailler le domaine de la culture générale

Nous vous recommandons :

– *Arts et lettres, les époques, les courants et les genres*, par Marie-Josèphe Gourmelin-Berchoud, Docteur ès Lettres, Maître de Conférences à l'Université.

– *Les grandes dates*

Tome 1 *Chronologie de la France*, de la préhistoire à nos jours, Pierre-François Guédon.

Tome 2 *L'Europe et la construction européenne*, Pierre-François Guédon et Sandrine Gelin.

Vous y trouverez :

• les cadres spatio-temporels et la chronologie indispensable pour l'écrit comme pour l'oral,

• tous les éléments nécessaires pour être incollables à l'oral et pour pouvoir parler au jury des grands hommes et des grands événements.

Pour la préparation des épreuves de QCM

Nous vous recommandons

– *Les épreuves de présélection*, par J.-F. Guédon, ancien élève de l'ENA, V. Clisson, ancienne élève de l'ENSAI et B. Sintsimon, conseillère en formation.

Ce livre présente l'ensemble des tests de présélection qui intéressent notamment les concours du Ministère de l'Economie, des Finances et de l'Industrie :

• culture générale (histoire, géographie, arts et lettres…),
• le français (vocabulaire, orthographe, grammaire, exercices de style…),
• les mathématiques (arithmétique, algèbre, géométrie…),
• les tests de raisonnement logique.

– *Les QCM des concours de catégorie A*, par J.-F. Guédon et B. Simonot.

– *Les QCM des concours de catégorie B et C*, par P.-F. Guédon et I. de Loupy.

– *QCM de Finances Publiques*, par André Barilari, Inspecteur général des Finances, ancien Directeur général des Impôts, Maître de Conférences à l'Institut d'études politiques de Paris.

Cet ouvrage spécifique est destiné spécialement aux candidats aux concours et aux étudiants des Facultés de Droit et Sciences économiques.

– La série des *Questionnaires à Choix Multiples*, qui traite sous forme de QCM tous les grands thèmes de culture générale et d'actualité.

Tome 1 *Histoire, Arts et Lettres – Monde actuel*
Tome 2 *Economie et société françaises*
Tome 3 *Europe et Union européenne*
Tome 4 *Institutions françaises*

Tome 5 *La Fonction publique*
Tome 6 *La mondialisation*
Tome 7 *Les sciences et techniques*
Tome 8 *La France et ses régions*
Tome 9 *Les collectivités territoriales*

Pour tester vos connaissances et réviser rapidement, vous pourrez utiliser ces QCM, qui sont accompagnés pour certains d'un CD-ROM interactif :

- Histoire, Arts et Lettres – Monde actuel,
- Economie et société françaises,
- Europe et Union européenne,
- Les Institutions françaises,
- La Fonction publique,
- La mondialisation,
- Les sciences et techniques,
- La France et ses régions,
- Les collectivités territoriales.

Avec la participation d'André Barilari, Inspecteur général des Finances, Sandrine Gelin, IEP et Mastère ESSEC, spécialiste en affaires internationales, Isabelle de Loupy, Professeur agrégé de Lettres classiques, Brigitte Sintsimon, Inspectrice du Trésor, et Jean-François Guédon, Administrateur Civil, ancien élève de l'ENA.

Pour vous préparer aux épreuves de dissertation

Nous vous recommandons :

– *La dissertation de culture générale*, Marie-Josèphe Gourmelin-Berchoud, Docteur en Sciences du langage et spécialiste de didactique, Maître de Conférences à l'Université de Paris II ; et Jean-François Guédon, ancien élève de l'Ecole Nationale d'Administration, Professeur en Universités et au CFPP. Il préside de nombreux jurys.

Ce livre vous montre comment préparer et rédiger une bonne dissertation de culture générale, avec méthode et en utilisant vos atouts.

Il montre comment arriver à maîtriser la nature de l'épreuve, les qualités requises, les contenus de culture générale.

Il vous apprendra progressivement à lire et comprendre le sujet, formuler une problématique et bâtir un plan de dissertation, rédiger le développement en conduisant bien son argumentation, soigner l'introduction, l'annonce du plan, les transitions, la conclusion.

Le livre comporte des exercices autocorrectifs.

Pour réviser la grammaire et déjouer les pièges de l'orthographe

Nous vous recommandons :

– *L'épreuve de français* **Vocabulaire – Orthographe – Grammaire**, par Jean-François Guédon, Ancien élève de l'ENA et Isabelle de Loupy, Professeur agrégé de lettres classiques.

Un petit livre vous fera réviser les règles essentielles de la grammaire, ainsi que les pièges les plus fréquents de l'orthographe.

Il rassemble :

- des exercices portant sur les principales difficultés de la langue française,
- des corrigés commentés,
- des fiches-mémentos récapitulant les règles essentielles de la grammaire et de l'orthographe.

Pour les épreuves de français, analyse ou explication texte

Nous vous recommandons quatre ouvrages à trouver dans vos bibliothèques :

– *L'Analyse de texte*, Isabelle de Loupy, Professeur agrégé de lettres classiques.

– *Les commentaire de textes littéraires*, Jean-François Guédon et Marie-Josèphe Gourmelin-Berchoud.

– *Les commentaires de textes politiques, économiques et sociaux*, J.-F. Guédon, ancien élève de l'ENA, et M.-J. Gourmelin-Berchoud, Docteur ès Lettres, Maître de conférences à l'Université.

– *Analyse et commentaire de texte*, Jean-François Guédon, ancien élève de l'ENA.

Nous vous recommandons deux ouvrages qui sont réédités chaque année :

– *L'épreuve d'explication de texte*, Jean-François Guédon, ancien élève de l'ENA, et Isabelle de Loupy, Professeur agrégé de lettres classiques.

Ce livre comporte des annales, sujets et corrigés des principaux ministères, notamment Ministère de l'Education nationale, et Ministère de l'Economie, des Finances et de l'Industrie.

– *L'épreuve de français*, Jean-François Guédon, ancien élève de l'ENA, Isabelle de Loupy, Professeur agrégé de lettres classiques.

Pour les tests de raisonnement logique

Nous vous recommandons :

– *L'épreuve de tests de raisonnement logique*, Jean-François Guédon, ancien élève de l'ENA, et Valérie Clisson, ancienne élève de l'Ecole nationale de la Statistique et de l'Analyse de l'Information (ENSAI).

Cet ouvrage comporte des tests d'entraînement et des épreuves corrigées de concours récents (divers ministères et collectivités territoriales).

Il expose, à l'aide d'exemples concrets, les méthodes et techniques de solution dans les principaux domaines :

- les lettres, les mots et les chiffres,
- les cartes et les dominos,
- les mathématiques,
- les grilles et tableaux,
- les figures géométriques.

Pour les épreuves de mathématiques

Nous vous recommandons :

– *Les épreuves de mathématiques*, d'Isabelle Marco, Ingénieur Géomètre-Topographe, et Claude de Loupy, Ingénieur en Informatique, diplômé de l'ESIGELEC (Ecole supérieure d'Ingénieurs en Génie électrique) et titulaire d'un DEA de Mathématiques. Tous deux donnent des cours de Mathématiques et Informatique, et préparent de nombreux candidats aux concours administratifs et techniques.

Cet ouvrage traite de façon vivante les principaux chapitres des programmes des concours de catégories B et C :

- Arithmétique,
- Mesures,
- Moyennes et proportions,
- Algèbre,
- Equations et inéquations,
- Analyse et représentation graphique d'une fonction.

Il traite ensuite un éventail très varié de problèmes donnés à divers concours.

Pour l'épreuve de tableau numérique

Nous vous recommandons :

– *L'épreuve de tableau numérique*, Jean-François Guédon, ancien élève de l'ENA, et Valérie Clisson, ancienne élève de l'Ecole nationale de la Statistique et de l'Analyse de l'Information (ENSAI).

Les auteurs vous présentent d'abord les outils mathématiques nécessaires pour cette épreuve :

- nombres et opérations arithmétiques,
- fractions et pourcentages,
- comparaison des nombres et arrondis,
- unités de mesures,
- statistiques et graphiques.

Ils traitent ensuite la **méthodologie** : comment élaborer un tableau numérique dans les conditions d'un concours.

Enfin, les auteurs traitent des **sujets donnés à des concours récents**, et vous donnent les **conseils indispensables pour le jour J**.

Pour l'épreuve de cas pratiques

Nous vous recommandons :

– *L'épreuve de cas pratique*, Jean-François Guédon, ancien élève de l'ENA, et Valérie Clisson, ancienne élève de l'Ecole nationale de la Statistique et de l'Analyse de l'Information (ENSAI).

Vous trouverez dans ce livre :

- une typologie des cas pratiques,
- un rappel sur les outils mathématiques de base,
- l'exposé des principales techniques de résolution,

- des corrigés de concours récents, notamment du Ministère de l'Economie, des Finances et de l'Industrie.

Après avoir acquis les éléments de méthode indispensables, vous pourrez vous entraîner efficacement à partir des épreuves corrigées.

Pour les épreuves sur dossier

Nous vous recommandons :

– *La note de synthèse*, Jean-François Guédon et Françoise Laborde.

Cet ouvrage vous donne une excellente méthode de note de synthèse, qui vous permettra de bien **maîtriser l'épreuve**.

Vous y apprendrez tout sur les exigences des jurys, sur les qualités requises et les défauts à éviter.

Vous vous familiariserez avec les techniques indispensables pour rédiger dans des délais assez brefs un bon devoir.

Vous y trouverez des exemples des principaux types de concours : catégorie A, catégorie B, grandes écoles de commerce. Et aussi les principaux types de notes, depuis la note brève (500 mots), jusqu'à la note longue (2 000 mots ou plus).

Vous y trouverez des exemples des principaux types de dossiers, depuis le dossier littéraire jusqu'aux dossiers juridiques, en passant par les dossiers administratifs (exemple : dossier sur la communication des documents administratifs).

– *La note de synthèse économique*, Jean-François Guédon et Françoise Laborde.

Cet ouvrage est le complément indispensable du premier pour tous les concours comportant des dossiers dans le domaine économique.

Notamment concours des grandes écoles (écoles de commerce, écoles du secteur tertiaire), examens universitaires (DEUG, licence, maîtrise), concours administratifs des catégories A et B – notamment les concours du Ministère de l'Economie, des Finances et de l'Industrie.

Ce livre indique la démarche à suivre à partir d'exemples variés, et pourra ainsi vous accompagner tout au long de votre cheminement personnel.

Il comporte trois grands dossiers, portant sur :
- l'organisation économique de l'Etat,
- les délocalisations et l'emploi,
- l'évolution économique de la France, de l'Europe et du monde.

A partir de ces dossiers sont proposés une quarantaine d'exercices sur de grands sujets fondamentaux, ou des sujets d'actualité, pour aboutir à des compositions variées, de la note brève (300 à 500 mots) à la note plus substantielle (1 000 à 1 200 mots, ou à la note approfondie (1 500 à 2 000 mots).

Les auteurs sont des hauts fonctionnaires ayant l'expérience des jurys :

Jean-François Guédon, ancien élève de l'ENA, enseigne depuis plus de trente ans à l'Université et au Centre de formation professionnelle et de perfectionnement du Ministère de l'Economie, des Finances et de l'Industrie. Il a présidé de nombreux jurys de concours, depuis la catégorie B jusqu'aux grandes écoles ou grands établissements scientifiques, et notamment les concours de Conservateur de Bibliothèques – où l'épreuve de note de synthèse a une importance capitale.

Françoise Laborde est économiste et elle intervient comme conseillère en formation dans plusieurs grandes institutions économiques et financières ; elle y dirige de nombreux stages.

Sigles

COTOREP : Commission technique d'orientation et de reclassement professionnel.

DAEU : Diplôme d'accès aux études universitaires.

DAJ : Direction des affaires juridiques.

DECAS : Direction des entreprises commerciales, artisanales et de service.

DGCCRF : Direction générale de la concurrence, de la consommation et de la répression des fraudes.

DGCP : Direction générale de la comptabilité publique.

DGDDI : Direction générale des douanes et droits indirects.

DGEMP : Direction générale de l'énergie et des matières premières.

DGI : Direction générale des impôts.

DGITIP : Direction générale de l'industrie, des technologies de l'information et des postes.

DIPL : Délégation interministérielle aux professions libérales.

DPMA : Direction du personnel, de la modernisation et de l'administration.

DREE : Direction des relations économiques extérieures.

DRPC : Direction des relations avec les publics et de la communication.

DSIN : Direction de la sûreté des installations nucléaires.

ESEU : Examen spécial d'entrée à l'Université.

IGF : Inspection générale des finances.

IGIC : Inspection générale de l'industrie et du commerce.

IGTI : Inspection générale des technologies de l'information.

INSEE : Institut national de la statistique et des études économiques.

MEFI : Ministère de l'économie, des finances et de l'industrie.

PME : Petites et moyennes entreprises.

PMI : Petites et moyennes industries.

QCM : Questionnaires à choix multiples.

TPG : Trésorier Payeur Général

LEXIQUE

Acquisition des connaissances 115
Administration centrale 4,7, voir *bibliographie* XIII et 285
Analyse de texte 83, 209, 222
Analyse du sujet 65, 126
Annales voir Partie III
Appréciation des candidats 114, 127
Attentes du jury 75, 125
Barèmes 76
Calendrier prévisionnel du recrutement 50
Catégories (A, B et C) 3
Commentaire de texte 105
Composition sur un sujet d'ordre général 65
Conditions d'accès 5 et chapitre 3
Conditions d'âge 6
Contrôleur DGCCRF 17, 40
Contrôleur des douanes et droits indirects 13, 27
Contrôleur des Impôts 10, 20
Contrôleur de l'INSEE 17, 44
Contrôleur du Trésor public 11, 23
Conversation avec le jury 113, 125
Copie commentée en synoptique 197
Critères d'évaluation 129
Culture générale (exemples de QCM) 53, 140, 163, 184

Dissertation générale 65
Elaboration du plan 70
Enoncé des sujets, mot-clés 65
Epreuves orales 111
Evaluation par le jury 129
Exercices de questions-réponses pour l'écrit et pour l'oral 261
Exposé sur un sujet d'ordre général 111, 119
Français (exemple de QCM) 137, 165, 186
Idées (recensement et classement) 70
Logique (exemple de QCM) 170
Mathématiques (exemple de QCM) 147, 167
Méthode des six questions 69, 109
Missions du MEFI 3
Organigramme du Ministère 7
Plan 70, 128, 131
Présentation des copies 79
Programmes 19
Qualités requises 113
Questions d'actualité 121, 212, 217
Questions d'oral 114, 121, 133
Questionnaires à choix multiples 53
Résumé de texte 97
Secrétaire administratif d'administration centrale 9, 19
Sigles 293
Techniques de réponse 127, 261
Thèmes généraux de concours récents 119
Thèmes pour l'oral 121, 133
Ultimes conseils 279